Die Erlebnisseiten

Auf den zwei Erlebnisseiten vertiefst du das Wissen, das du auf
gesammelt hast. Du findest hier weitere Aufgaben, Experimente ... ngen.
Du erkennst die Erlebnisseiten an dem grünen Rahmen.

18

FORSCHEN UND ENTDECKEN

A Energieflussdiagramme zu elektrischen Stromkreisen

Material: verschiedene elektrische Bauteile wie regelbare Elektrizitätsquelle, Batterie, Experimentierkabel, Schalter, Motor, Lampe, …

Durchführung:
Schritt 1: Wähle verschiedene Bauteile für einen elektrischen Stromkreis aus dem Materialangebot in Bild 1 aus.
Schritt 2: Baue einen vollständigen Stromkreis zur Energieumwandlung auf.
Schritt 3: Wiederhole Schritt 1 und 2 für weitere Kombinationen.

Starthilfe zu 1: Schaltzeichen:

1 Verschiedene elektrische Bauteile

1 Zeichne jeweils den Schaltplan des elektrischen Stromkreises.
2 a) Nenne für jeden Stromkreis die erwünschte und die unerwünschte Energie.
b) Zeichne jeweils das Energieflussdiagramm.
3 II Ändere deinen Versuchsaufbau so, dass der Anteil der erwünschten Energie erhöht und der Anteil der unerwünschten Energie gesenkt werden.

B Das Licht der Sonne als Energiequelle

Material: Sonne, Solarzelle, Experimentierkabel, Schalter, Lampe, Pappe

Durchführung:
Schritt 1: Baue den Versuch wie in Bild 2 auf.
Schritt 2: Lass mithilfe einer Pappe immer weniger Sonnenlicht auf die Solarzelle fallen.

Starthilfe zu 1: Schaltzeichen:

2 Eine Solarzelle als Elektrizitätsquelle

1 Zeichne den Schaltplan zu Bild 2.
2 Zeichne das Energieflussdiagramm zu dem elektrischen Stromkreis.
I a) Beginne mit dem Licht, das auf den Wandler Solarzelle fällt.
II b) Beginne mit der atomaren Energie, die in dem Wandler Sonne entsteht.
3 a) Beschreibe deine Beobachtung.
b) Erkläre deine Beobachtung mithilfe des Energieflussdiagramms aus 2.
4 II Ziehe eine Schlussfolgerung zum Aufbau von Solaranlagen.

Energie 19

LERNEN IM TEAM

Die Sonne – der Antriebsmotor aller Energien

TEAM 1 **Die Sonnenstrahlung**

Die Sonne sendet Licht und Wärme zur Erde. Diese Strahlung ermöglicht erst unser Leben auf der Erde (→ Bild 3). Dabei beeinflussen die verschiedenen Anteile der Sonnenstrahlung viele unserer Lebensbereiche. So können wir erst durch einen Teil des Lichtes die Umwelt wahrnehmen.
Auftrag: Recherchiert die Zusammensetzung der Sonnenstrahlung. Teilt die Sonnenstrahlung in verschiedene Bereiche. Nennt Gefahren, die von der Sonnenstrahlung ausgehen und wie ihr euch davor schützen könnt.

3 Die Sonnenstrahlung ermöglicht unser Leben.

TEAM 2 **Der Wasserkreislauf**

In der Wüste scheint ständig die Sonne und es regnet fast nie. Trotzdem ist die Sonne für den Regen verantwortlich. Das Wasser auf der Erde befindet sich in einem Kreislauf (→ Bild 4).
Auftrag: Recherchiert den natürlichen Wasserkreislauf. Geht dabei auf die Sonne als Motor des Kreislaufs ein. Erkläre dabei das Zusammenspiel zwischen Wasser und Sonne.

4 Die Sonne ermöglicht den Kreislauf des Wassers.

TEAM 3 **Die Entstehung des Windes**

An der Küste weht fast immer Wind. Häufig weht der Wind im Sommer tagsüber vom Meer in Richtung Land. Nachts weht er in die andere Richtung vom Land zum Meer. Der Wind entsteht, weil die Sonne die Luftmassen unterschiedlich beeinflusst (→ Bild 5).
Auftrag: Recherchiert die Entstehung von Wind. Erklärt dabei die unterschiedlichen Windrichtungen an der Küste zu den verschiedenen Tageszeiten. Nennt die Gründe für die Entstehung des Windes im Landesinneren.

(3) Luft kühlt über dem Wasser ab
(4) kühlere Luft sinkt ab
(1) warme Luft steigt auf
(2) kühlere Luft strömt nach

5 Die Sonne ermöglicht den Wind.

Ein Kapitel abschließen:

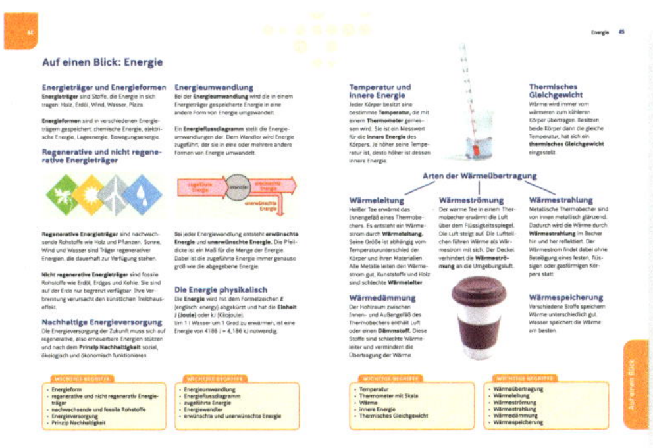

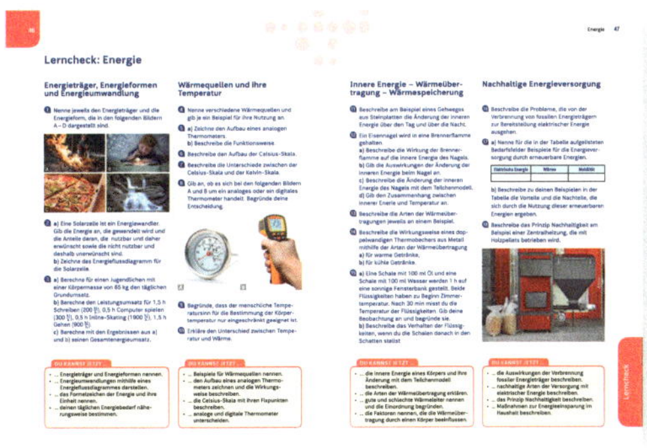

Auf einen Blick

»Auf einen Blick« fasst das Wichtigste noch einmal übersichtlich zusammen.

Lerncheck

Mit dem »Lerncheck« am Ende des Kapitels kannst du dein Wissen testen.

westermann

Herausgegeben von
Stephanie Gerecke

ERLEBNIS
Physik

2

ERLEBNIS
Physik

Herausgegeben von:
Stephanie Gerecke

Autorinnen und Autoren:
Stephanie Gerecke, Dr. Stefanie Jerems, Sandra Schuller-Knoblauch, Albert Steinkamp, Reinhard Wendt-Eberhöfer

In Teilen eine Bearbeitung von:
ISBN 978-3-14-195435-7
ISBN 978-3-14-195443-2

Zusatzmaterialien zu Erlebnis Physik 2
für Lehrerinnen und Lehrer:

Lösungen	978-3-14-117081-8
Materialien für Lehrerinnen und Lehrer	978-3-14-117082-5
für Schülerinnen und Schüler:	
Förderheft	978-3-14-117083-2

BiBox – Digitale Unterrichtsmaterialien

BiBox Einzellizenz für Lehrer/-innen	WEB-14-117086
BiBox Kollegiumslizenz für Lehrer/-innen	WEB-14-117087
BiBox Einzellizenz für Schüler/-innen (1 Schuljahr)	WEB-14-117089

www.bibox.schule

westermann GRUPPE

Druck A[1] / Jahr 2021
Alle Drucke der Serie A sind im Unterricht parallel verwendbar.

Redaktion: Iliane Kleine-Boymann
Illustrationen: LIO Design GmbH, Olav Marahrens, Ingrid Schobel
Grundlayout: Janssen Kahlert Design & Kommunikation GmbH
Umschlaggestaltung: LIO Design GmbH
Druck und Bindung: Westermann Druck GmbH, Braunschweig

ISBN 978-3-14-**117080**-1

Inhalt

Allgemein

Energie

Elektrizität und elektrische Energie

Kraft und mechanische Energie

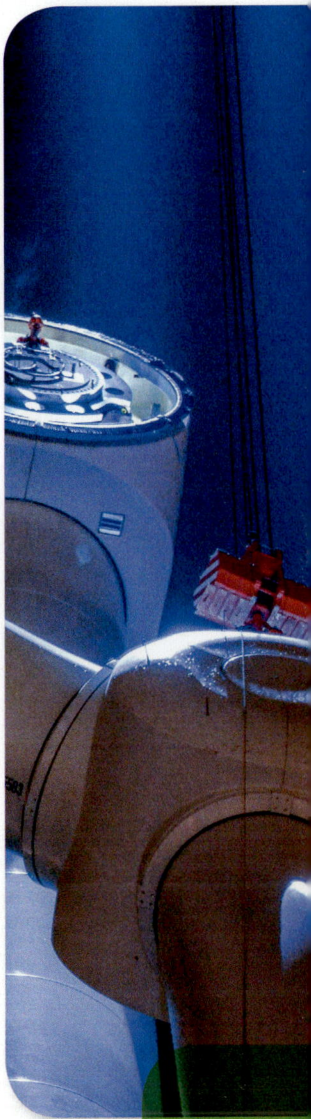

Anhang

Sicherheitsregeln in der Physik

1 Not-Aus-Schalter

2 Feuerlöscher

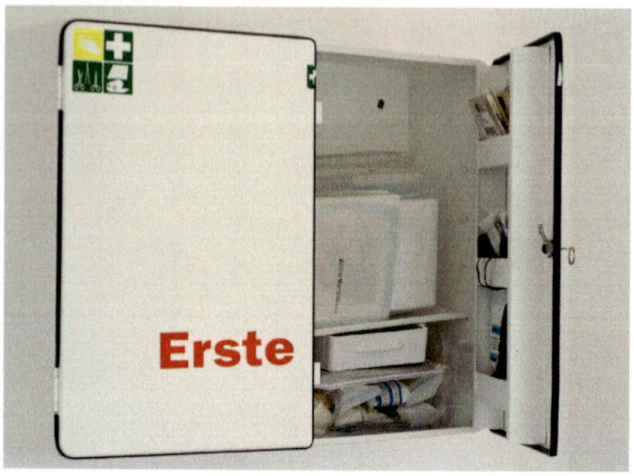

3 Erste-Hilfe-Kasten

4 Symbole: **A** Fluchtweg, **B** Sammelplatz

Die Sicherheitseinrichtungen

Damit du in einem Physik-Fachraum ungefährdet arbeiten kannst, gibt es besondere Sicherheitseinrichtungen:

- mehrere Not-Aus-Schalter (→ Bild 1)
- einen Feuerlöscher (→ Bild 2)
- einen Erste-Hilfe-Kasten (→ Bild 3)

Außerdem findest du Symbole für den Fluchtweg und die Lage des Sammelplatzes (→ Bild 4).

Das Verhalten im Fachraum

Im Physik-Fachraum:

- darfst du nicht essen, nicht trinken und dich nicht schminken.
- darfst du Bekleidung und Taschen nicht über den Stuhl hängen oder zwischen die Arbeitsplätze stellen.
- musst du Verletzungen sofort deiner Lehrerin oder deinem Lehrer melden.
- musst du Beschädigungen an Geräten sofort deiner Lehrerin oder deinem Lehrer melden.
- darfst du alle Geräte und Anlagen nur mit der Genehmigung deiner Lehrerin oder deines Lehrers benutzen.
- musst du bei Unfällen oder Feuer Ruhe bewahren.

Das Verhalten beim Experimentieren

① Beachte alle Vorschriften und Hinweise der Lehrerin oder des Lehrers.

② Beginne mit dem Versuch erst dann, wenn deine Lehrerin oder dein Lehrer dich dazu auffordert.

③ Benutze nach Anweisung eine Schutzbrille und Schutzhandschuhe.

④ Trage lange Haare und Kleidungsstücke so, dass sie nicht in eine offene Flamme geraten können.

⑤ Verlasse während des Versuches nicht deinen Arbeitsplatz und verhalte dich ruhig.

Tipps für das Experimentieren

① Lies die Versuchsanleitung sorgfältig und vollständig durch.
② Besprich die Versuchsanordnung mit den Mitgliedern deiner Gruppe.
③ Stelle alle Geräte vor Versuchsbeginn bereit.
④ Baue alle Geräte übersichtlich und standsicher auf.
⑤ Bewege die Geräte während des Versuchs nicht unnötig.
⑥ Erstelle für jeden Versuch ein Versuchsprotokoll.

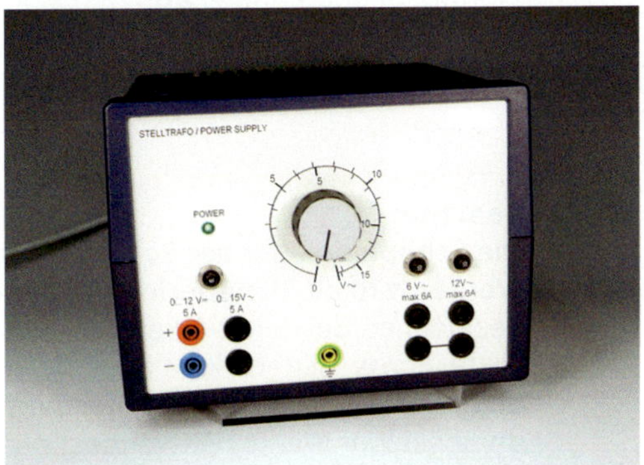

5 Elektrizitätsquelle

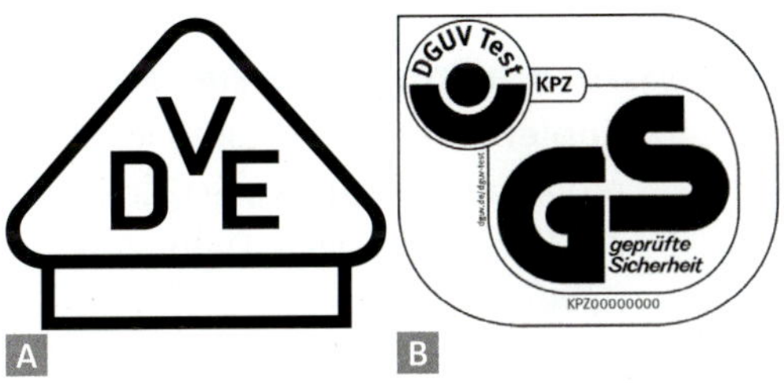

6 **A** VDE-Zeichen, **B** GS-Zeichen

Sicherheitsregeln beim Umgang mit elektrischen Geräten

Der Umgang mit elektrischen Geräten in der Schule unterscheidet sich nicht von der Handhabung im täglichen Leben.

- Vergewissere dich, dass der Drehknopf der Elektrizitätsquelle auf null gestellt ist (→ Bild 5).
- Verwende keine beschädigten Leitungen oder defekten Geräte.
- Schalte bei Störungen sofort die elektrischen Geräte ab und ziehe den Stecker.
- Gib Störungen und Schäden an elektrischen Geräten sofort bekannt.
- Führe keine Reparaturen an Geräten durch.
- Verlege Leitungen stets so, dass die Isolierung nicht beschädigt werden kann und keine Stolperfallen entstehen.
- Ziehe Stecker niemals an der Leitung aus der Steckdose.
- Schütze elektrische Geräte vor Feuchtigkeit und Nässe.
- Verwende nur elektrische Geräte mit VDE- und GS-Zeichen, die auf ihre elektrische Sicherheit geprüft sind (→ Bild 6).

Im **Notfall** erreichst du die Polizei und die Feuerwehr unter der europaweit geltenden Notfallnummer:

112

1 **a)** Nenne 3 Sicherheitseinrichtungen im Physik-Fachraum.
b) Skizziere den Grundriss deines Physik-Fachraumes und trage die Lage der Sicherheitseinrichtungen und den Fluchtweg ein.
c) Infomiere dich über die Lage des Sammelplatzes eurer Schule und den kürzesten Weg dorthin.

2 **II a)** Nenne 5 Verhaltensregeln beim Experimentieren.
III b) Begründe die Notwendigkeit des Einhaltens von 3 Verhaltensregeln beim Experimentieren.

3 Nenne mindestens 5 Sicherheitsregeln beim Umgang mit elektrischen Geräten.

METHODE

Recherchieren – Strukturieren – Präsentieren

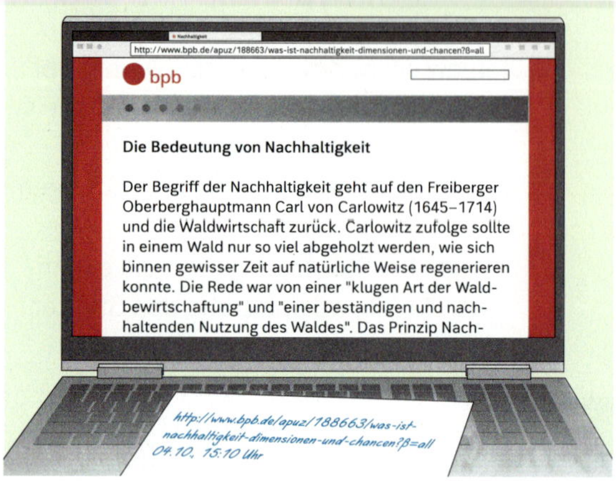

1 Suchworte werden kombiniert.

Überall Informationen

Du sollst zu einem bestimmten Thema einen Vortrag halten oder eine Facharbeit schreiben. Heutzutage findest du im Internet unzählige Texte, Bilder und Filme, die an sehr unterschiedliche Lesergruppen gerichtet sind. Der Betreiber eines Kraftwerkes nennt ausschließlich die Vorteile seiner Anlage. Eine Gruppe von Umweltschützern stellt die Nachteile einer Anlage in den Vordergrund. Die folgenden Tipps sollen dir helfen, die Inhalte für dein Thema zu werten, sorgfältig auszuwählen und gut zu strukturieren.

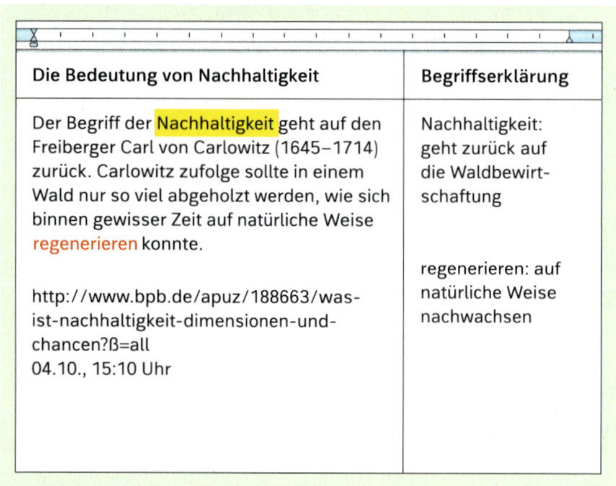

Die Bedeutung von Nachhaltigkeit	Begriffserklärung
Der Begriff der Nachhaltigkeit geht auf den Freiberger Carl von Carlowitz (1645–1714) zurück. Carlowitz zufolge sollte in einem Wald nur so viel abgeholzt werden, wie sich binnen gewisser Zeit auf natürliche Weise regenerieren konnte.	Nachhaltigkeit: geht zurück auf die Waldbewirtschaftung
http://www.bpb.de/apuz/188663/was-ist-nachhaltigkeit-dimensionen-und-chancen?ß=all 04.10., 15:10 Uhr	regenerieren: auf natürliche Weise nachwachsen

2 Informationen werden sortiert.

Informationen recherchieren

① **Stelle** dir **Fragen** zu deinem Thema und überlege dir eine grobe Gliederung.
② **Kombiniere** mit einer Suchmaschine das Hauptwort deines Themas mit einem wichtigen Wort aus deinen Fragen. (→ Bild 1)
③ Die Suchmaschine bietet dir nun eine Vielzahl von Seiten an. Schau dir genau an, wer die Seite bereitgestellt hat. **Wähle** einige Seiten sorgfältig und kritisch **aus.** Lass dich eventuell von deiner Lehrerin oder deinem Lehrer beraten.

Beachte:
Die Schöpferin oder der Schöpfer eines Werkes wird als **Urheberin** oder **Urheber** bezeichnet. Bei den Werken kann es sich um Texte, Fotos, Bilder, Filme oder Musik handeln. Das **Urheberecht** schützt die Verwendung solcher Werke. Verwendest du in einer Recherche fremde Texte oder Abbildungen, bist du **verpflichtet,** die Quellen **anzugeben.**

Informationen sortieren und gliedern

① **Kopiere** die Texte in ein Textverarbeitungsprogramm. **Notiere** alle Quellen sorgfältig mit Internetadresse, Datum und Uhrzeit deiner Recherche.
② **Lies** die Texte aufmerksam durch.
③ **Lösche** Absätze, die für die Beantwortung deiner Fragen unwichtig sind oder die du nicht verstehst.
④ **Markiere** wie in Bild 2 wesentliche Informationen in der Textdatei.
⑤ **Markiere** unbekannte Fachbegriffe mit einer anderen Farbe. Suche im Internet nach verständlichen Begriffserklärungen und ergänze sie in der Textdatei (→ Bild 2).
⑥ **Schreibe** eine Zusammenfassung. Vermeide dabei lange Aufzählungen.
⑦ **Formuliere** für jeden Gliederungspunkt geeignete Überschriften.

METHODE

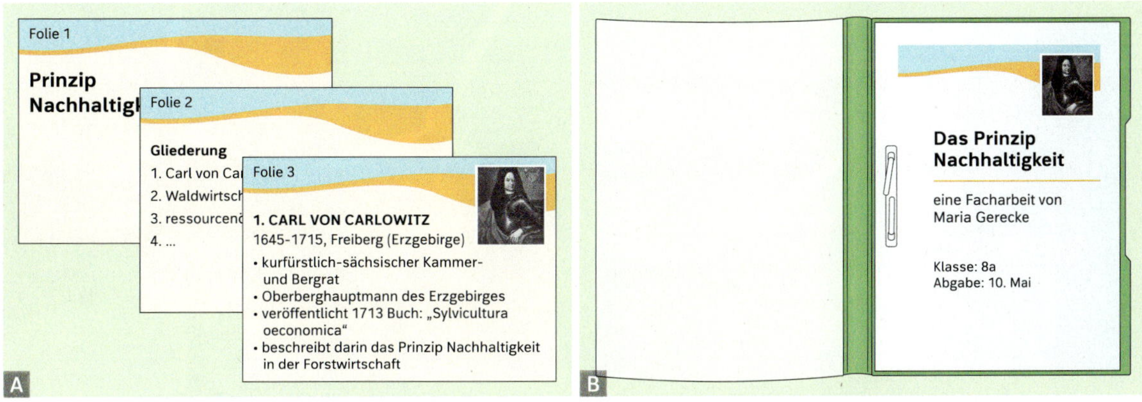

3 Die Informationen werden **A** auf Folien präsentiert, **B** in einer Facharbeit zusammengefasst.

Die Informationen präsentieren

Es gibt verschiedene Medien, um die Infor-ma-tionen deines Themas zu präsentieren. Du kannst einen **Vortrag** mithilfe einer digitalen Präsentation und Anschauungsmaterialien halten. Das Erstellen einer digitalen Präsentation als **Lernvideo** erfordert keine zusätzlichen Worte mehr. Erstellst du eine **Facharbeit,** kann sie von mehreren Personen gelesen werden. (→ Bild 3)

Eine digitale Präsentation erstellen

① Stelle auf der 1. Folie das Thema und eventuell eine Abbildung dar.
② Zeige auf der 2. Folie die Gliederung.
③ Lege zu jedem Gliederungspunkt eine weitere Folie an. Liste die wesentlichen Inhalte aus deinen Texten stichpunktartig auf und füge Fotos, Abbildungen und Grafiken ein.
④ Notiere alle Quellen in den Fußzeilen der Folien.

Angabe einer Quelle:
Der Begriff der Nachhaltigkeit ... . [1]
[1] http://www.bpb.de/apuz/was-ist-nachhaltigkeit-dimensionen-und-chancen?ß=all

Den Vortrag halten

Benutzt du eine digitale Präsentation für deinen Vortrag, erläuterst du jede Folie mit eigenen Worten. Ohne digitale Präsentation solltest du dir auf nummerierten Kärtchen Stichpunkte für den Vortrag notieren.

Tipps für einen gelungenen Vortrag:
- Übe den Vortrag mehrmals zu Hause.
- Kontrolliere die benötigte Zeit.
- Sprich frei, laut und deutlich.
- Trete selbstbewusst und sicher auf.
- Halte Blickkontakt zu deinen Zuhörern.
- Stelle dich auf Fragen ein.

Eine Facharbeit schreiben

① Gestalte ein **Deckblatt** mit Thema, Namen, Klasse, Datum und eventuell einer themenorientierten Abbildung.
② Schreibe ein Inhaltsverzeichnis mit allen Überschriften und Seitenzahlen.
③ Binde passende **Abbildungen** (Fotos, Grafiken) in deine Texte ein.
④ Notiere alle **Quellen** in den Fußzeilen der Seiten oder am Ende der Arbeit.

1 Recherchiere im Internet den Begriff Nachhaltigkeit.

2 Gliedere die Informationen zum Begriff Nachhaltigkeit und wähle für die Abschnitte geeignete Überschriften.

3 Präsentiere deine gesammelten Informationen mit einem Medium deiner Wahl.

«

Energie

Was haben Wind und Licht mit Energie zu tun?

Was hat meine Ernährung mit meiner Aktivität zu tun?

Wie fördert das Prinzip Nachhaltigkeit die Einsparung von Energie?

1 Verschiedene Energieträger und Energieformen

Überall ist Energie

Die Welt, auf der wir leben

Die Sonne scheint vom Himmel, beleuchtet die Erde und erwärmt die Umgebung. Mit Holz kannst du ein schönes Lagerfeuer anzünden und Würstchen grillen. Aus dem Getreide auf dem Feld kann der Bäcker später im Ofen Brot für uns backen. Die Flügel der Windkraftanlagen drehen sich im Wind und es entsteht Elektrizität. Die Sonne erwärmt Wasser in den Sonnenkollektoren. Mithilfe von Solarzellen wird das Licht der Sonne in Elektrizität gewandelt. Autos tanken an der Tankstelle Kraftstoff und können dann über Land fahren.

Die Energieträger

Damit du dich bewegen kannst, benötigst du **Energie.** Diese bekommst du durch dein Butterbrot. Der Backofen bekommt seine Energie vom Kraftwerk über die Steckdose. Damit kann der Bäcker das Brot backen. Das Auto bekommt seine Energie aus dem Kraftstoff im Tank. Das Lagerfeuer erhält seine Energie aus dem Holz, das verbrennt. Das Butterbrot, das Holz und der Kraftstoff sind **Energieträger.** Energieträger tragen Energie in sich. Sie kann durch einen Prozess in Energie anderer Form umgewandelt werden.

Die Energieformen

In den verschiedenen Energieträgern sind unterschiedliche **Energieformen** gespeichert. Im Benzin und im Holz ist **chemische Energie** gespeichert. Von der Sonne bekommen wir die Energieformen **Licht** und **Wärme.** Elektrizität ist **elektrische Energie.** Diese Energie lässt sich mithilfe von Leitungen über weite Strecken transportieren. Im Wasser eines Bergsees ist **Höhen- oder Lageenergie** gespeichert. Fließt Wasser durch ein Tal, hat es **Bewegungsenergie.**

Die Energieumwandlung

Energie kann in Energie anderer Form **umgewandelt** werden. Beim Verbrennen von Holz wird chemische Energie in Licht und Wärme umgewandelt. Die in deinem Butterbrot gespeicherte chemische Energie können deine Muskeln in Bewegungsenergie umwandeln. Die Generatoren in den Windkraftanlagen wandeln die Bewegungsenergie des Windes in elektrische Energie um. Die Solarkollektoren wandeln die Strahlungsenergie der Sonne in Wärme um. Module aus Solarzellen wandeln die Strahlungsenergie der Sonne in elektrische Energie um (→ Bild 1).

Die regenerativen Energieträger

Regenerative Energieträger sind Bestandteil der Welt, auf der wir leben. So wächst das Holz von Bäumen durch das Licht und die Wärme der Sonne.
Sonne, Wind und Wasser sind immer verfügbar, allerdings nicht immer im gleichen Maße und zur gleichen Zeit. Nachts scheint die Sonne nicht und mal weht der Wind stärker und mal weniger stark. Die Strahlung der Sonne ist dabei der „Antriebsmotor" für die Bewegungsenergie von Wind und Wasser (→ Bild 2).

2 Nutzung von regenerativen Energien:
A Sonnenlicht, **B** Wind

Die nicht regenerativen Energieträger

Das Erdöl, das Erdgas und die Kohle haben sich über Jahrmillionen tief in der Erde entwickelt. Unter hohem Druck, hoher Temperatur und über eine lange Zeit wurden diese Stoffe aus absterbenden Pflanzen gebildet. Wenn diese **fossilen Brennstoffe** einmal aufgebraucht sind, wachsen sie nicht nach. Sie sind dann verbraucht. Es sind **nicht regenerative Energieträger.** Deshalb muss sparsam mit diesen Ressourcen umgegangen werden (→ Bild 3).
Des Weiteren entstehen beim Verbrennen dieser Stoffe umweltschädliche Gase. Diese müssen aufwendig gereinigt werden. Die Reinigung von Verbrennungsgasen ist sehr energie- und kostenintensiv.

3 Förderung von fossilen Brennstoffen:
A Braunkohle, **B** Erdöl

1 **a)** Beschreibe mit eigenen Worten die Begriffe Energie, Energieträger und Energieform.
b) Zähle jeweils drei regenerative Energieträger und drei nicht regenerative Energieträger auf.

2 **I a)** Suche aus dem Text verschiedene Energieträger heraus. Ordne jeweils den verschiedenen Energieträgern ihre gespeicherte Energieform zu.
II b) Finde aus deinem Alltag weitere Beispiele für Energieträger mit ihrer gespeicherten Energieform. Unterscheide dabei regenerative und nicht regenerative Energieträger.

Starthilfe zu 2a):

Energieträger	Energieform	Beispiel
Holz	chemische Energie	Lagerfeuer

3 **III** Beschreibe für jede der beschriebenen Form von Energie mindestens eine Energieumwandlung.

»

IM ALLTAG

Die Energieformen und ihre Energieträger

1 Pizza schmeckt immer.

Chemische Energie

Diese Form der Energie ist enthalten
- in Nahrungsmitteln,
- in fossilen Brennstoffen,
- in deinen Körperzellen.

2 Das Netz des Schlägers ist gespannt.

Spannenergie

Diese Form der Energie ist enthalten
- in einem gespannten Netz,
- in einer gespannten Bogensehne,
- in einem gespannten Gummiband.

3 Das Wasser fließt über Stufen in das Tal.

Bewegungsenergie

Diese Form der Energie ist enthalten
- im Wind,
- im fließenden Wasser,
- in bewegten Körpern.

4 Am Lagerfeuer ist es gemütlich.

Strahlungsenergie

Diese Form der Energie wird abgegeben
- bei einem Feuer,
- von der Sonne,
- von einer Lampe.

1 Nenne zu jeder angegebenen Energieform einen weiteren Energieträger.

2 I Nenne Einsatzmöglichkeiten der Energieformen im Alltag.

3 I a) Nenne für die Energieform Lage- oder Höhenenergie zwei Energieträger.
II b) Nenne für die Energieform elektrische Energie zwei Beispiele und beschreibe daran jeweils eine mögliche Energieumwandlung.

METHODE

Eine Mindmap zur Recherche

Ein neues Thema erarbeiten

Wenn du zu einem neuen Thema recherchierst, erhältst du sehr viele Informationen, beispielsweise aus dem Internet oder aus Büchern und Zeitungen (→ Bild 5). Um sie zu sortieren, kann dir eine **Mindmap** helfen. Mindmap bedeutet Gedankenlandkarte. Auf ihr ordnest du die unterschiedlichen Informationen an (→ Bild 6).

5 Informationsmaterial über Berlin

Schritt 1: Schreibe das Hauptthema in die Mitte eines großen Blattes Papier.

Schritt 2: Suche Informationen zu dem Thema.

Schritt 3: Notiere jeweils einen Stichpunkt zu dem Thema auf einem Zettel.

Schritt 4: Sortiere die Stichpunkte um das Hauptthema herum. Hänge dabei ähnliche Inhalte zusammen.

Schritt 5: Fasse die verschiedenen Themen zu Schwerpunkten zusammen.

Schritt 6: Versuche, deine Stichworte immer weiter zu verfeinern und auf die verschiedenen Ebenen zu sortieren.

Schritt 7: Mithilfe der Themenschwerpunkte und der Inhalte der Karten kannst du die vielen Informationen gut strukturieren.

Zusatz: Du kannst deine Mindmap auch digital mit einem Textverarbeitungsprogramm oer einer geeigneten Software erstellen.

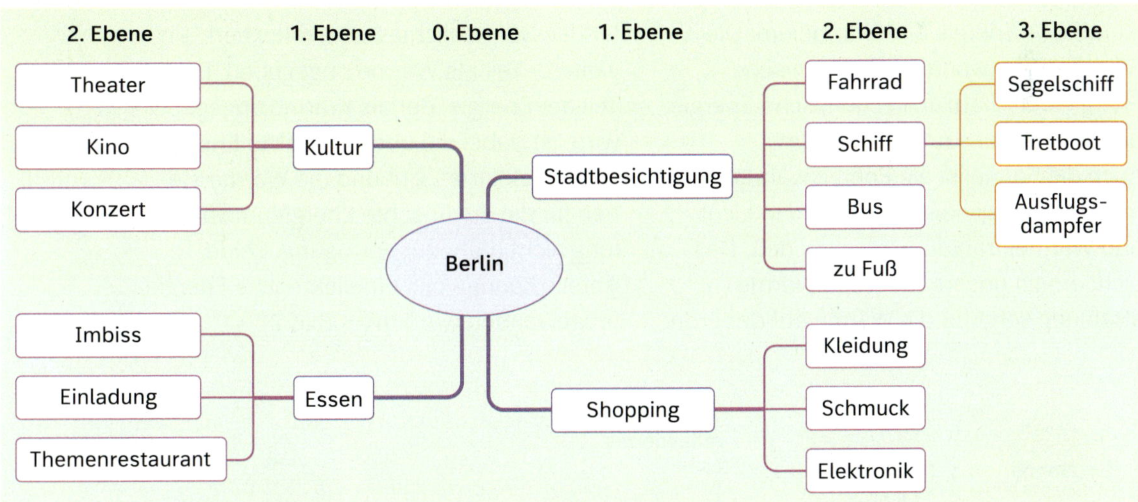

6 Mindmap zu möglichen Aktivitäten in Berlin

1 **a)** Suche im Internet Informationen zu dem Thema Energieträger und Energieformen.
b) Erstelle mithilfe deiner Informationen eine Mindmap.

2 Wähle drei Teilgebiete der Physik, die du schon behandelt hast. Sortiere den Teilgebieten passende Inhalte zu. Verfeinere deine Mindmap immer weiter.

1 Ein Solarfeld

Aus Sonnenlicht wird elektrische Energie

Der Energiewandler

Die Umwandlung einer Energie in eine Energie anderer Form erfolgt mithilfe eines **Energiewandlers.** Eine Windkraftanlage wandelt die Bewegungsenergie des Windes in elektrische Energie und Wärme um. Die Solarzellen in einer Fotovoltaikanlage wie in Bild 1 wandeln das Licht der Sonne in elektrische Energie und Wärme um. Die Biogasanlage wandelt die chemische Energie der Pflanzen in chemische Energie brennbarer Gase und Wärme um.
Auch die Sonne ist ein Energiewandler. Die atomare Energie der Sonne wird in Licht und Wärmestrahlung umgewandelt. Das Licht erhellt unsere Erde. Die Wärmestrahlung sorgt für die Wärme auf der Erde.

Die erwünschte Energie und die unerwünschte Energie

Eine Solarzelle kann Sonnenlicht in elektrische Energie umwandeln. Die Solarzelle ist der Energiewandler. Die zugeführte Energie ist das Sonnenlicht. Die elektrische Energie ist die umgewandelte Energie. Das ist die **erwünschte Energie.** Ein Teil des einfallenden Sonnenlichtes wird reflektiert, ein weiterer Teil als Wärme abgegeben. Der Teil der Energie, der als Wärme abgegeben wird, ist dabei die **unerwünschte Energie.** Das reflektierte Licht und die Wärme stehen für die erwünschte Energieumwandlung nicht mehr zur Verfügung. Beide Anteile können nicht in elektrische Energie umgewandelt werden (→ Bild 2).

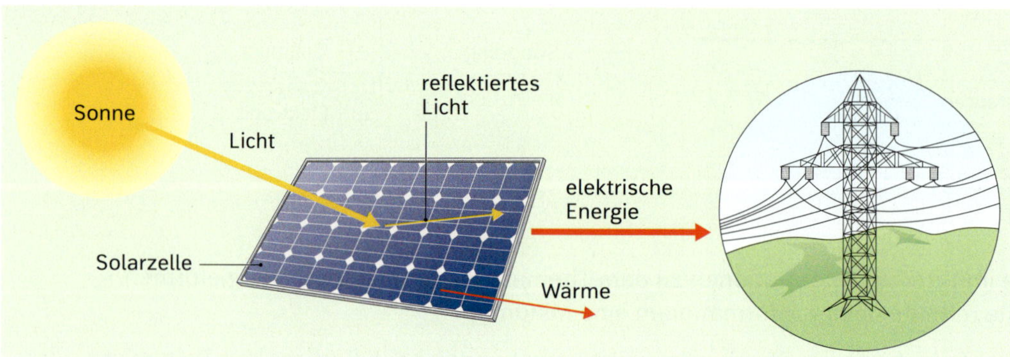

2 Eine Solarzelle wandelt das Sonnenlicht in elektrische Energie und Wärme um.

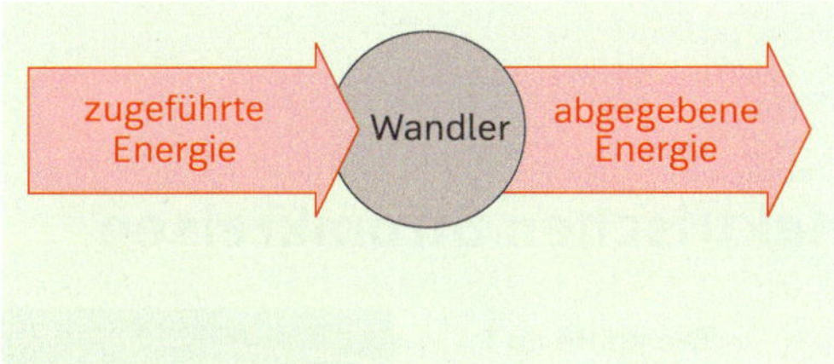

3 Ein Energieflussdiagramm

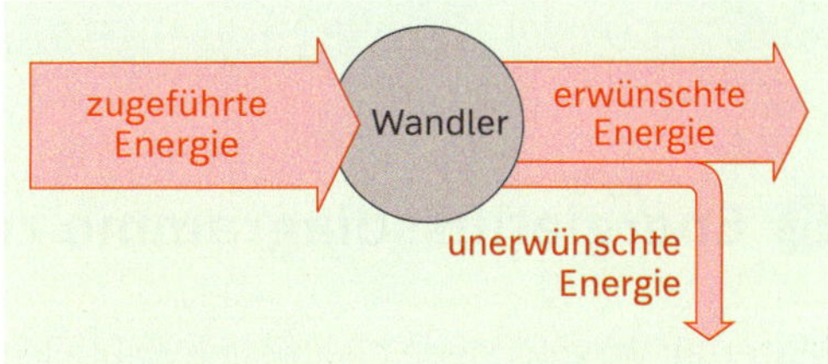

4 Das allgemeine Energieflussdiagramm

Das Energieflussdiagramm

Die Energieumwandlung kannst du mit einem **Energieflussdiagramm** wie in Bild 3 darstellen. In der Mitte befindet sich immer der Energiewandler. Er wird als Kreis dargestellt. Der Energiewandler nimmt Energie auf. Die **zugeführte Energie** wird durch einen dicken Pfeil dargestellt. Dieser weist in den Energiewandler hinein.
Nach der Wandlung gibt der Energiewandler die Energie in einer anderen Form wieder ab. Die **abgegebene Energie** wird ebenfalls durch einen Pfeil dargestellt. Dieser weist aus dem Energiewandler hinaus.
Die Pfeildicke ist dabei ein Maß für die Energiemenge. Je dicker der Pfeil ist, desto größer ist die Energiemenge. Insgesamt ist die zugeführte Energie immer genauso groß wie die abgegebene Energie. Deshalb ist im Energieflussdiagramm die Pfeilbreite der abgegebenen Energie gleich der Pfeilbreite der zugeführten Energie (→ Bild 3).

Nicht alle Energie ist nutzbar!

Bei jeder Energieumwandlung entsteht aus der zugeführten Energie sowohl erwünschte Energie als auch unerwünschte Energie. Die Dicke des Pfeils ist ein Maß für den Anteil der jeweiligen Energie (→ Bild 4).

Eine Solarzelle wandelt einen großen Teil des einfallenden Lichtes in die erwünschte Energieform elektrische Energie um. Ein Teil wird als unerwünschte Energieform Wärme abgegeben. Ein kleinerer Teil des Lichtes wird reflektiert und kann nicht umgewandelt werden (→ Bild 5).

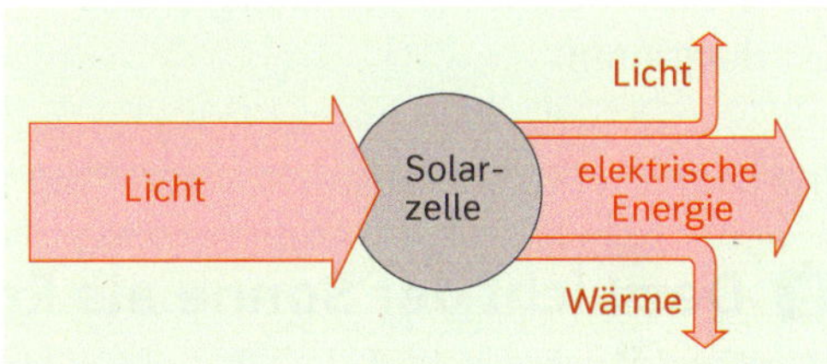

5 Das Energieflussdiagramm einer Solarzelle

1 Beschreibe ein allgemeines Energieflussdiagramm mit eigenen Worten. Gib an, worauf du beim Zeichnen besonders achten musst.

2 Ein Toaster wandelt elektrische Energie in Wärme und in Licht um. Zeichne ein Energieflussdiagramm.

3 I Zähle erwünschte und unerwünschte Energieformen anhand von Beispielen aus deinem Alltag auf.

Starthilfe zu 3:

Energiewandler	**erwünschte Energie**	**unerwünschte Energie**
Solarzelle	elektrische Energie	Wärme/Licht

4 II Du hörst eine quietschende Straßenbahn. Gib die erwünschte Energieform und die unerwünschten Energieformen an.

5 II Mithilfe eines elektrischen Mixers schlägst du Schlagsahne auf. Zeichne ein vollständiges Energieflussdiagramm.

6 III Eine Lampe strahlt auf eine Solarzelle, die einen Ventilator antreibt. Zeichne das Energieflussdiagramm. Bedenke, dass hier drei Energiewandler genutzt werden.

»

FORSCHEN UND ENTDECKEN

A Energieflussdiagramme zu elektrischen Stromkreisen

Material: verschiedene elektrische Bauteile wie regelbare Elektrizitätsquelle, Batterie, Experimentierkabel, Schalter, Motor, Lampe, ...

Durchführung:

Schritt 1: Wähle verschiedene Bauteile für einen elektrischen Stromkreis aus dem Materialangebot in Bild 1 aus.

Schritt 2: Baue einen vollständigen Stromkreis zur Energieumwandlung auf.

Schritt 3: Wiederhole Schritt 1 und 2 für weitere Kombinationen.

Starthilfe zu 1:
Schaltzeichen:

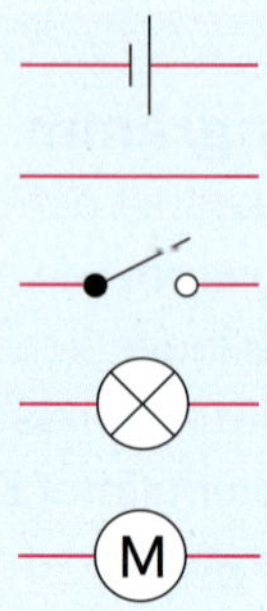

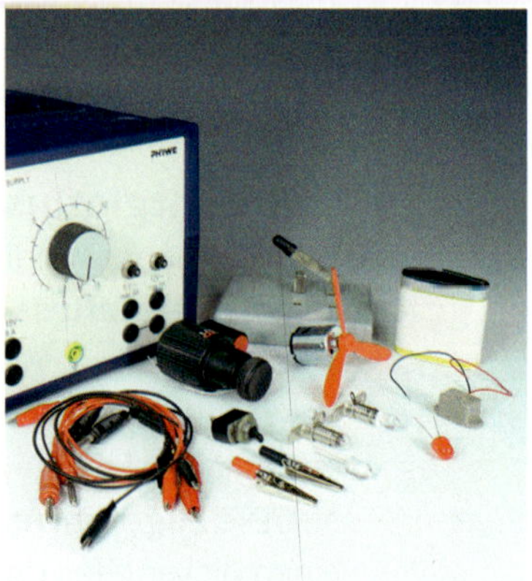

1 Verschiedene elektrische Bauteile

1 Zeichne jeweils den Schaltplan des elektrischen Stromkreises.

2 **a)** Nenne für jeden Stromkreis die erwünschte und die unerwünschte Energie.
b) Zeichne jeweils das Energieflussdiagramm.

3 Ändere deinen Versuchsaufbau so, dass der Anteil der erwünschten Energie erhöht und der Anteil der unerwünschten Energie gesenkt werden.

B Das Licht der Sonne als Energiequelle

Material: Sonne, Solarzelle, Experimentierkabel, Schalter, Lampe, Pappe

Durchführung:

Schritt 1: Baue den Versuch wie in Bild 2 auf.

Schritt 2: Lass mithilfe einer Pappe immer weniger Sonnenlicht auf die Solarzelle fallen.

Starthilfe zu 1:
Schaltzeichen:

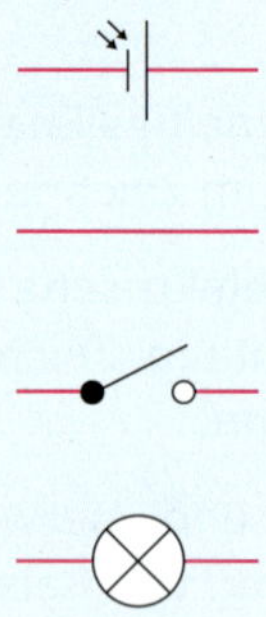

2 Eine Solarzelle als Elektrizitätsquelle

1 Zeichne den Schaltplan zu Bild 2.

2 Zeichne das Energieflussdiagramm zu dem elektrischen Stromkreis.
a) Beginne mit dem Licht, das auf den Wandler Solarzelle fällt.
b) Beginne mit der atomaren Energie, die in dem Wandler Sonne entsteht.

3 **a)** Beschreibe deine Beobachtung.
b) Erkläre deine Beobachtung mithilfe des Energieflussdiagramms aus 2.

4 Ziehe eine Schlussfolgerung zum Aufbau von Solaranlagen.

LERNEN IM TEAM

Die Sonne – der Antriebsmotor aller Energien

TEAM 1 Die Sonnenstrahlung

Die Sonne sendet Licht und Wärme zur Erde. Diese Strahlung ermöglicht erst unser Leben auf der Erde (→ Bild 3). Dabei beeinflussen die verschiedenen Anteile der Sonnenstrahlung viele unserer Lebensbereiche. So können wir erst durch einen Teil des Lichtes die Umwelt wahrnehmen.
Auftrag: Recherchiert die Zusammensetzung der Sonnenstrahlung. Teilt die Sonnenstrahlung in verschiedene Bereiche. Nennt Gefahren, die von der Sonnenstrahlung ausgehen und wie ihr euch davor schützen könnt.

3 Die Sonnenstrahlung ermöglicht unser Leben.

TEAM 2 Der Wasserkreislauf

In der Wüste scheint ständig die Sonne und es regnet fast nie. Trotzdem ist die Sonne für den Regen verantwortlich. Das Wasser auf der Erde befindet sich in einem Kreislauf (→ Bild 4).
Auftrag: Recherchiert den natürlichen Wasserkreislauf. Geht dabei auf die Sonne als Motor des Kreislaufs ein. Erkläre dabei das Zusammenspiel zwischen Wasser und Sonne.

4 Die Sonne ermöglicht den Kreislauf des Wassers.

TEAM 3 Die Entstehung des Windes

An der Küste weht fast immer Wind. Häufig weht der Wind im Sommer tagsüber vom Meer in Richtung Land. Nachts weht er in die andere Richtung vom Land zum Meer. Der Wind entsteht, weil die Sonne die Luftmassen unterschiedlich beeinflusst (→ Bild 5).
Auftrag: Recherchiert die Entstehung von Wind. Erklärt die unterschiedlichen Windrichtungen an der Küste zu den verschiedenen Tageszeiten. Nennt die Gründe für die Entstehung des Windes im Landesinneren.

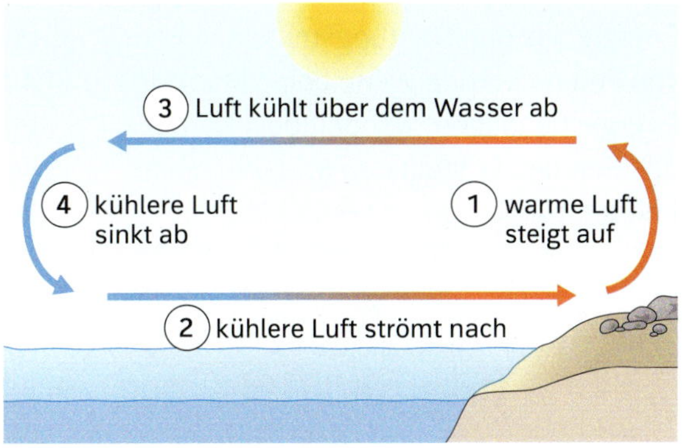

5 Die Sonne ermöglicht den Wind.

1 Dein Körper benötigt ständig Energie.

Chemische Energie von Nahrungsmitteln

Energie zum Leben

Jeden Tag benötigt dein Körper Energie zum Leben. Nur mit Energie kann dein Herz schlagen. Denn die Muskeln in deinem Körper wandeln die **chemische Energie** der Nahrungsmittel in Bewegungsenergie des Herzmuskels um. Auch deine Organe werden von dieser Energie versorgt. Dein Körper wandelt die chemische Energie der Nahrungsmittel auch in Wärme um, damit deine Körpertemperatur 37 °C beträgt.
Je mehr und intensiver du dich bewegst, desto mehr Energie brauchen deine Muskeln (→ Bild 1).
Dein Körper speichert die überschüssige Energie aus den Nahrungsmitteln in Form von Fett im Körper. Wenn deine Muskeln Energie benötigen, wandelt dein Körper das Fett um. Er stellt den Muskeln diese Energie zur Verfügung (→ Bild 2).

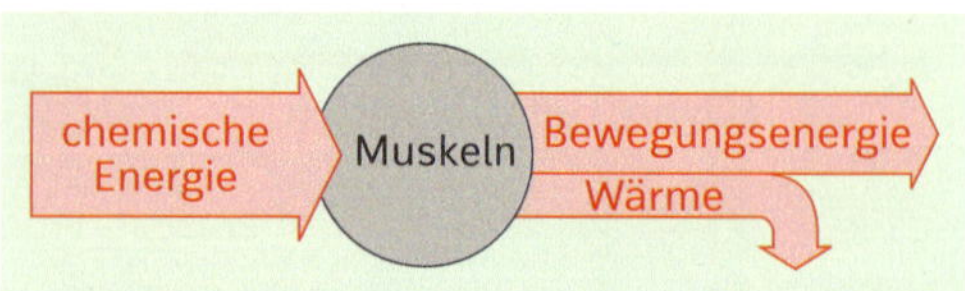

2 Energieumwandlung im Körper

Der Grundumsatz

Auch wenn du dich nicht bewegst, benötigst du jeden Tag Energie. Mit dieser Energie erhält deine Körper seine Grundfunktionen. Diese Energie ist dein **Grundumsatz.** Er beträgt pro Tag etwa 100 kJ pro 1 kg Körpermasse.
Wenn du eine Masse von 50 kg hast, beträgt dein Grundumsatz pro Tag:
$50\ \text{kg} \cdot 100\ \frac{\text{kJ}}{\text{kg}} = 5000\ \text{kJ}$.

Die Energie physikalisch

Die Energie wird mit ***E*** (englisch: energy) abgekürzt und hat die Einheit **J (Joule)** oder **kJ (Kilojoule).** Um 1 l Wasser um 1 Grad zu erwärmen, benötigst du eine Energie von 4186 J = 4,186 kJ. Dieser Energiebetrag entspricht einer Kilokalorie (1 kcal). Diese veraltete Einheit findest du häufig noch auf Lebensmittelverpackungen.

Name: Energie
Formelzeichen: *E*
Einheit: J (Joule)
Weitere Einheiten:
4,186 kJ = 1 kcal (veraltet)

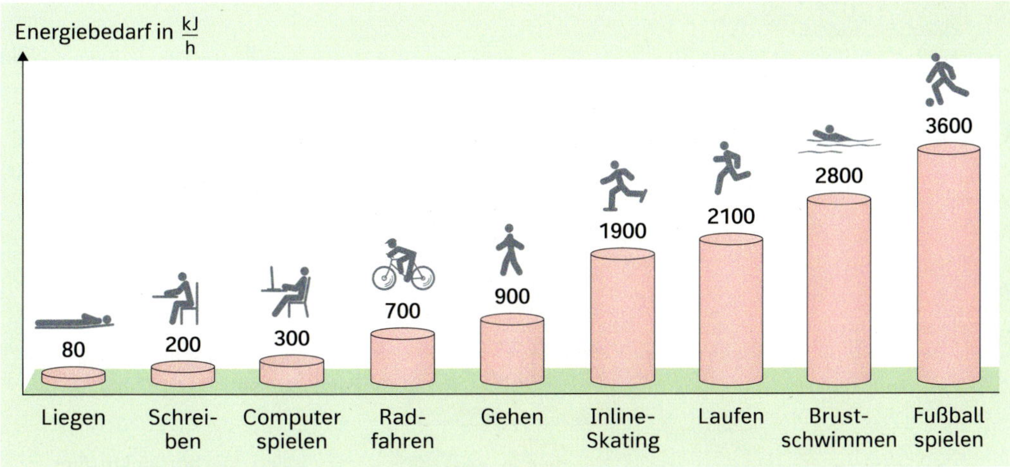

3 Energiebedarf für verschiedene Tätigkeiten

Der Leistungsumsatz

Der Grundumsatz ist deine tägliche Minimalenergie. Wenn du aktiv bist und dich bewegst, benötigst du jedoch mehr Energie. Je mehr du dich bewegst, desto mehr Energie benötigst du. Diese Energie, die dein Körper zusätzlich benötigt, heißt **Leistungsumsatz.** Der Grundumsatz zusammen mit dem Leistungsumsatz ergibt deinen täglichen **Gesamtenergieumsatz.**

Gesamtenergieumsatz = Grundumsatz + Leistungsumsatz

Die Energieträger in der Nahrung

In Bild 3 sind verschiedene Aktivitäten dargestellt. Wenn du die Aktivität eine Stunde ausübst, benötigst du eine bestimmte Menge an Energie. Diese Menge kannst du in Bild 3 in Kilojoule (kJ) ablesen. Diese zusätzliche Energie musst du über Nahrungsmittel aufnehmen.

Die wesentlichen Energieträger in der Nahrung sind **Kohlenhydrate, Proteine** und **Fette.** Der Energiegehalt von Kohlenhydraten und Proteinen liegt bei etwa 18 $\frac{kJ}{g}$. Der Energiegehalt von Fetten beträgt etwa 36 $\frac{kJ}{g}$.

1 **a)** Protokolliere für einen Tag alle Tätigkeiten, die du ausführst.
b) Stelle mithilfe von Bild 3 deinen Leistungsumsatz fest.

Starthilfe zu 1:

Uhrzeit	Zeitraum	Tätigkeit	Energie
7:50 – 8:00	10 min	Fahrradfahren	117 kJ

2 **a)** Bestimme deine Masse und berechne deinen Grundumsatz.
b) Berechne mit deinem Ergebnis aus Aufgabe 1 deinen Gesamtenergieumsatz.

3 Du bereitest dich auf einen Triathlon vor. Berechne mithilfe von Bild 3 den Energiebedarf für folgende Aktivitäten, die du über den Tag verteilt durchgeführt hast:
I **a)** 3 h Radfahren, 1 h Schwimmen, 2 h Laufen.
II **b)** 2 h 40 min Radfahren, 80 min Schwimmen, 2 h 10 min Laufen.

4 II Recherchiere die Masse in g an Burgern (Nudeln, Brot, Schokolade, Äpfeln),
a) die ein 14-jähriger Junge (60 kg) essen sollte, damit sein Gesamtenergieumsatz (7700 kJ) für einen Tag gedeckt ist.
b) die ein 14-jähriges Mädchen (50 kg) essen sollte, damit ihr Gesamtenergieumsatz (6700 kJ) für einen Tag gedeckt ist.
c) Ziehe Schlussfolgerungen mit deinen Ergebnissen für eine gesunde Ernährung.

»

IM ALLTAG

Die Ernährungspyramide

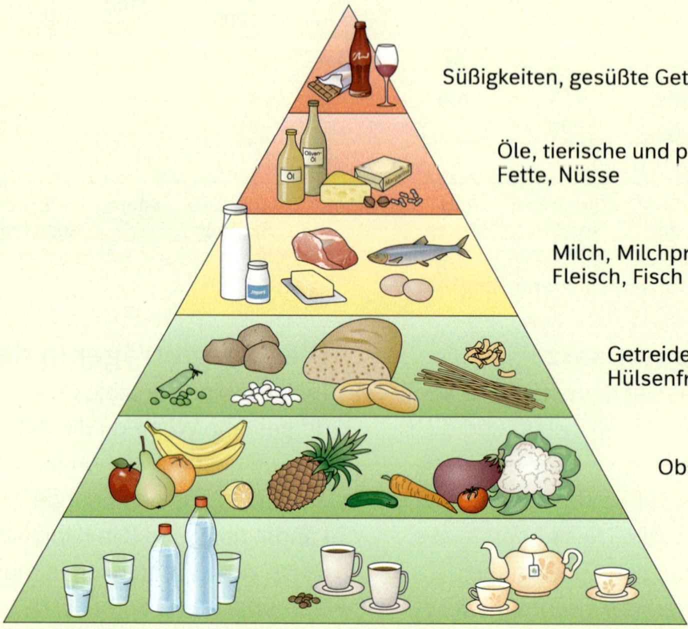

1 Die Ernährungspyramide hat 6 Ebenen.

Eine ausgewogene Ernährung

In der **Ernährungspyramide** ist bildlich dargestellt, aus welchen Nahrungsmitteln sich unsere Mahlzeiten zusammensetzen. Dabei werden bestimmte Nahrungsmittel je nach Energiegehalt zu Gruppen zusammengefasst. Anhand der pyramidenartigen Form kannst du herauslesen, wie viel du von den Nahrungsmitteln in der jeweiligen Ebene essen solltest. Je breiter die Ebene ist, desto unbedenklicher sind die darin enthaltenen Nahrungsmittel für eine ausgewogene Ernährung.
Auch die Farben grün, gelb und rot, mit denen die Ebenen unterlegt sind, helfen dir bei der Auswahl von Nahrungsmitteln, die für einen ausgewogenen Ernährungsplan wichtig sind.

Von der Basis zur Spitze

Die Lebensmittel der unteren, grünen Ebenen darfst du ohne Einschränkung essen. Sie beinhalten vor allem Vitamine und Ballaststoffe. Die Kohlenhydrate in Brot und Nudeln wandelt dein Körper in Zucker um. Diese Energie steht deinem Körper sofort zur Verfügung.
Die gelbe Ebene stellt die Proteine oder Eiweiße dar. Sie sind für deine Muskeln notwendig. Von denen solltest du nur mäßig viel essen.
Stark zuckerhaltige Getränke und tierische Fette sind sehr energiereich. Du findest sie in der Spitze der Pyramide in den roten Ebenen. Davon solltest du täglich nur sehr wenig oder gar nichts zu dir nehmen.

1 Beschreibe die Ernährungspyramide und begründe den pyramidenartigen Aufbau.

2 **a)** Ordne die Lebensmittel deiner täglichen Mahlzeiten in die Ernährungspyramide ein.
b) Bewerte deine Ernährung bezogen auf eine ausgewogene Ernährung.

ÜBEN UND ANWENDEN

Ein Ernährungstagebuch anlegen

Material: Papier, Stift, Küchenwaage, Messbecher

Durchführung:

Schritt 1: Bestimme die Mengen an Nahrungsmitteln, die du an einem Tag zu dir nimmst. Schreibe ein Ernährungstagebuch (→ Bild 2).

Schritt 2: Bestimme den Energiegehalt der Nahrungsmittel. Dabei helfen dir die Nährwertangaben auf den Verpackungen oder Nährwerttabellen im Internet.

2 Ein Ernährungstagebuch

1 **a)** Bestimme deinen Grundumsatz
b) Ermittle deinen Gesamtenergieumsatz mit der von dir aufgenommenen Energie.
c) Berechne mit den Werten aus a) und b) deinen Leistungsumsatz.
d) Notiere, für welche Aktivitäten und Zeiten du die Energie des Leistungsumsatzes nutzen kannst.

2 Beurteile deine aufgenommenen Nahrungsmittel mit den Vorgaben der Ernährungspyramide.

3 Erarbeite Vorschläge für eine gegebenenfalls gesündere und ausgewogenere Ernährung.

Ein Tagesablauf aus energetischer Sicht

Energie-aufnahme	7:30 Uhr Frühstück: 2500 kJ 	13:30 Uhr Mittagessen: 4000 kJ 	16:00 Uhr Kuchenessen: 2500 kJ 	18:00 Uhr Abendessen: ???? kJ 
Energie-bedarf	8 Uhr – 13 Uhr: in der Schule sitzen: 5 Std. á 200 kJ = 1000 kJ 	15 Uhr – 16 Uhr Fußballtraining: 3600 kJ 	17 Uhr – 18 Uhr Hausaufgaben: 200 kJ 	18:30 Uhr – 19:30 Uhr Computerspielen: 300 kJ 

3 Pauls Tagesablauf am Dienstag

1 **a)** Beschreibe mithilfe von Bild 3 Pauls Tagesablauf.
b) Paul ist 13 Jahre alt und wiegt 64 kg. Ermittle Pauls Grundumsatz und seinen Leistungsumsatz. Nimm einen Energiebedarf von 1000 kJ für Pauls Wege zwischen den Aktivitäten an.
c) Berechne mit den Werten aus a) seinen Gesamtenergieumsatz.
II **d)** Berechne die Energiemenge, die Paul zum Abendessen noch aufnehmen sollte.

«

1 Ein Feuer wärmt.

Wärmequellen und ihre Temperatur

Verschiedene Wärmequellen

Im Winter verbreitet ein Kamin im Wohnzimmer wie in Bild 1 kuschelige Wärme. Auch Kerzen geben Wärme ab. Das merkst du, wenn du deine Hand vorsichtig über die Kerzenflamme hältst. Beim Verbrennen wird die chemische Energie von Holz oder Kerzenwachs umgewandelt und als Wärme abgegeben. Bei der Zentralheizung wird Heizöl oder Gas verbrannt. Diese Wärme nimmt das Wasser, das durch die Heizungsrohre fließt, auf und erwärmt das Zimmer. Auch mit elektrischer Energie kannst du Wärme erzeugen. Deshalb wird eine Herdplatte oder der Backofen warm.

Die Temperatur eines Körpers

Wie warm ein Körper ist, wird durch seine **Temperatur** angegeben. Ein wärmerer Körper hat eine höhere Temperatur als ein weniger warmer Körper. Der Mensch kann die Temperatur eines Körpers nicht genau angeben. Er kann nur Temperaturen von Körpern miteinander vergleichen.

Das Thermometer

Ein **Thermometer** ist das Messgerät für die Temperatur. Der Messfühler des Thermometers berührt den Körper und nimmt dessen Temperatur an. So kann das Thermometer die Temperatur des Körpers anzeigen.

Die Celsius-Skala

Um Temperaturen weltweit vergleichen zu können, müssen die Messwerte vergleichbar sein. Dafür benötigt ein Thermometer eine überall gültige Temperaturskala.

In vielen Bereichen der Welt wird die Temperatur in der **Celsius-Skala** angegeben. Die Skala besitzt zwei **Fixpunkte.** Die **Schmelztemperatur** von Wasser ist der untere Fixpunkt. Er wird als 0 °C bezeichnet. Die **Siedetemperatur** von Wasser ist der obere Fixpunkt. Er wird als 100 °C bezeichnet. Dazwischen wird die Skala gleichmäßig in 100 Teile aufgeteilt.

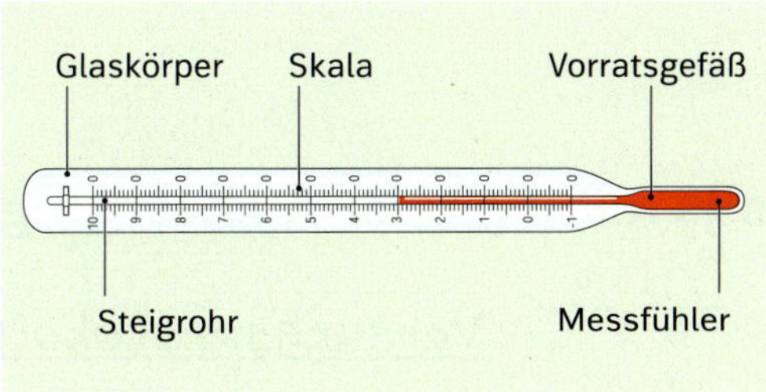

2 Der Aufbau eines analogen Thermometers

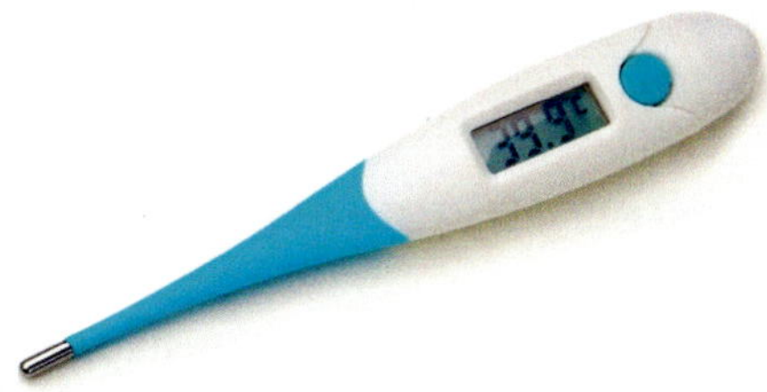

3 Ein digitales Thermometer

Analoge und digitale Thermometer

Beim Messen von Temperaturen werden analoge oder digitale Thermometer eingesetzt.

Bei einem **analogen Thermometer** wie in Bild 2 befindet sich ein Steigrohr in einem Glaskörper. In dem Messfühler befindet sich ein Vorratsgefäß mit einer gefärbten Flüssigkeit. Je höher die Temperatur am Messfühler ist, desto höher steigt die Flüssigkeit im Steigrohr. An der Skala kannst du die Temperatur ablesen. Zum korrekten Ablesen musst du senkrecht auf die Skala schauen.

Ein **digitales Thermometer** wie in Bild 3 besitzt einen Messfühler, der einen Sensor enthält. Mit einer Elektronik im Thermometer wird die Temperatur ermittelt. Du kannst sie auf dem Display sofort ablesen. Ein digitales Thermometer benötigt immer einer Batterie.

Das Einsatzgebiet bestimmt die Skala

Die Gestaltung der Skala von analogen Thermometern richtet sich nach ihrem Einsatzgebiet. Ein analoges **Fieberthermometer** soll die Körpertemperatur messen. Deshalb zeigt seine Skala nur den Temperaturmessbereich von 34,5 °C bis 42 °C an (→ Bild 4A).

Bei einem **Außenthermometer** möchtest du sowohl Temperaturen unter 0 °C als auch über 0 °C ablesen. Daher muss die Skala in den negativen Temperaturbereich erweitert werden (→ Bild 4B).

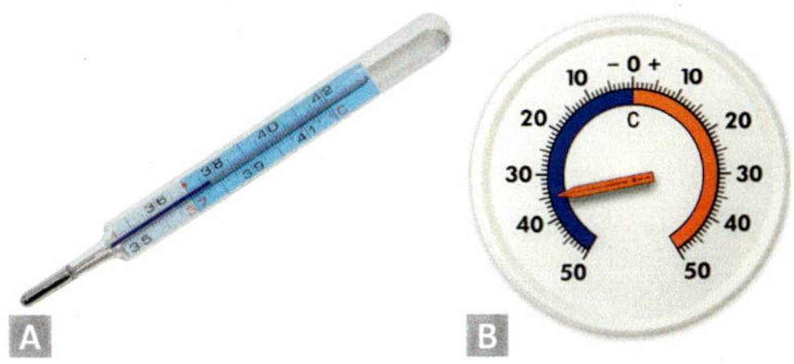

4 **A** Fieberthermometer, **B** Außenthermometer

Starthilfe zu 1:
Nutze die Begriffe: Glaskörper, Skala, Steigrohr, Messfühler, Vorratsgefäß.

1. **a)** Zeichne ein analoges Thermometer mit einer Celsius-Skala und beschrifte es.
   b) Erkläre die Einteilung einer Celsius-Skala.
   c) Begründe das senkrechte Ablesen der Temperatur bei einem analogen Thermometer.
2. Nenne Temperaturen, die du auch ohne Thermometer bestimmen kannst. Begründe deine Auswahl.
3. I Beschreibe die Eigenschaft von Flüssigkeitsthermometern, die für deren Funktion ausgenutzt wird.
4. II Nenne Gründe, die den Einsatz von Flüssigkeitsthermometern über alle Temperaturbereiche ausschließen.
5. II **a)** Zeichne ein analoges Thermometer mit einer Einteilung in $\frac{1}{10}$ Grad-Schritten.
   III **b)** Begründe die Einsatzmöglichkeit dieses Thermometers.

»

METHODE

Erstellen eines Versuchsprotokolls mit digitaler Auswertung

Du solltest dich mit einem **Versuchsprotokoll** auf jeden Versuch vorbereiten (→ Bild 1).

Schritt 1: Plane den Versuch. Stelle eine Forschungsfrage, überlege dir das Vorgehen und stelle eine Vermutung an.

Schritt 2: Plane einen Versuchsaufbau mit den notwendigen Geräten und zeichne ihn.

Schritt 3: Baue den Versuch auf und führe ihn durch. Dokumentiere deine Beobachtungen und deine Messwerte, wenn möglich in Tabellenform.

Schritt 4: Werte den Versuch **digital** aus.
a) Übertrage deine Messwerte in ein **Tabellenkalkulationsprogramm.** Markiere die Tabelle mithilfe der linken Maustaste.
b) Wähle über Einfügen/Empfohlene Diagramme den **Diagrammtyp** aus. Wenn ein Zusammenhang zwischen zwei Größen dargestellt werden soll, eignet sich besonders gut der Typ **Punkt (XY).** Nach dem Anklicken des ausgewählten Diagrammtyps erscheint das fertige Diagramm (→ Bild 2).
c) Interpretiere den Verlauf des Graphen in deinem Diagramm.

Schritt 5: Nutze die Messwerte, um gegebenenfalls Berechnungen durchzuführen.

Schritt 6: Betrachte Ungenauigkeiten bei der Beobachtung und der Messung.

Schritt 7: Formuliere ein Ergebnis, das sich auf die Ausgangsfrage bezieht. Ein Vergleich mit deiner Vermutung in Schritt 1 schließt das Protokoll ab.

1 **a)** Plane einen Versuch zur Temperaturmessung und führe ihn durch. Bereite dazu das Versuchsprotokoll vor und fülle es während des Versuches aus.
b) Werte den Versuch mithilfe eines Tabellenkalkulationsprogramms aus.

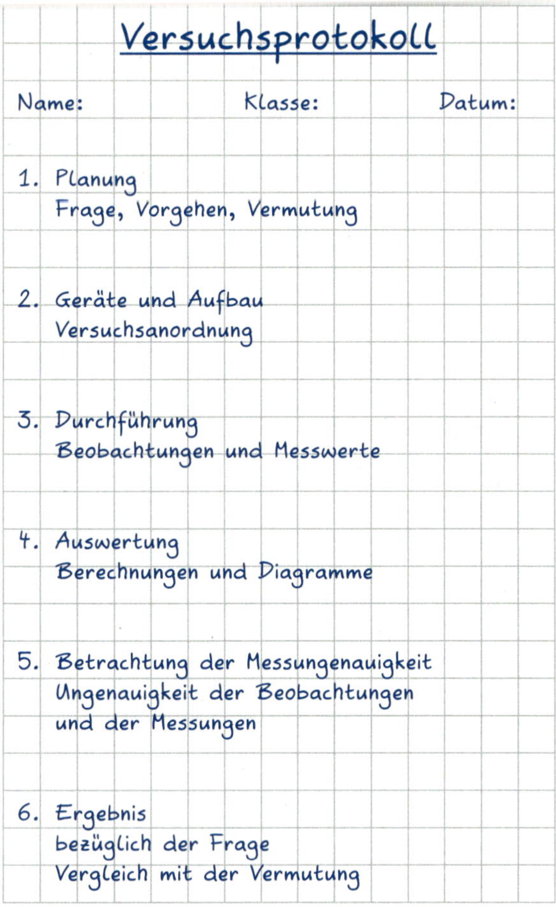

1 Der Aufbau eines Versuchsprotokolls

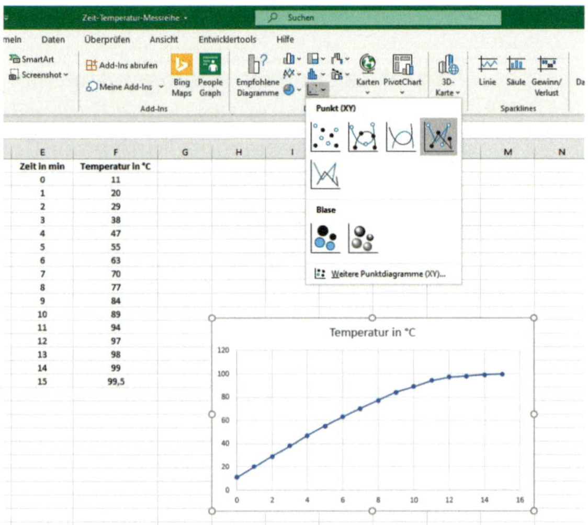

2 Ein Zeit-Temperatur-Diagramm als Liniendiagramm

IM ALLTAG

Die verschiedenen Thermometerskalen

Die Celsius-Skala

- zurückzuführen auf den schwedischen Astronomen, Mathematiker und Physiker **ANDERS CELSIUS** (1701 – 1744)
- unterer Fixpunkt: Schmelztemperatur von Wasser: 0 °C (Grad Celsius)
- oberer Fixpunkt: Siedetemperatur von Wasser: 100 °C
- Skaleneinteilung: 1 Grad-Einteilung
- Einsatzgebiete: weltweit außer USA, Belize, Bahamas, Cayman Islands (gehören zu Großbritannien)

3 ANDERS CELSIUS

Die Kelvin-Skala

- zurückzuführen auf den britischen Physiker **WILLIAM THOMSON,** (später: **LORD KELVIN OF LARGS**) (1824 – 1907)
- Fixpunkt: die tiefstmögliche erreichbare Temperatur, der absolute Temperatur-Nullpunkt: – 273,15 °C = 0 K (Kelvin)
- Skaleneinteilung: 1 Grad-Einteilung
- Einsatzgebiet: Wissenschaft, da die Skala keine negativen Temperaturen enthält
- Besonderheit: Temperaturdifferenzen werden in K angegeben.

4 LORD KELVIN OF LARGS

Die Fahrenheit-Skala

- zurückzuführen auf den deutschen Physiker **DANIEL GABRIEL FAHRENHEIT** (1686 – 1736)
- unterer Fixpunkt: tiefste Temperatur eines Wasser-Salz-Gemisches – 17,8 °C ≙ 0 °F (Grad Fahrenheit)
- oberer Fixpunkt: Körpertemperatur eines „gesunden Menschen" 37 °C ≙ 98 °F
- Hinweis: Wasser siedet bei 212 °F, Wasser schmilzt bei 32 °F
- Skaleneinteilung: 1 Grad-Einteilung
- Umrechnung: $T_{\text{in °F}} = \frac{9}{5} \cdot T_{\text{in °C}} + 32$; $T_{\text{in °C}} = \frac{5}{9} \cdot (T_{\text{in °F}} - 32)$
- Einsatzgebiet: USA, Belize, Bahamas, Cayman Islands

5 DANIEL G. FAHRENHEIT

1 Nenne die drei gängigen Temperaturskalen und ihre Einsatzgebiete.

2 Rechne folgende Temperaturen von der Einheit °C jeweils in die anderen Temperatureinheiten K und °F um:
- I a) Schmelztemperatur von Wasser: 0 °C, Sommertag: 25 °C, Gefrierschrank: – 18 °C
- II b) normale Körpertemperatur des Menschen, Schmelztemperaturen von Wasser und Wachs

3 II Zeichne die drei Temperaturskalen nebeneinander und markiere die verschiedenen Fixpunkte.

Starthilfe zu 2:
– 273 °C = 0 K; 0 °C = 273 K
$T_{\text{in °F}} = \frac{9}{5} \cdot T_{\text{in °C}} + 32$

«

1 Bremsscheibe: **A** im kalten Zustand, **B** im rotglühenden Zustand

Die innere Energie

Was ist innere Energie?

Ein Rennwagen in voller Fahrt hat Bewegungsenergie. Soll er wieder zum Stillstand kommen, muss er abgebremst werden. Beim Bremsen werden Bremsbacken gegen die Bremsscheibe gepresst. Sie verursachen eine sehr starke Reibung. Dadurch wird die Bremsscheibe heiß und sie dehnt sich aus. Ihre Temperatur steigt an und ihr Volumen wird größer (→ Bilder 1A/B).

Die Bremsscheibe besitzt bei jeder Temperatur eine bestimmte Menge an Energie. Diese gespeicherte Energie heißt **innere Energie** E_i. Sie beschreibt den Zustand der Bremsscheibe.
Beim Bremsen wird die Bewegungsenergie des Wagens als innere Energie der Bremsscheibe gespeichert. Je höher die Temperatur der Bremsscheibe ist, desto größer ist ihre innere Energie. Sie wird in Form von Wärme an die Umgebung abgegeben.

Innere Energie im Teilchenmodell

Wie alle Körper besteht die Bremsscheibe aus kleinsten Teilchen. Diese bewegen sich ständig. Sie besitzen Bewegungsenergie. Beim Bremsen wird durch die Reibung mechanische Energie auf die Teilchen übertragen. Die Bewegung aller Teilchen wird heftiger. Ihre Bewegungsenergie wird größer. Durch die heftige Bewegung vergrößert sich auch der Abstand der Teilchen zueinander. Damit vergrößert sich die Lageenergie aller Teilchen. Beide Energien zusammen bestimmen die innere Energie der Bremsscheibe. Je heftiger sich die Teilchen bewegen, desto größer ist ihre Temperatur. Je größer der Abstand der Teilchen zueinander ist, desto größer ist ihr Volumen.

Die innere Energie eines Körpers ist die Summe aus der Bewegungsenergie und der Lageenergie aller seiner Teilchen.

Änderung der inneren Energie durch mechanische Energie

Turnierpferde haben empfindliche Hufe. Um die Hufe nicht zu beschädigen, werden die Hufeisen nicht erhitzt, sondern kalt bearbeitet. Dafür legt der Schmied das kalte Hufeisen auf einen Amboss. Mit einem Hammer schlägt er auf das Eisen, um es in die richtige Form zu bringen (→ Bild 2). Durch die Hammerschläge wird dem Eisen mechanische Energie zugeführt. Das führt im Inneren des Eisens zu Veränderungen. Die Teilchen bewegen sich schneller, ihre Bewegungsenergie wird größer. Die Temperatur des Hufeisens steigt. Der Temperaturanstieg ist ein Merkmal für die Erhöhung der inneren Energie des Hufeisens.

2 Kaltschmieden

Änderung der inneren Energie durch Abgabe oder Zufuhr von Wärme

Wird heißer Tee in eine kalte Tasse gegossen, gibt er Wärme an seine Umgebung ab. Die Teilchen des Tees werden langsamer, ihre Bewegungsenergie nimmt ab. Die Temperatur des Tees sinkt. Damit wird seine innere Energie kleiner.
Die Tasse nimmt einen Teil der Wärme des Tees auf. Die Teilchen der Tasse bewegen sich heftiger, ihre Bewegungsenergie nimmt zu. Die Temperatur der Tasse steigt. Damit wird die innere Energie der Tasse größer (→ Bild 3).

3 Direkter Kontakt von Körpern mit unterschiedlicher Temperatur

> Die **Temperatur** eines Körpers ist ein Maß für die Bewegungsenergie aller seiner Teilchen.

1. Beschreibe den Bremsvorgang mit einer Felgenbremse an einem Fahrrad. Benutze dabei die Begriffe innere Energie und Temperatur. Orientiere dich dabei an der Beschreibung zum Bremsen eines Rennwagens.

2. Eine Steinfigur befindet sich im Garten an einem sonnigen Platz.
   a) Beschreibe die Änderung ihrer Temperatur, ihres Volumens und ihrer inneren Energie über einen Zeitraum von 24 Stunden.
   b) Erläutere den Zusammenhang zwischen der inneren Energie, der Temperatur und dem Volumen der Steinfigur im Laufe eines Tages. Benutze dabei Fachbegriffe.

Starthilfe zu 2:
Gliedere deine Beschreibung in die Zeitabschnitte Morgen, Vormittag, Nachmittag, Abend und Nacht.

3. In einem Flüssigkeitsthermometer steigt die Flüssigkeitssäule mit zunehmender Temperatur an. Erläutere den Vorgang mit dem Teilchenmodell.

»

FORSCHEN UND ENTDECKEN

A Erhöhung der inneren Energie eines Körpers

Material: Eisennagel (20 cm), Metallsäge, Schleifpapier mit Schleifklotz (→ Bild 1)

Durchführung:

Schritt 1: Bearbeite den Nagel 1 min kräftig mit Schleifpapier. Befühle dann mit den Fingern die Oberfläche von Nagel und Schleifpapier.

Schritt 2: Säge den Eisennagel in der Mitte durch.

Schritt 3: Befühle mit den Fingern die Schnittstellen an beiden Hälften.

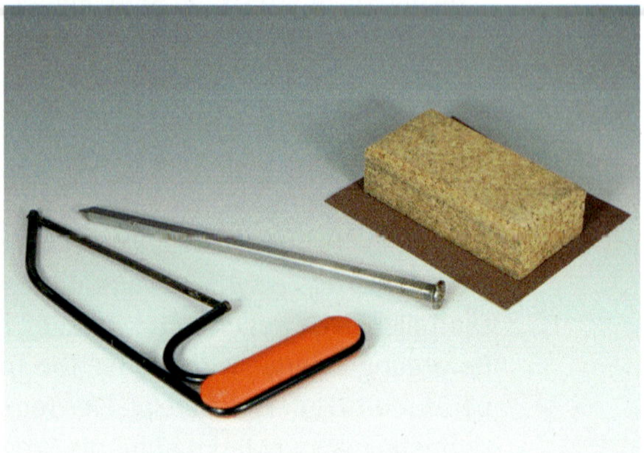

1 Ein Eisennagel soll bearbeitet werden.

1 Beschreibe jeweils deine Beobachtungen.

2 I Erläutere am Beispiel des Nagels den Begriff innere Energie. Grenze ihn dabei zum Begriff Temperatur ab.

3 II Erkläre die Auswirkung der Veränderung der inneren Energie mit dem Teilchenmodell. Gehe dabei auf die Temperatur und das Volumen des Nagels ein.

B Verringerung der inneren Energie eines Körpers

Material: Becherglas, Digitalthermometer, Uhr, 100 ml Wasser, Heizplatte, Tassen aus verschiedenen Materialien mit ungefähr gleicher Größe

Durchführung:

Schritt 1: Erwärme 100 ml Wasser in einem Becherglas auf der Heizplatte. Miss dabei die Temperatur. Schalte die Platte bei einer Wassertemperatur von 50 °C ab.

Schritt 2: Fülle das Wasser in eine Tasse. Bestimme die Wassertemperatur in der Tasse. Wiederhole die Messung nach 60 s. Trage deine Messwerte in eine Tabelle ein.

Schritt 3: Wiederhole die Schritte 1 und 2 für die Tassen aus den verschiedenen Materialien.

Starthilfe zu 1:
Verwende Tassen aus Keramik, Porzellan, Glas und Kunststoff.

Material der Tasse	Temperatur des Wassers nach dem Eingießen	Temperatur des Wassers nach 60 s

1 **a)** Vergleiche die Temperaturabnahme in den Tassen. Stelle eine Reihenfolge der Materialien auf.
b) Beschreibe die Bedeutung der Materialeigenschaft für die innere Energie der Tassen.

2 II Nenne die Bedingung, unter der keine Veränderung der inneren Energie eines Körpers mehr stattfindet.

3 III Erkläre die Veränderung der inneren Energie und der Temperatur von Wasser und Tasse mit dem Teilchenmodell.

FORSCHEN UND ENTDECKEN

C Erwärmung von unterschiedlichen Stoffen bei gleicher Masse

Material: Eisenkugel und annähernd gleich schwerer Stein, zwei Wärmeschutzplatten, Tiegelzange, Gasbrenner, zwei Bechergläser, zwei Thermometer, Leitungswasser

Durchführung:

Schritt 1: Fülle ein Becherglas mit 100 ml Wasser und miss die Temperatur.

Schritt 2: Erwärme die Eisenkugel 2 min über einer Gasflamme.

Schritt 3: Lege mit der Tiegelzange die Eisenkugel vorsichtig in das Becherglas.

Schritt 4: Lies nach 2 min die Wassertemperatur im Becherglas ab.

Schritt 5: Wiederhole die Schritte 1 bis 4 mit dem Stein und vergleiche die Temperaturen.

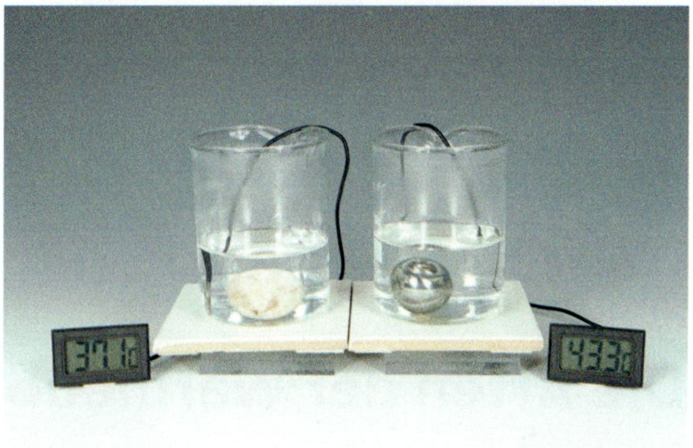

2 Heiße Gegenstände erwärmen kaltes Wasser.

1 **a)** Beschreibe das Ergebnis des Versuches. Gehe dabei auf die Anfangs- und Endtemperaturen bei den verschiedenen Materialien und die Wärmeübertragung an das Wasser ein.
II b) Erkläre das Ergebnis des Versuches. Gehe dabei auf den Unterschied von Temperatur und Wärme ein, wenn die Masse unterschiedlicher Stoffe gleich ist.

D Abkühlung des gleichen Stoffes bei unterschiedlicher Masse

Material: Becherglas, zwei große Reagenzgläser, Gasbrenner, Dreifuß mit Keramiknetz, zwei Thermometer, Leitungswasser

Durchführung:

Schritt 1: Fülle in ein Reagenzglas 10 ml kaltes Leitungswasser und in das andere 20 ml Wasser. Miss die Temperaturen.

Schritt 2: Erwärme 100 ml Wasser im Becherglas, bis es siedet.

Schritt 3: Stelle beide Reagenzgläser gleichzeitig in das Becherglas mit heißem Wasser. Lies nach 30 s die Temperaturen in den Reagenzgläsern ab.

3 Heißes Wasser erwärmt kaltes Wasser.

1 **a)** Bestimme für beide Reagenzgläser die Differenz zwischen Anfangs- und Endtemperatur.
b) Beschreibe den Zusammenhang zwischen der Wärmeübertragung, der Wassermenge und der Temperaturänderung in einem Je-desto-Satz.

2 **II** Erkläre für einen Körper den Unterschied zwischen der Temperaturänderung und der Wärmeübertragung, wenn bei gleichem Stoff die Masse unterschiedlich ist.

1 Wärmestrom im Teeglas

2 Warum schützen Topflappen?

Die Arten der Wärmeübertragung

Die Wärmeleitung zwischen Körpern

Ein kalter Löffel aus Metall erwärmt sich in heißem Tee. Dabei berühren sich ein kalter Körper und ein warmer Körper. Die Wärme geht dabei immer vom warmen auf den kalten Körper über. Sie bewegt sich als **Wärmestrom** vom heißen Tee auf den kalten Löffel (→ Bild 1).
Die Temperatur des Tees sinkt, die des Löffels steigt an. Die innere Energie des Tees wird kleiner, die des Löffels wird größer. Der Wärmestrom endet, wenn beide Körper die gleiche Temperatur haben. Diese Form der Wärmeübertragung heißt **Wärmeleitung.**

Die Wärmeleitung innerhalb eines Körpers

Die Erwärmung des Metalllöffels im heißen Tee ist schnell auch am oberen Ende des Löffels spürbar. Die Wärme wird innerhalb des Metalllöffels weitergeleitet. Der Wärmestrom breitet sich gleichmäßig in alle Richtungen aus. Er endet, wenn die Temperatur an allen Stellen gleich ist. Dann hat sich innerhalb des Löffels ein **thermisches Gleichgewicht** gebildet.

Gute und schlechte Wärmeleiter

Alle Metalle, vor allem Silber, Kupfer, Gold und Aluminium sind **gute Wärmeleiter.** Körper aus diesen Stoffen werden dort verwendet, wo eine gute Wärmeleitung erwünscht ist. Deshalb sind beispielsweise Kochtöpfe aus Metall gefertigt.

Körper aus Kunststoffen, Holz und Glas sind **schlechte Wärmeleiter.** Luft ist ebenfalls ein schlechter Wärmeleiter. Sie ist in flauschigen Stoffen und Schaumstoffen eingeschlossen. Dadurch wird die Wärme schlecht durch den Stoff transportiert. So schützen Topflappen vor einer Verbrennung am heißen Backblech (→ Bild 2).

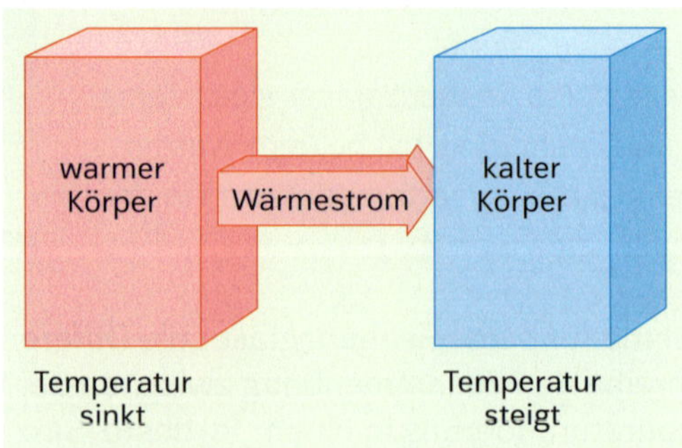

3 Wärme geht immer vom warmen Körper auf den kalten Körper über.

Die Wärmeströmung

Die Luft über einer Kerzenflamme strömt nach oben. Es entsteht ein Strom von Luftteilchen. Sie setzen das Rad der Weihnachtspyramide in Bild 4 in Bewegung. Die Luft führt Wärme als Wärmestrom mit sich. Diese Art der Übertragung ist **Wärmeströmung.**

Sie findet auch in Flüssigkeiten statt. Das Wasser unter der Dusche führt die Wärme vom Heizkessel mit sich. Im Kühlsystem eines Autos wird Wärme des Motors zur Außenluft transportiert.

4 Die Wärme strömt nach oben.

Die Wärmestrahlung

Ein Lagerfeuer wie in Bild 5 verbreitet eine angenehme Wärme. Sie ist aber nur mit der dem Feuer zugewandten Körperseite zu spüren. Dabei strömt die Wärme ohne die Beteiligung eines anderen Körpers. Diese Form der Übertragung heißt **Wärmestrahlung.**

Auch die Wärme der Sonne gelangt durch Strahlung zur Erde. Zwischen Sonne und Erde befindet sich kein Stoff, der die Wärme weiterleiten kann.

Trifft die Wärmestrahlung auf einen Körper mit heller oder glatter Oberfläche, so wird ein Teil davon zurückgeworfen. Dieser Teil wird **reflektiert.** Trifft die Wärme auf einen Körper mit dunkler oder rauer Oberfläche, so wird die auftreffende Wärme aufgenommen. Sie wird von dem Körper **absorbiert.** Deshalb erwärmen sich dunkle Körper in der Sonne stärker als helle Körper.

5 Die Wärme strahlt in alle Richtungen.

Wärmeübertragung: Wärme kann durch
- Wärmeleitung,
- Wärmeströmung,
- Wärmestrahlung

von einem wärmeren auf einen kälteren Körper übertragen werden.
Die Wärmeübertragung endet, wenn sich zwischen den Körpern ein **thermisches Gleichgewicht** gebildet hat.

1 Nenne zu jeder Art der Wärmeübertragung zwei Beispiele.

2 **a)** Du stehst erst mit einem weißen T-Shirt und dann mit einem schwarzen T-Shirt jeweils für einige Minuten in der Sonne. Beschreibe deine Wahrnehmung.
b) Begründe die Ursache für deine Wahrnehmung.

3 Eine Pizza wird für die Zubereitung aus der Tiefkühltruhe in den Backofen gelegt. Nach dem Aufbacken kommt sie auf den Teller.
a) Beschreibe die Wärmeübertragung für den Backvorgang.
b) Beschreibe die Wärmeübertragung, nachdem sich die Pizza auf dem Teller befindet und von dir gegessen wird.

Starthilfe zu 3:
Verwende für die Beschreibung die grafische Darstellung aus Bild 3.

»

IM ALLTAG

Überall wird Wärme übertragen

Die Wärmeströmung

Bei der Verbrennung von Kraftstoff im Motor eines Autos wird eine große Menge Wärme freigesetzt. Sie wird im Motorblock an einen **Kühlmittelkreislauf** abgegeben. Das Kühlmittel nimmt Wärme auf und strömt in den Kühler im vorderen Bereich des Autos. Dort wird sie an die Umgebung abgegeben.

1 Der Kühler wird mit Kühlmittel befüllt.

Die Wärmeleitung

Im **Hauptprozessor (CPU)** eines Computers kommt es zu einer starken Wärmeentwicklung. Das Bauteil würde sehr heiß und dadurch zerstört werden. Durch einen Kühlkörper aus Metall wird die Wärme abgeführt. Er sitzt direkt auf der CPU. Er nimmt die Wärme durch Wärmeleitung auf. Dabei sorgt eine Wärmeleitpaste für einen guten Kontakt. Über die Kühlrippen wird die Wärme an die Umgebung abgegeben.

2 Kühlkörper auf einer CPU

Die Wärmestrahlung

Die Wärmestrahlung einer **Rotlichtlampe** oder **Infrarot-Lampe** kannst du zur Unterstützung der Heilung bei einer Muskelzerrung oder bei einer Erkältung nutzen. Die Wärme wird direkt von der Lampe auf deinen Körper gestrahlt.

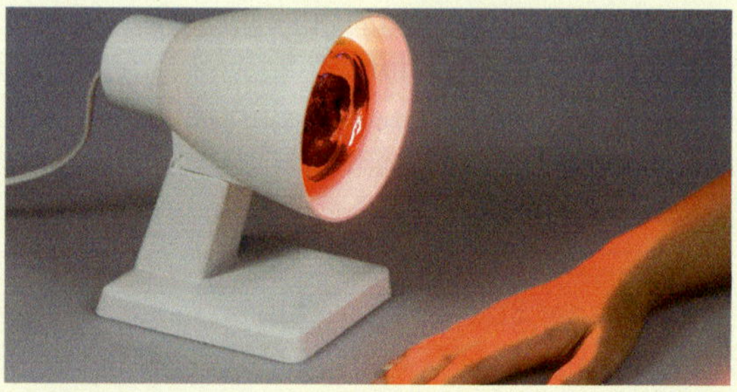

3 Heilende Wärme

1 Nenne je ein weiteres Beispiel zu den Arten der Wärmeübertragung.

2 **II** In manchen Fällen ist die Wärmeübertragung unerwünscht.
a) Beschreibe, wie die Übertragung durch Wärmestrahlung verringert werden kann.
b) Beschreibe, wie die Übertragung durch Wärmeleitung verringert werden kann.

3 **II** Nenne Beispiele, bei denen zwei Arten der Wärmeübertragung gleichzeitig vorkommen.

4 **III** Erkläre die Wärmeleitung mit dem Teilchenmodell.

IM ALLTAG

Die Zentralheizung

In vielen Häusern werden die Räume durch eine **Zentralheizung** mit Wärme versorgt.
Im **Heizkessel** wird die chemische Energie eines Brennstoffes in Wärme umgewandelt. Gas, Heizöl oder Holz wird unter Zufuhr von Luft verbrannt. Die entstehende Wärme wird an zwei **Wärmetauscher** abgegeben.

An einen Wärmetauscher ist der **Heizkreislauf** angeschlossen. Das Wasser im Heizkreislauf nimmt die Wärme auf und überträgt sie über die **Vorlaufleitung** zu den Heizkörpern in den Räumen. Dort geben die Heizkörper die Wärme an die Raumluft ab.
Das abgekühlte Wasser strömt dann durch die **Rücklaufleitung** zum Heizkessel zurück. Der Kreislauf wird durch eine **Umwälzpumpe** unterstützt.

Über den **Warmwasserkreislauf** im Heizkessel wird Wärme in einen Warmwasserspeicher übertragen. Darüber werden Waschbecken und Duschen mit warmem Wasser versorgt.

Solarthermie unterstützt

Solarkollektoren auf dem Dach eines Hauses sind mit Wasser gefüllt. Sie nehmen die Wärme der Sonne auf. Die Wärme des Wassers wird über einen weiteren Kreislauf in die Anlage eingespeist. Dieser Teil der Wärmenutzung ist umweltschonend und spart Ressourcen.

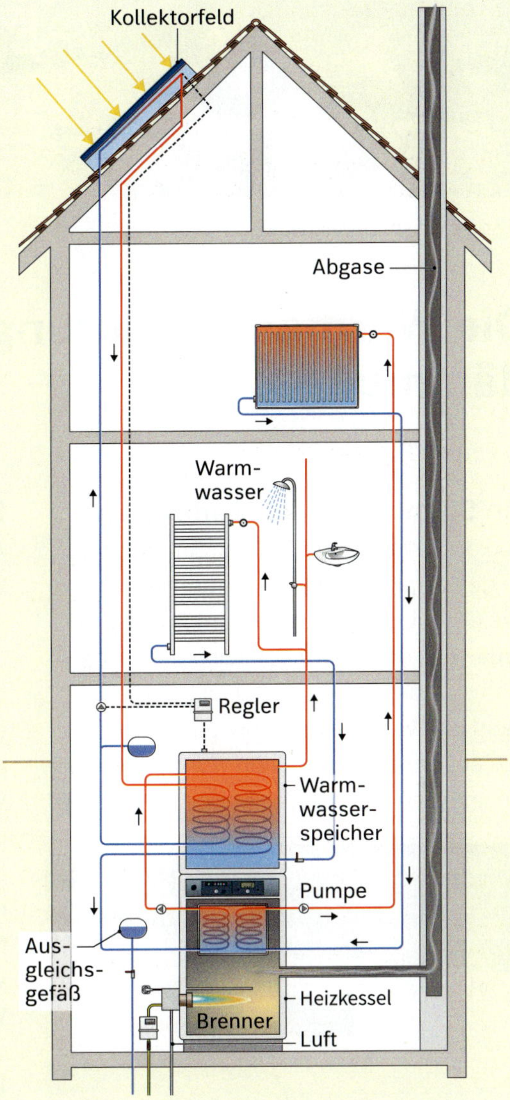

4 Eine Zentralheizung mit Solarkollektoren

5 **a)** Nenne die wichtigsten Teile einer Zentralheizung.
b) Beschreibe den Weg des Wassers im Heizkreislauf.
c) Begründe den Temperaturunterschied zwischen der Vorlaufleitung und der Rücklaufleitung.

6 **II a)** Beschreibe die Wirkungsweise der Wärmetauscher in einem Heizkessel.
II b) Beschreibe die Wärmeübertragung vom Heizkessel zum Heizkörper in einem Zimmer.

7 **III** Beschreibe den Weg der Luftströmung in einem Zimmer. Beginne beim Heizkörper.

«

1 Sommer am Badestrand

Die Wärmespeicherung und die Wärmedämmung

Ein Sommertag am Badestrand

Du kommst an einem heißen Sommertag an den Strand (→ Bild 1). Dabei hast du das Gefühl, du könntest dir im Sand die Füße verbrennen. Im Vergleich zum Wasser fühlt sich der Sand deutlich wärmer an. Sand und Wasser sind aber gleich lange von der Sonne beschienen worden. Wie ist die unterschiedliche Erwärmung zu erklären?

2 Temperaturmessung: **A** im Sand, **B** im Wasser

Die Wärme wird gespeichert

Am Morgen spürst du zwischen Sand und Wasser kaum einen Temperaturunterschied. Im Tagesverlauf werden beide Oberflächen gleichmäßig von der Sonne beschienen. Die Wärme der Sonne wird als innere Energie im Sand und im Wasser gespeichert. Der Temperaturanstieg im Wasser ist jedoch geringer als im Sand (→ Bilder 2A/B).

Um die gleiche Temperatur zu erreichen, müsste dem Wasser mehr Wärme zugeführt werden. Das Wasser kann mehr Wärme aufnehmen. Es ist ein besserer **Wärmespeicher** als Sand.

Der Stoff bestimmt die gespeicherte Wärmemenge

Werden gleiche Mengen von Wasser, Öl und Sand längere Zeit von der Sonne beschienen, steigt in allen Stoffen die Temperatur. Sand erreicht den höchsten Wert, Wasser den niedrigsten. Dem Öl muss mehr Wärme zugeführt werden als dem Sand, wenn es die gleiche Temperatur wie der Sand erreichen soll. Dies bedeutet, dass die Menge der gespeicherten Wärme abhängig von der **Art des Stoffes** ist.

Die Wärmedämmung beeinflusst den Wärmestrom

Das Ziel einer guten **Wärmedämmung** ist es, den Wärmestrom zu behindern. Die Größe des Wärmestromes kann dabei durch verschiedene Faktoren beeinflusst werden.

Die Größe der Oberfläche

Heißer Tee ist in einem schlanken Becher nach 30 min kalt. Auf einem flachen Teller ist der Tee nach 1 min kalt. Die **kleinere Oberfläche** im Becher verhindert eine schnellere Wärmeübertragung an die Umgebungsluft (→ Bild 3).

Die Art des Stoffes

Wird der Becher wie in Bild 4 mit einer Lage Schaumstoff ummantelt, dauert die Wärmeübertragung länger. Stoffe, die schlechte Wärmeleiter sind, verlängern die Zeit der Wärmeübertragung. Sie heißen **Dämmstoffe.**

Die Querschnittsfläche des Dämmstoffes

Durch eine doppelte Lage Schaumstoff um den Becher wird die Zeit der Wärmeübertragung weiter verlängert. Mit einer doppelten Lage wird die **Querschnittsfläche** der Dämmstoffschicht verdoppelt. Je größer die Querschnittsfläche ist, desto geringer ist die Menge der Wärme, die von dem Becher abgegeben wird.

3 Eine große Fläche gibt Wärme schnell ab.

4 Ein Dämmstoff behindert die Wärmeübertragung.

Die Wärmeübertragung durch einen Körper kann durch drei Faktoren beeinflusst werden:
- die Größe der Oberfläche des Körpers,
- die Art des Dämmstoffes,
- die Querschnittsfläche des Dämmstoffes.

1 **a)** Beschreibe für einen Sonnentag im Sommer den Temperaturverlauf von Sonnenaufgang bis zum Sonnenuntergang.
b) Beschreibe die Auswirkung der Wärmestrahlung der Sonne auf einen Weg aus Steinplatten.

Starthilfe zu 1:
Teile den Tagesverlauf in mehrere Zeitabschnitte ein.

2 Wenn du Bauchschmerzen hast, kann eine Wärmeflasche helfen.
I **a)** Beschreibe die Benutzung der Wärmeflasche.
II **b)** Vergleiche die Wirkung einer mit Wasser gefüllten Wärmeflasche mit einer Wärmeflasche, die mit Sand gefüllt ist.
III **c)** Begründe, dass Wasser für die Nutzung in der Wärmeflasche besonders gut geeignet ist.

3 II **a)** Nenne die Eigenschaften eines Thermobechers.
III **b)** Zeichne den Aufbau eines Thermobechers im Querschnitt und beschrifte ihn.

»

IM ALLTAG

Luft ist ein schlechter Wärmeleiter

1 Ein Warmhaltegefäß

So bleiben Speisen warm

Der Einsatz eines **Warmhaltegefäßes** besteht aus einem doppelwandigen Gefäß mit glatter, glänzender Oberfläche. Aus dem Raum zwischen den Wänden wurde die Luft weitgehend abgesaugt. Dadurch wird die Wärmeübertragung von innen nach außen vermindert. Zusätzlich ist der Innenraum mit einer Spiegelschicht überzogen. Sie verhindert die Übertragung durch Wärmestrahlung. So bleiben die Speisen länger warm.

2 Eine Thermobox

Die Thermobox schützt

In einer **Thermobox** können größere Mengen an warmen oder kühlen Speisen transportiert werden. Die Thermobox besteht aus einem Schaumstoff, der sehr viel Luft enthält. Luft als schlechter Wärmeleiter behindert die Wärmeübertragung nach außen oder nach innen.

3 Pelz, Fleece und Daunen halten warm.

Die Wärme soll im Körper bleiben

Warme Kleidung besteht immer aus flauschigen Stoffen. Sie bilden eine Schicht aus Fasern von natürlichen oder künstlichen Stoffen. Zwischen den Fasern ist Luft eingeschlossen. Die Luft als schlechter Wärmeleiter behindert in den Schichten eines Kleidungsstückes die Wärmeübertragung nach außen. Durch die warme Kleidung wird der Körper vor Auskühlung geschützt.

1. Nenne Beispiele für die Nutzung von Warmhaltegefäßen.
2. I **a)** Zeichne den Aufbau eines Warmhaltegefäßes wie in Bild 1.
   II **b)** Recherchiere den Aufbau einer Thermoskanne und zeichne ihn.
   c) Gib die Wärmeübertragung für jede Schicht an und wie sie vermindert wird.
3. II Zeichne für eine Thermobox wie in Bild 2 die Wärmeübertragung für Speisen,
   a) die warm gehalten werden sollen.
   b) die kühl gehalten werden sollen.
4. Nenne Beispiele, wie sich Tiere in der Natur vor Kälte schützen. Begründe die jeweilige Schutzfunktion.

LERNEN IM TEAM

Wärmedämmung von Häusern dient der Nachhaltigkeit

Wärme hat den größten Anteil bei der Energieversorgung eines Hauses. Heizungsanlagen werden überwiegend mit Öl oder Gas betrieben. Diese fossilen Brennstoffe sind in ihrer Verfügbarkeit begrenzt. Alle Maßnahmen, mit denen Wärme eingespart werden kann, tragen zur Nachhaltigkeit bei. Sie bewirken eine Schonung der Energieträger und sorgen für eine Reduzierung der Erderwärmung. In diesem Projekt untersucht ihr, welche Wirkung Dämmstoffe haben.

4 Eine Fassadendämmung mindert den Wärmestrom.

TEAM 1 Art des Dämmstoffes

Material: zwei gleich große Schuhkartons, Schaumstoff, Wellpappe, Alufolie, Schraubgläser, warmes Wasser (50 °C), Digitalthermometer
Auftrag: Kleidet die Kartons mit unterschiedlichen Dämmmaterialien aus. Stellt Schraubgläser mit gleicher Menge und gleicher Temperatur an warmem Wasser hinein. Messt nach 10 min die Wassertemperatur. Vergleicht die Messergebnisse. Stellt eine Reihenfolge der Dämmstoffe auf. Beginnt mit dem Material, das den Wärmestrom am stärksten vermindert.

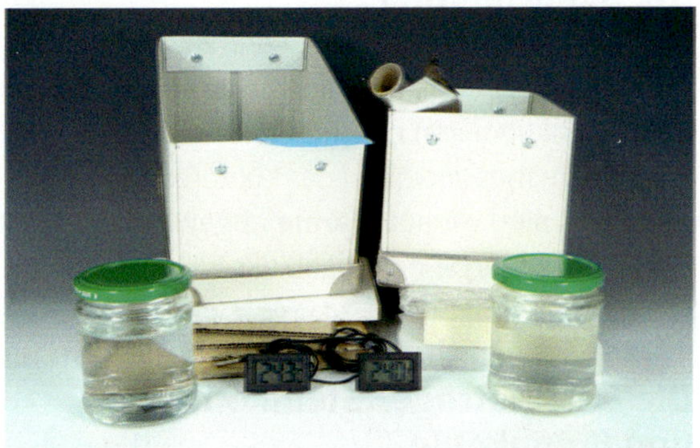

5 Verschiedene Dämmstoffe und ihre Wirkung

TEAM 2 Dämmstoff – einlagig oder zweilagig?

Material: zwei gleich große Schuhkartons, Schaumstoff, Schraubgläser, warmes Wasser (50 °C), Digitalthermometer
Auftrag: a) Kleidet die Kartons mit einer Lage und mit einer doppelten Lage eines Schaumstoffes aus. Stellt Schraubgläser mit gleicher Menge und gleicher Temperatur an warmem Wasser hinein. Messt nach 10 min die Wassertemperatur. Vergleicht die Messergebnisse.
b) Wiederholt den Versuch mit weiteren Dämmstoffen, beispielsweise Styrodur oder Moosgummi.

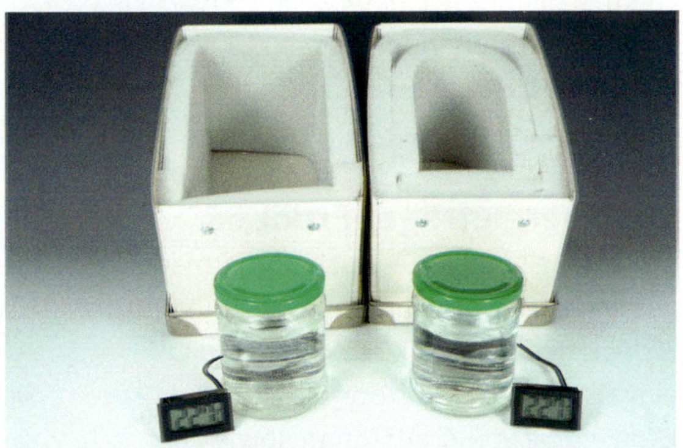

6 Verschiedene Querschnittsflächen und ihre Wirkung

1 Ein Kohlekraftwerk

Energieversorgung und Nachhaltigkeit

Die Bedarfsfelder

Die Energieversorgung kann in drei **Bedarfsfelder** eingeteilt werden. Alle elektrischen Geräte funktionieren nur mit **elektrischer Energie.** Insbesondere in der kühleren Jahreszeit sind wir auf **Wärme** angewiesen. Bewegungsenergie benötigen wir für unsere **Mobilität.**

Die Energieträger Steinkohle und Braunkohle

In Deutschland sind Braunkohle und Steinkohle bedeutende Energieträger. Ihre Nutzung ist gesellschaftlich umstritten. Braunkohle und Steinkohle werden in Wärmekraftwerken zur Bereitstellung elektrischer Energie eingesetzt (→ Bild 1). Bei ihrer Verbrennung können nur etwa 40 % in nutzbare elektrische Energie umgewandelt werden.

Der Energieträger Erdöl

Für Erdöl gibt es in Deutschland nur sehr geringe Lagervorkommen. Das benötigte Erdöl muss teuer auf dem Weltmarkt eingekauft werden. Erdöl wird für die Herstellung von Kraftstoffen sowie zur Beheizung von Wohnungen benötigt.

Der Energieträger Erdgas

Erdgas wird zum größten Teil für Heizzwecke genutzt. Für den Antrieb von Fahrzeugen entfällt nur ein sehr kleiner Teil.
In Gaskraftwerken wird Erdgas zur Bereitstellung elektrischer Energie eingesetzt. Deutschland importiert Erdgas in großen Mengen aus anderen Ländern. Daraus ergeben sich ähnliche wirtschaftliche Abhängigkeiten wie beim Erdöl.

Die Auswirkungen der Verbrennung der fossilen Energieträger

Kohle, Erdöl und Erdgas sind fossile Energieträger. Sie sind nicht erneuerbar. Ihre Verwendung ist damit nicht nachhaltig. Die Nutzung erfolgt immer über die Verbrennung. Das verursacht große Probleme. Ein großer Teil der eingesetzten Energie bleibt ungenutzt. Es entstehen Abgase, die für die Umwelt schädlich sind. Dies gilt besonders für das Treibhausgas CO_2. Es verursacht den **künstlichen Treibhauseffekt.** Er hat einen Anstieg der Temperatur auf der Erde zur Folge. Dieser Temperaturanstieg zieht weltweit Veränderungen des Klimas nach sich. Dies hat enorme Folgen für die Menschheit.

2 Nachhaltige Energieversorgung: **A** Offshoreanlage in der Nordsee, **B** Fotovoltaikanlage

Eine nachhaltige Energieversorgung

Die Verfügbarkeit der fossilen Energieträger ist begrenzt. Eine **nachhaltige Energieversorgung** muss sich auf regenerative, also **erneuerbare Energien** stützen.
Die Sonne, das Wasser und der Wind müssen für Wärmegewinnung, elektrische Energie und Mobilität nutzbar gemacht werden. Neben den positiven Effekten gibt es aber auch Nachteile.

Elektrische Energie durch Wind

Die Sonne verursacht die Luftströmungen, die du als Wind kennst. Die riesigen Rotoren der **Windkraftanlagen** wandeln die Bewegungsenergie des Windes mittels eines Generators in elektrische Energie um. Windkraftanlagen werden aber auch als störend empfunden. Der Bau von Windkraftanlagen greift spürbar in die Umgebung ein. (→ Bild 2A)

Elektrische Energie aus Fotovoltaik

Fotovoltaikanlagen wandeln die Energie der Sonne mithilfe von Solarzellen in elektrische Energie um. Sie sind vielfältig einsetzbar. Andererseits sind große Aufstellflächen notwendig. Bei der Herstellung der Solarzellen wird sehr viel CO_2 freigesetzt (→ Bild 2B).

Nutzung von Wärme

Nutzbare Wärme kann aus der Umwelt und dem Erdreich gewonnen werden. Mithilfe einer **Wärmepumpe** können Räume aller Art beheizt werden. Ein Nachteil besteht darin, dass sie mit elektrischer Energie betrieben werden muss.
Holzpellets stammen von einem nachwachsenden Rohstoff. Damit kann der Bedarf an Wärme teilweise gedeckt werden. Bei der Verbrennung entsteht jedoch Feinstaub, der die Umwelt belastet.

1 Nenne die wichtigsten Energieträger und sortiere sie in fossile oder erneuerbare Energieträger.

Starthilfe zu 1:

Energieträger	fossil	erneuerbar
Erdöl		

2 Recherchiere die Vorteile und Nachteile, die sich durch die Nutzung der Energieträger Sonne, Wind und Wasser ergeben.

3 In Deutschland werden für die Energieversorgung zum größten Teil noch fossile Energieträger genutzt.
a) Nenne die Gefahren, die durch die Nutzung fossiler Energieträger entstehen.
b) Beschreibe die Probleme, die sich aus den in Deutschland vorhandenen Vorräten fossiler Energieträger ergeben.

»

IM ALLTAG

Das Prinzip Nachhaltigkeit

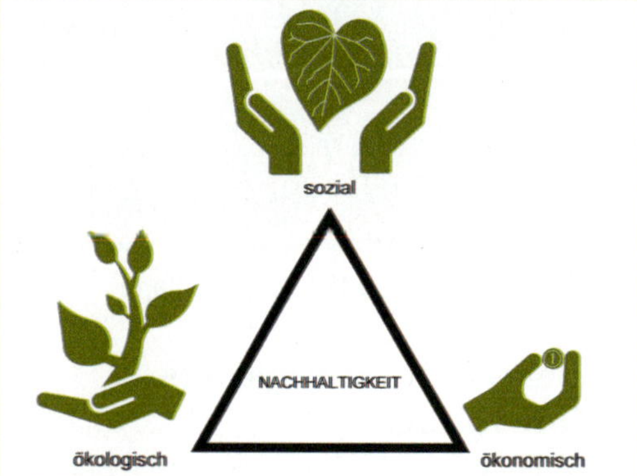

1 Das Nachhaltigkeitsdreieck

Ein gesellschaftliches Leitbild

Wenn heute und in der Zukunft unsere Lebensbedingungen erhalten bleiben sollen, ist **Nachhaltigkeit** unerlässlich. Sie vereint soziales, ökologisches und ökonomisches Handeln.

Die soziale Nachhaltigkeit

Die Menschen sollten so handeln, dass keine irreversiblen Veränderungen an der Welt vorgenommen werden. Im Sinne einer **sozialen Nachhaltigkeit** sollte kein Mensch in Armut leben müssen. Allen, auch folgenden Generationen soll ein gutes Leben im Einklang mit der Natur und der Wirtschaft möglich sein.

Die ökonomische Nachhaltigkeit

Durch **ökonomische Nachhaltigkeit** soll die Wirtschaft eines Landes unterstützt werden. Dies ist durch fairen Handel möglich. Er bewirkt eine Minderung von Armut und dient der Förderung einer nachhaltigen Entwicklung. Die Erzeuger erzielen einen fairen Preis, der die Produktionskosten deckt und ihnen ein geregeltes Einkommen sichert. Fairer Handel wird überwiegend mit landwirtschaftlichen und handwerklichen Produkten betrieben. Es wird eine Wirtschaft unterstützt, die ökologisch und sozial nachhaltig produziert und Ressourcen nicht ausbeutet.

Die ökologische Nachhaltigkeit

Der verantwortungsvolle Umgang mit natürlichen Ressourcen bedeutet **ökologische Nachhaltigkeit.** Die Menschen dürfen die natürlichen Ressourcen nur in dem Umfang nutzen, wie sie sich auch erneuern können. Beim Heizen mit Holz wird ein CO_2-neutraler Brennstoff verwandt, der nachwachsen kann. Bei der Verbrennung wird nur so viel CO_2 freigesetzt, wie sie der einzelne Baum umgewandelt hat. Jedoch darf das Ökosystem Wald durch die Nutzung von Holz nicht aus dem Gleichgewicht gebracht werden.

1. Erkläre das Nachhaltigkeitsdreieck in Bild 1 mit eigenen Worten.
2. **a)** Beschreibe eine Situation, in der die soziale Nachhaltigkeit verbessert werden muss.
   b) Nenne ein Beispiel, bei dem sich die ökologische Nachhaltigkeit verbessern lässt.
   II c) Beschreibe den Zusammenhang zwischen ökonomischer Nachhaltigkeit und Wärmedämmung.
3. **a)** Erläutere, welche Kraftwerkstypen am ehesten mit dem Prinzip Nachhaltigkeit im Einklang stehen.
   II b) Beschreibe nachteilige Faktoren der Kraftwerkstypen aus a).
4. **III** Recherchiere die Biografie von HANS CARL VON CARLOWITZ. Begründe, dass er als Begründer des Nachhaltigkeitsprinzips gilt.

LERNEN IM TEAM

Energiesparen im Haushalt

Im Jahr 2020 wurden 66 % der elektrischen Energie aus nicht erneuerbaren Quellen gewonnen. Das stellt eine große Umweltbelastung dar. Eine Verringerung der Energienutzung bedeutet eine Verbesserung der Nachhaltigkeit.

In diesem Projekt sollt ihr untersuchen, wo und wie Energie eingespart werden kann.

2 Wo kann Energie eingespart werden?

Gerät	Energieform	Energiebedarf hoch/niedrig	Alternativen	Bereitschaft zum Wechsel

TEAM 1 Beleuchtung und Unterhaltung

Auftrag: Schreibt in die Tabelle alle Lampen und Unterhaltungsgeräte aus eurem Haushalt.
- Bestimmt ihre durchschnittliche tägliche Nutzungsdauer.
- Überlegt, bei welchen Geräten die Nutzungsdauer verringert werden kann.
- Recherchiert, ob durch neuere Geräte der Energiebedarf verringert werden kann und welche Kosten dadurch entstehen.

3 LED-Lampen im Alltag

TEAM 2 Geräte, die Wärme und Bewegung erzeugen

Auftrag: Schreibt in die Tabelle die elektrischen Geräte, die Wärme oder Bewegung erzeugen.
- Überlegt, bei welchen Geräten die Nutzungsdauer verringert werden kann.
- Findet überflüssige Geräte und Energieverschwender.
- Recherchiert, ob durch neuere Geräte der Energiebedarf verringert werden kann und welche Kosten dadurch entstehen.
- Erkundet die Bereitschaft in der Familie, auf bestimmte Geräte zu verzichten.

4 Wärmequellen im Alltag

Auf einen Blick: Energie

Energieträger und Energieformen

Energieträger sind Stoffe, die Energie in sich tragen: Holz, Erdöl, Wind, Wasser, Pizza.

Energieformen sind in verschiedenen Energieträgern gespeichert: chemische Energie, elektrische Energie, Lageenergie, Bewegungsenergie.

Regenerative und nicht regenerative Energieträger

Regenerative Energieträger sind nachwachsende Rohstoffe wie Holz und Pflanzen. Sonne, Wind und Wasser sind Träger regenerativer Energien, die dauerhaft zur Verfügung stehen.

Nicht regenerative Energieträger sind fossile Rohstoffe wie Erdöl, Erdgas und Kohle. Sie sind auf der Erde nur begrenzt verfügbar. Ihre Verbrennung verursacht den künstlichen Treibhauseffekt.

Nachhaltige Energieversorgung

Die Energieversorgung der Zukunft muss sich auf regenerative, also erneuerbare Energien stützen und nach dem **Prinzip Nachhaltigkeit** sozial, ökologisch und ökonomisch verträglich sein.

WICHTIGE BEGRIFFE

- Energieform
- regenerative und nicht regenerativ Energieträger
- nachwachsende und fossile Rohstoffe
- Energieversorgung
- Prinzip Nachhaltigkeit

Energieumwandlung

Bei der **Energieumwandlung** wird die in einem Energieträger gespeicherte Energie in eine andere Form von Energie umgewandelt.

Ein **Energieflussdiagramm** stellt die Energieumwandlungen dar. Dem Wandler wird Energie zugeführt, der sie in eine oder mehrere andere Formen von Energie umwandelt.

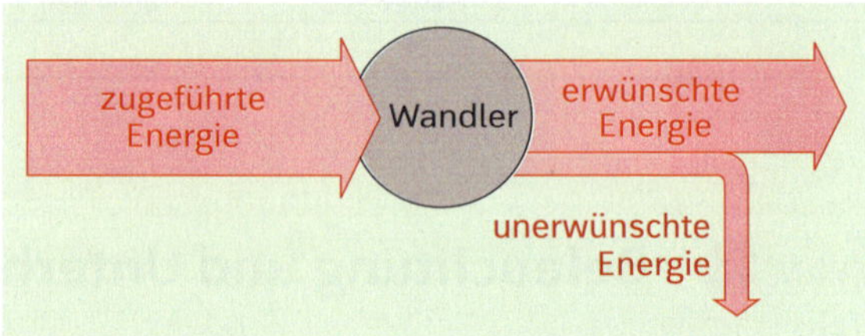

Bei jeder Energieumwandlung entsteht **erwünschte Energie** und **unerwünschte Energie.** Die Pfeildicke ist ein Maß für die Menge der Energie. Dabei ist die zugeführte Energie immer genauso groß wie die abgegebene Energie.

Die Energie physikalisch

Die **Energie** wird mit dem Formelzeichen ***E*** (englisch: energy) abgekürzt und hat die **Einheit J (Joule)** oder kJ (Kilojoule).
Um 1 l Wasser um 1 Grad zu erwärmen, ist eine Energie von 4186 J = 4,186 kJ notwendig.

WICHTIGE BEGRIFFE

- Energieumwandlung
- Energieflussdiagramm
- zugeführte Energie
- Energiewandler
- erwünschte und unerwünschte Energie

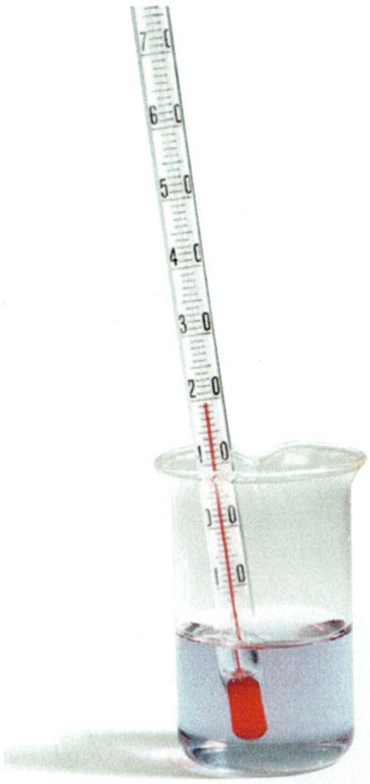

Temperatur und innere Energie

Jeder Körper besitzt eine bestimmte **Temperatur,** die mit einem **Thermometer** gemessen wird. Sie ist ein Messwert für die **innere Energie** des Körpers. Je höher seine Temperatur ist, desto höher ist dessen innere Energie.

Thermisches Gleichgewicht

Wärme wird immer vom wärmeren zum kühleren Körper übertragen. Besitzen beide Körper dann die gleiche Temperatur, hat sich ein **thermisches Gleichgewicht** eingestellt.

Arten der Wärmeübertragung

Wärmeleitung

Heißer Tee erwärmt das Innengefäß eines Thermobechers. Es entsteht ein Wärmestrom durch **Wärmeleitung.** Seine Größe ist abhängig vom Temperaturunterschied der Körper und ihren Materialien. Alle Metalle leiten den Wärmestrom gut, Kunststoffe und Holz sind schlechte **Wärmeleiter**.

Wärmeströmung

Der warme Tee in einem Thermobecher erwärmt die Luft über dem Flüssigkeitsspiegel. Die Luft steigt auf. Die Luftteilchen führen Wärme als Wärmestrom mit sich. Der Deckel verhindert die **Wärmeströmung** an die Umgebungsluft.

Wärmestrahlung

Metallische Thermobecher sind von innen metallisch glänzend. Dadurch wird die Wärme durch **Wärmestrahlung** im Becher hin und her reflektiert. Der Wärmestrom findet dabei ohne Beteiligung eines festen, flüssigen oder gasförmigen Körpers statt.

Wärmedämmung

Der Hohlraum zwischen Innen- und Außengefäß des Thermobechers enthält Luft oder einen **Dämmstoff.** Diese Stoffe sind schlechte Wärmeleiter und vermindern die Übertragung der Wärme.

Wärmespeicherung

Verschiedene Stoffe speichern Wärme unterschiedlich gut. Wasser speichert die Wärme am besten.

WICHTIGE BEGRIFFE

- Temperatur
- Thermometer mit Skala
- innere Energie
- Wärme
- thermisches Gleichgewicht

WICHTIGE BEGRIFFE

- Wärmeübertragung
- Wärmeleitung
- Wärmeströmung
- Wärmestrahlung
- Wärmedämmung
- Wärmespeicherung

Lerncheck: Energie

Energieträger, Energieformen und Energieumwandlung

1 Nenne jeweils den Energieträger und die Energieform, die in den folgenden Bildern A – D dargestellt sind.

2 **a)** Eine Solarzelle ist ein Energiewandler. Gib die Energie an, die gewandelt wird und die Anteile daran, die nutzbar und daher erwünscht sind sowie die nicht nutzbar und deshalb unerwünscht sind.
b) Zeichne das Energieflussdiagramm für die Solarzelle.

3 **a)** Berechne für einen Jugendlichen mit einer Körpermasse von 65 kg den täglichen Grundumsatz.
b) Berechne den Leistungsumsatz für 1,5 h Schreiben (200 $\frac{kJ}{h}$), 0,5 h Computer spielen (300 $\frac{kJ}{h}$), 0,5 h Inline-Skating (1900 $\frac{kJ}{h}$), 1,5 h Gehen (900 $\frac{kJ}{h}$).
c) Berechne mit den Ergebnissen aus a) und b) seinen Gesamtenergieumsatz.

DU KANNST JETZT ...

- ... Energieträger und Energieformen nennen.
- ... Energieumwandlungen mithilfe eines Energieflussdiagrammes darstellen.
- ... das Formelzeichen der Energie und ihre Einheit nennen.
- ... deinen täglichen Energiebedarf näherungsweise bestimmen.

Wärmequellen und ihre Temperatur

4 Nenne verschiedene Wärmequellen und gib je ein Beispiel für ihre Nutzung an.

5 **a)** Zeichne den Aufbau eines analogen Thermometers.
b) Beschreibe die Funktionsweise.

6 Beschreibe den Aufbau der Celsius-Skala.

7 Beschreibe die Unterschiede zwischen der Celsius-Skala und der Kelvin-Skala.

8 Gib an, ob es sich bei den folgenden Bildern A und B um ein analoges oder ein digitales Thermometer handelt. Begründe deine Entscheidung.

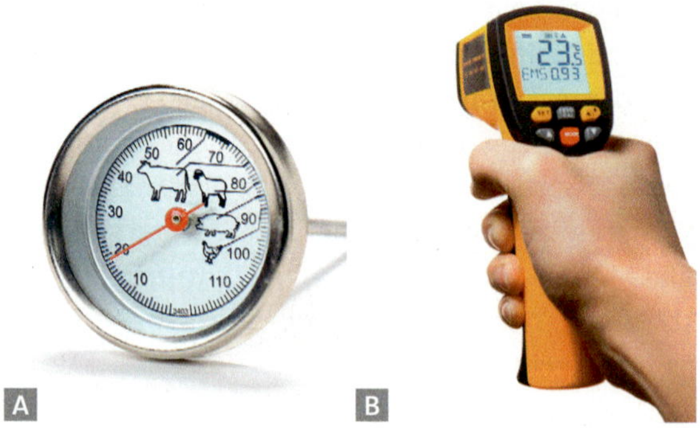

9 Begründe, dass der menschliche Temperatursinn für die Bestimmung der Körpertemperatur nur eingeschränkt geeignet ist.

10 Erkläre den Unterschied zwischen Temperatur und Wärme.

DU KANNST JETZT ...

- ... Beispiele für Wärmequellen nennen.
- ... den Aufbau eines analogen Thermometers zeichnen und seine Wirkungsweise beschreiben.
- ... die Celsius-Skala mit ihren Fixpunkten beschreiben.
- ... analoge und digitale Thermometer unterscheiden.

Innere Energie – Wärmeübertragung – Wärmespeicherung

11 Beschreibe am Beispiel eines Gehweges aus Steinplatten die Änderung der inneren Energie über den Tag und über die Nacht.

12 Ein Eisennagel wird in eine Brennerflamme gehalten.
a) Beschreibe die Wirkung der Brennerflamme auf die innere Energie des Nagels.
b) Gib die Auswirkungen der Änderung der inneren Energie beim Nagel an.
c) Beschreibe die Änderung der inneren Energie des Nagels mit dem Teilchenmodell.
d) Gib den Zusammenhang zwischen innerer Enerie und Temperatur an.

13 Beschreibe die Arten der Wärmeübertragungen jeweils an einem Beispiel.

14 Beschreibe die Wirkungsweise eines doppelwandigen Thermobechers aus Metall mithilfe der Arten der Wärmeübertragung
a) für warme Getränke,
b) für kühle Getränke.

15 **a)** Eine Schale mit 100 ml Öl und eine Schale mit 100 ml Wasser werden 1 h auf eine sonnige Fensterbank gestellt. Beide Flüssigkeiten haben zu Beginn Zimmertemperatur. Nach 30 min misst du die Temperatur der Flüssigkeiten. Gib deine Beobachtung an und begründe sie.
b) Beschreibe das Verhalten der Flüssigkeiten, wenn du die Schalen danach in den Schatten stellst

DU KANNST JETZT ...

- ... die innere Energie eines Körpers und ihre Änderung mit dem Teilchenmodell beschreiben.
- ... die Arten der Wärmeübertragung erklären.
- ... gute und schlechte Wärmeleiter nennen und die Einordnung begründen.
- ... die Faktoren nennen, die die Wärmeübertragung durch einen Körper beeinflussen.

Nachhaltige Energieversorgung

16 Beschreibe die Probleme, die von der Verbrennung von fossilen Energieträgern zur Bereitstellung elektrischer Energie ausgehen.

17 **a)** Nenne für die in der Tabelle aufgelisteten Bedarfsfelder Beispiele für die Energieversorgung durch erneuerbare Energien.

Elektrische Energie	Wärme	Mobilität

b) Beschreibe zu deinen Beispielen in der Tabelle die Vorteile und die Nachteile, die sich durch die Nutzung dieser erneuerbaren Energien ergeben.

18 Beschreibe das Prinzip Nachhaltigkeit am Beispiel einer Zentralheizung, die mit Holzpellets betrieben wird.

DU KANNST JETZT ...

- ... die Auswirkungen der Verbrennung fossiler Energieträger beschreiben.
- ... nachhaltige Arten der Versorgung mit elektrischer Energie beschreiben.
- ... das Prinzip Nachhaltigkeit beschreiben.
- ... Maßnahmen zur Energieeinsparung im Haushalt beschreiben.

HOLD
200m
12V

Elektrizität und elektrische Energie

Wie verhalten sich elektrische Ladungen?

Wie werden die Spannung und die Stromstärke gemessen?

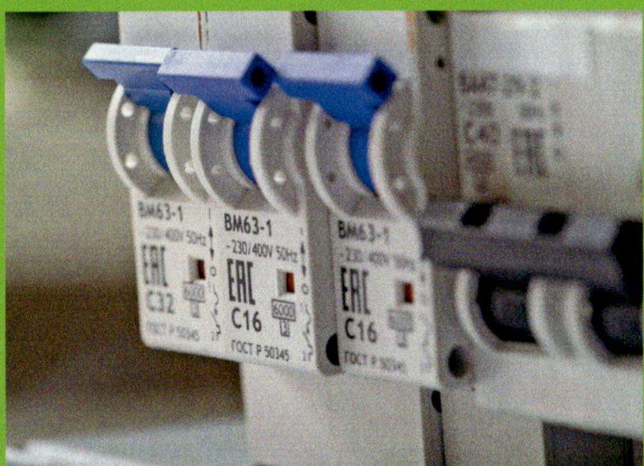

Welche Maßnahmen schützen vor den Gefahren des elektrischen Stromes?

1 Unterschiedliche Elektrizitätsquellen

Energiefluss und Energieumwandlung

Die elektrische Energie

Viele Geräte wie das Smartphone, der Computer, elektrische Küchengeräte, der Fernseher oder die Audioanlage benötigen **elektrische Energie.** Diese erhalten sie von einer **Elektrizitätsquelle,** beispielsweise von einem Akku oder aus der Steckdose des Haushaltsnetzes (→ Bild 1).

Die elektrische Energie hat viele Vorteile gegenüber anderen Energieformen. Sie kann transportiert, gespeichert und als einzige Energie in alle anderen Formen von Energie umgewandelt werden.

Der Weg der Energie von der Elektrizitätsquelle zum Nutzer kann in einem **Energieflussdiagramm** dargestellt werden. Das elektrische Gerät ist der Wandler, der die elektrische Energie in Energien anderer Form umwandelt (→ Bild 2).

Energiefluss durch Elektronenstrom

Elektrische Energie kann nur in einem geschlossenen Stromkreis transportiert werden. Sie ist dabei an die **Elektronen** im metallischen Leiter gebunden. Die Elektronen nehmen elektrische Energie an der Elektrizitätsquelle auf. Sie transportieren sie vom Minuspol der Elektrizitätsquelle durch den elektrischen Leiter zum Nutzer, beispielsweise einer Lampe. Dort geben die Elektronen die elektrische Energie ab. Die Lampe leuchtet. Der **elektrische Energiefluss** ist also von der Elektrizitätsquelle zur Lampe **gerichtet.**
Die Elektronen werden nach der Energieabgabe zum Pluspol der Elektrizitätsquelle gedrängt. Ihre Bewegung ist ebenfalls gerichtet, aber sie bewegen sich im geschlossenen Stromkreis. Der Elektronenstrom ist somit die Ursache des Energieflusses (→ Bild 3).

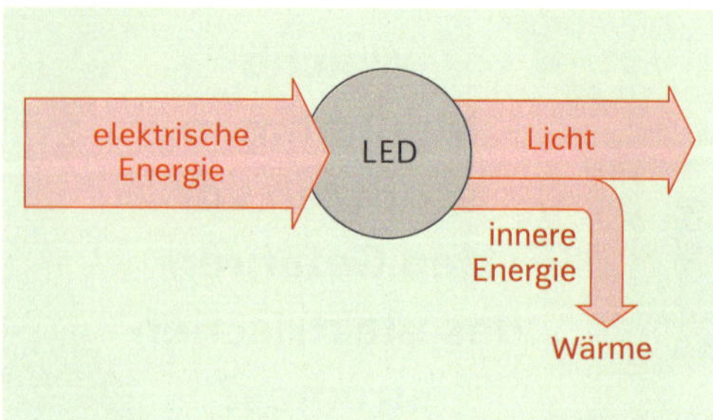

2 Energieflussdiagramm

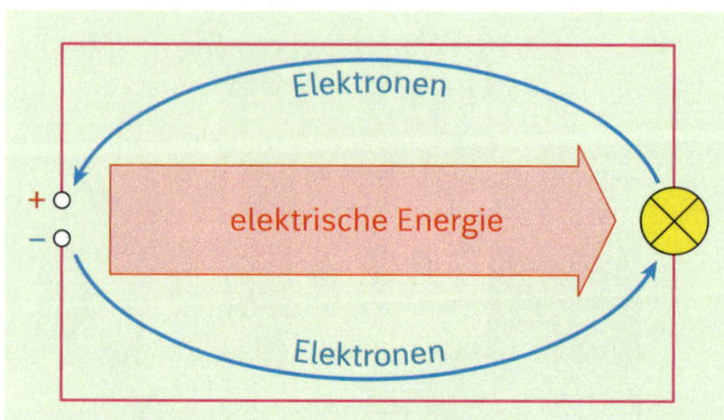

3 Elektronenstrom und Energiefluss

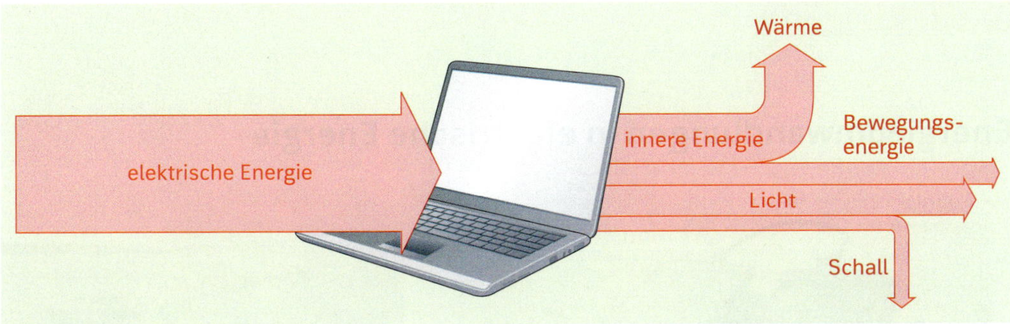

4 Umwandlung elektrischer Energie

Energie geht nicht verloren

Elektrische Geräte wandeln die elektrische Energie in eine **erwünschte Energie** um. Eine LED-Lampe wandelt elektrische Energie in Licht um. Bei einem Toaster wird die **innere Energie** der Heizdrähte erhöht und als Wärme abgegeben. Die elektrische Bohrmaschine gibt **Bewegungsenergie** ab. Aus dem Radio kommt **Schall.**

Die Umwandlung in die erwünschte Energie erfolgt jedoch nie vollständig. Bei jeder Umwandlung tritt **unerwünschte Energie** auf. So wird beim Betrieb aller elektrischen Geräte die innere Energie der Geräte erhöht. Sie wird in Form von Wärme an die Umgebung abgegeben. Die nach der Wandlung abgegebene Energie setzt sich somit aus der erwünschten Energie und der unerwünschten Energie zusammen. Jedoch gilt immer: Die Menge der zugeführten Energie und der nach der Umwandlung abgegebenen Energie ist gleich. Es gilt das **Prinzip Energieerhaltung.** Es geht keine Energie verloren (→ Bild 4).

Energieentwertung

Bei der Umwandlung von elektrischer Energie in der Bohrmaschine entstehen als unerwünschte Energien innere Energie und Schall. Die innere Energie wird in Form von Wärme an die Umgebung abgegeben. Ein Heizstrahler wie in Bild 5 gibt neben der erwünschten Wärme auch Licht ab.

Die unerwünschten Energien können in den meisten Fällen nicht weiter genutzt werden. Es sind **entwertete Energien.**

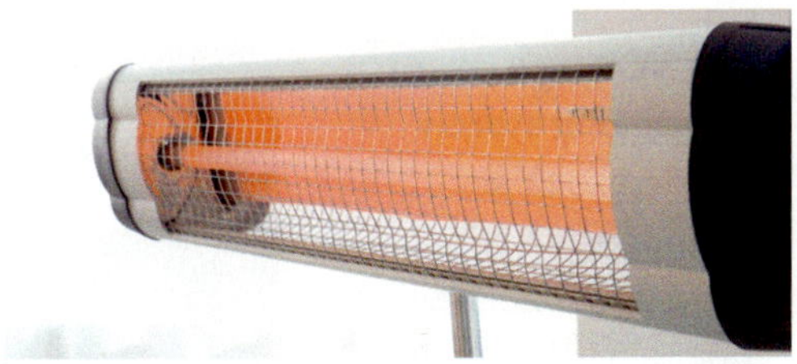

5 Licht als entwertete Energie

Energieerhaltung: Bei einer Energieumwandlung ist die Summe der abgegebenen Energien gleich der zugeführten Energie.

1 Erstelle eine Tabelle mit elektrischen Geräten. Ergänze die Formen der Energie, die erwünscht und die unerwünscht sind.

Starthilfe zu 1:

Gerät	erwünschte Energie	unerwünschte Energie

2 **I** Erstelle für drei Beispiele aus Aufgabe 1 jeweils ein Energieflussdiagramm.

3 Die Elektrizitätsquelle einer Fahrradbeleuchtung kann ein Akku oder ein Fahrraddynamo sein. Stelle in einem Energieflussdiagramm den Weg der Energie

II a) vom Aufladen des Akkus bis zur Lampe dar.

III b) von der Nahrungsaufnahme über den Fahrraddynamo bis zu Lampe dar.

»

IM ALLTAG

Energieumwandlungen in elektrische Energie

1 Das Licht wird zu elektrischer Energie.

Ein Solarladegerät für Smartphones

Wenn du dein Smartphone umweltfreundlich aufladen möchtest, kannst du ein **Solarladegerät** verwenden. Seine Solarzellen wandeln Licht in elektrische Energie und innere Energie um. Die innere Energie wird als Wärme abgegeben.

Ein Windgenerator

2 Für den Hausgebrauch!

Windgeneratoren werden auch als Kleinanlagen gebaut. Die Rotorflügel treiben über ein gekoppeltes Getriebe direkt den Generator an. Er stellt nun elektrische Energie bereit. Ein Teil der Energie wird durch Reibungsvorgänge in innere Energie gewandelt. Diese wird in Form von Wärme an die Umgebung abgegeben.

3 Die Ausnutzung der Wellenbewegung

Ein Wellenkraftwerk

Bei einem **Wellenkraftwerk** treibt die Hin- und Herbewegung der Meereswellen einen Generator an. Der Generator gibt elektrische Energie ab. Gleichzeitig wird der Generator durch das umgebene Wasser gekühlt.

Eine Taschenlampe

4 Eine Kurbellampe

Über die Kurbel wird ein kleiner Generator in der **Taschenlampe** angetrieben. Er gibt elektrische Energie ab und die LEDs leuchten. Ein kleiner Teil wird in innere Energie umgewandelt. Die Lager und der Generator werden warm. Die Wärme wird an die Umgebung abgegeben. Häufig enthalten diese Lampen auch noch einen Akku. In ihm wird die elektrische Energie gespeichert. Das Gerät benötigt keine Batterien.

1 Zeichne je ein Energieflussdiagramm für das Solarladegerät und für den Windgenerator. Gib dabei die zugeführte Energie, den Wandler und die abgegebenen Energien an.

2 I **a)** Zeichne für die Kurbellampe das Energieflussdiagramm.
II **b)** Zeichne für die Kurbellampe das Energieflussdiagramm, wenn die Lampe zusätzlich einen Akku enthält.

Starthilfe zu 1:

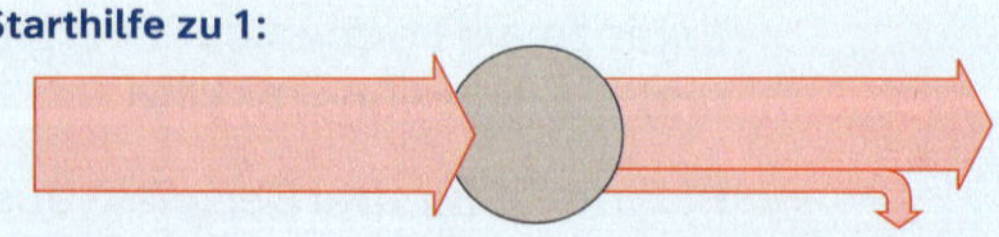

3 III Zeichne jeweils ein Energieflussdiagramm für einen Elektroroller und für einen Roller mit Verbrennungsmotor. Vergleiche die entwerteten Energien.

METHODE

Ein Lernplakat erstellen

Informationen in übersichtlicher Form

Auf einem **Lernplakat** wie in Bild 5 kannst du viele Informationen zu einem Thema übersichtlich zusammenstellen. Diese Informationen sollten eine Kombination aus Abbildungen und Texten sein. Wenn du Material zu einem Thema gesammelt hast, kannst du es auf einem Plakat zeigen. Beachte dabei Folgendes:

- Erstelle zuerst eine Skizze des Plakates. Sie soll zeigen, wie das Plakat nach der Fertigstellung aussehen könnte.
- Lege Abbildungen probeweise auf dem Plakatkarton aus.
- Lege die Plätze für die Texte fest und markiere diese. Erstelle die Texte und klebe sie auf.
- Klebe zuletzt die Abbildungen auf.

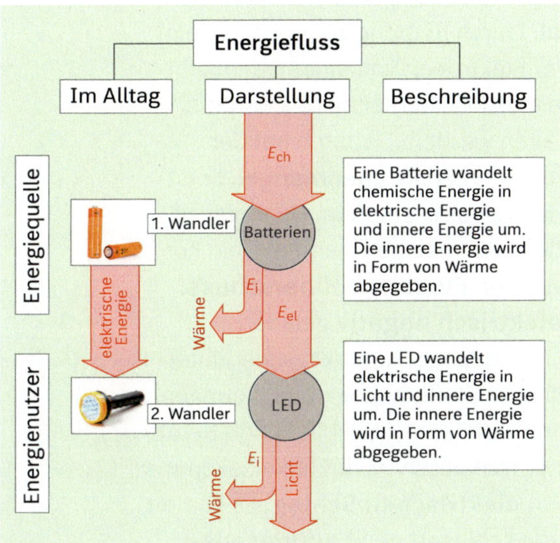

5 Plakat zum Energiefluss

Die Überschrift und Text

Die Überschrift muss das Thema angeben. Schreibe sie deutlich und groß. Sie muss aus einem Abstand von 3 m bis 4 m gut lesbar sein. Plane möglichst kurze Texte. Formuliere sie eigenständig. Schreibe den Text am Computer oder sauber mit einem breiten Stift.

Die Abbildungen

Verwende nur wenige ausgewählte Bilder und Zeichnungen. Sie sollten das Thema gut wiedergeben. Bei Bildern aus Zeitschriften oder dem Internet musst du das **Urheberrecht** beachten. Schreibe die Quelle, den Urheber und das Zugriffsdatum unter die Abbildung.

Der Hintergrund und die Farben

Der Hintergrund sollte einfarbig und nur leicht gefärbt sein. Die Schrift und die Bilder müssen sich gut von der Farbe des Hintergrundes abheben.

Digitale Plakaterstellung

Du kannst ein Plakat auch **digital** erstellen. Es gibt verschiedene kostenlose, aber auch kostenpflichtige Programme im Internet. Sie helfen dir bei der Erstellung von Plakaten am Computer. Für die Ausgestaltung gelten dabei die gleichen Regeln wie für ein von Hand gestaltetes Plakat. Für Plakate bis DIN A3-Format reicht auch ein einfaches Textverarbeitungsprogramm. Digital erstellte Plakate ab DIN A3 können im Copy-Shop ausgedruckt werden. Jedoch ist dies mit Druckkosten verbunden.

1 Erstelle ein Plakat zum Thema: Energieumwandlungen.
a) Sammle und notiere Beispiele für einfache Energieumwandlungen. Beginne mit der elektrischen Energiequelle und ordne passende Geräte zu, die die elektrische Energie nutzen.
b) Suche im Internet nach Abbildungen dieser Geräte. Notiere dir für jede Abbildung die Quelle und den Urheber.
c) Erstelle jeweils einen Text, der die Energieumwandlung des gewählten Wandlers beschreibt.

2 **a)** Informiere dich im Internet über frei verfügbare, kostenlose Programme zur Plakatgestaltung.
b) Informiere dich über die Druckkosten für das Format DIN A2 oder eine vergleichbare Größe.

1 Elektrisch aufgeladene Haare

Die elektrische Ladung und ihr Nachweis

Die Ladungstrennung

Du streifst dir bei frisch gewaschenen Haaren einen Pullover aus Kunststofffasern über den Kopf. Plötzlich stehen dir wie in Bild 1 die Haare zu Berge.

Die Ursache dafür ist **Elektrizität.** Sie entsteht durch das Aneinanderreiben unterschiedlicher Stoffe. Beim Überstreifen des Pullovers reiben die Fasern des Pullovers über deine Haare. Dabei wandern **Elektronen** vom Pullover auf dich über. Die Elektronen tragen die **elektrisch negative Ladung.** Von der Oberfläche des Pullovers werden elektrische Ladungen entfernt und auf deine Haare übertragen. Es fand eine **Ladungstrennung** statt. Der Pullover hat eine andere elektrische Ladung als du. (→ Bild 2).

Der Ladungsausgleich

Jeder Körper enthält gleich viele positive und negative Ladungen. Er ist **elektrisch neutral.** Durch Reibung können wie beim Pullover Elektronen von einer Oberfläche auf die andere Oberfläche des Körpers übertragen werden. Dadurch hat der Pullover einen **Elektronenmangel.** Er ist **elektrisch positiv** geladen. Du dagegen hast Elektronen aufgenommen. Dein Körper hat einen **Elektronenüberschuss.** Er ist **elektrisch negativ** geladen. Durch den direkten Kontakt zweier unterschiedlicher Stoffe wurden die Ladungen getrennt. Durch das anschließende Berühren einer metallischen Türklinke bekommst du einen **elektrischen Schlag.** Es kommt zu einem schlagartigen **Ladungsausgleich.** Die Elektronen fließen von dir über die Tür ab (→ Bild 3).

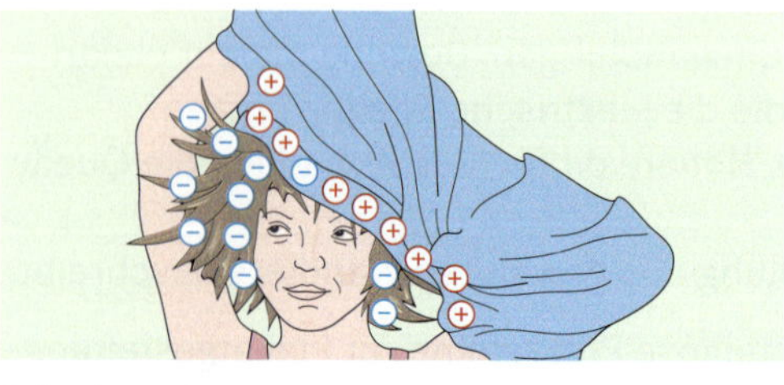
2 Ladungstrennung

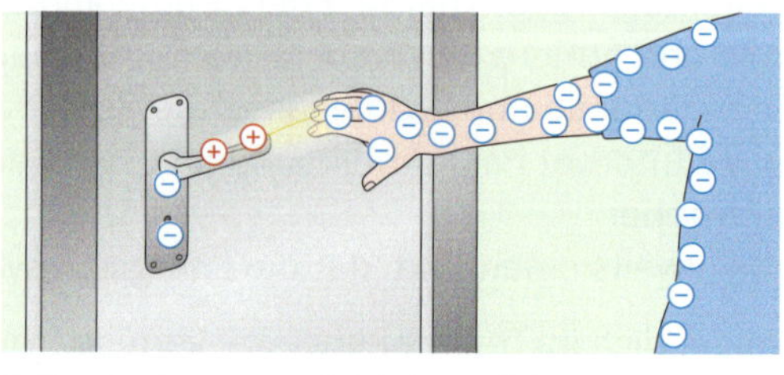
3 Der Ladungsausgleich ist spürbar.

Die Anziehung und die Abstoßung

Wie du bereits weißt, können Körper durch Reibung elektrisch positiv oder negativ geladen sein. Sind zwei Körper nahe beieinander, stoßen sie sich bei **gleichartiger Ladung** ab. Je stärker sie geladen sind, umso stärker stoßen sie sich ab. Sind die Körper dagegen **ungleichartig** geladen, ziehen sie sich an (→ Bild 4).

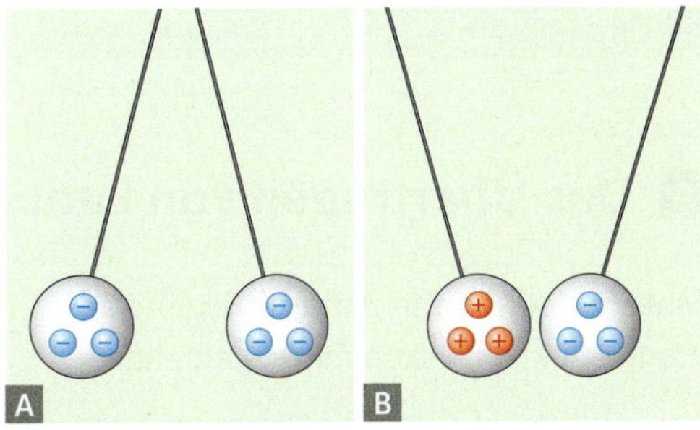

4 **A** Abstoßung, **B** Anziehung

Das Nachweisgerät Elektroskop

Elektrische Ladungen kannst du nicht sehen. Mit einem **Elektroskop** kannst du nachweisen, dass ein Körper elektrisch geladen ist. Bei einem Elektroskop sind die Teile leitend miteinander verbunden. Streifst du einen geladenen Körper an dem Metallteller des Elektroskops ab, werden der Teller, der Metallstab und der Metallzeiger gleichartig geladen. Da sich gleichartige Ladungen abstoßen, schlägt der Zeiger aus. Je stärker der Körper geladen ist, desto größer ist die Abstoßung und damit der Ausschlag des Zeigers (→ Bild 5).

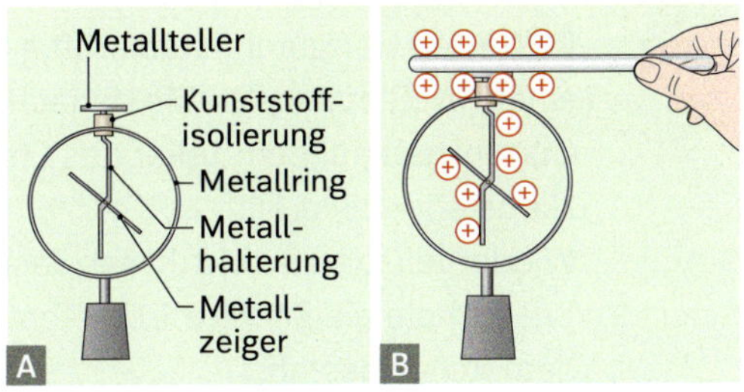

5 Elektroskop: **A** Aufbau, **B** Ladungsnachweis

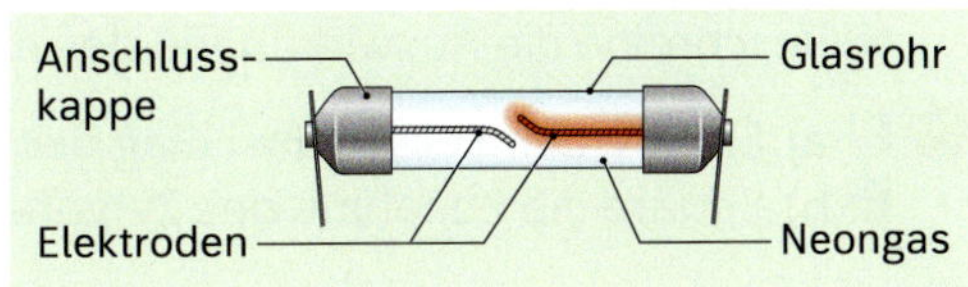

6 Glimmlampe: Aufbau

Das Nachweisgerät Glimmlampe

Mit einer **Glimmlampe** kannst du sogar die Art der Ladung bestimmen. Im Inneren der Glimmlampe befinden sich zwei voneinander getrennte Drähte und das Gas Neon (→ Bild 6). Hältst du die Glimmlampe an einen geladenen Körper, leuchtet der Draht auf, der Elektronen abgibt. Besitzt der Körper einen Elektronenüberschuss, leuchtet also der Draht am Körper auf (→ Bild 7B).

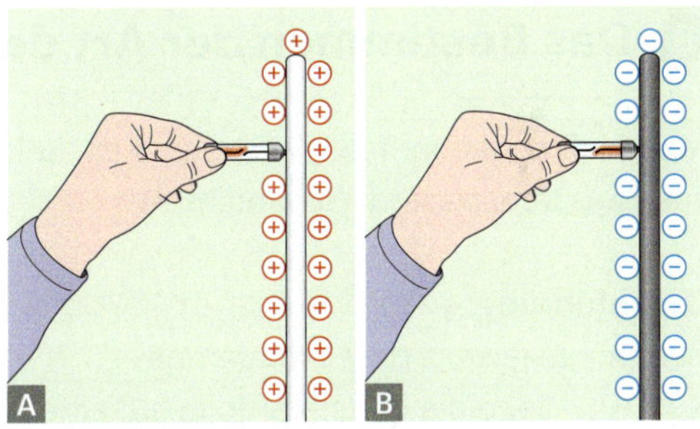

7 Ladungsnachweis: **A** Elektronenmangel, **B** Elektronenüberschuss

1 Beschreibe Situationen, in denen es knistert oder du einen elektrischen Schlag bekommst.

2 Eine elektrisch geladene Kugel wird einer zweiten geladenen Kugel genähert.
a) Die Kugeln haben gleichartige Ladungen. Beschreibe das Verhalten der Kugeln.
b) Beschreibe das Verhalten der Kugeln, wenn die Kugeln ungleichartig geladen sind.

3 Beschreibe den Aufbau und die Wirkungsweise eines Elektroskops.

4 Der Pluspol und der Minuspol einer Elektrizitätsquelle können mit einer Glimmlampe bestimmt werden. Beschreibe dein Vorgehen.

Starthilfe zu 3:
Benutze die Begriffe
- Gehäusering
- isolierte Durchführung
- Teller
- drehbarer Zeiger

FORSCHEN UND ENTDECKEN

A Das Übertragen von Ladungen

Material: Hartgummistab, Acrylglasstab, Wolltuch, Elektroskop mit Metallteller

Durchführung:
Beobachte jeweils den Zeiger des Elektroskops.

Schritt 1: Reibe den Hartgummistab kräftig mit einem Wolllappen. Streife danach den Gummistab auf dem Teller des Elektroskops ab (→ Bild 1).

Schritt 2: Wiederhole den Schritt 1 mehrfach.

Schritt 3: Wiederhole die Schritte 1 und 2 mit dem Acrylglasstab.

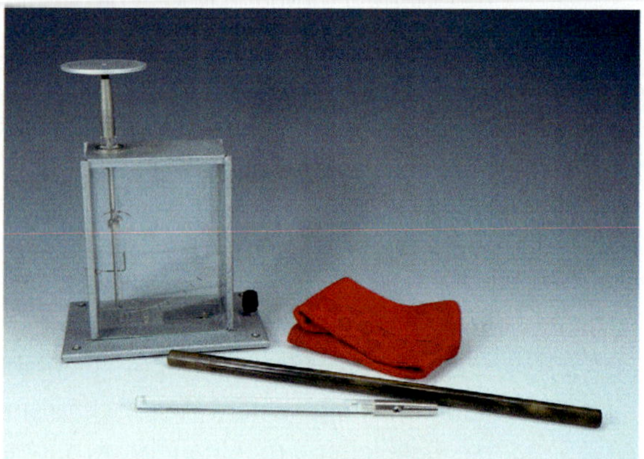

1 Ein Elektroskop soll geladen werden.

1 a) Beschreibe die Auswirkung des Abstreifens der Stäbe auf den Zeiger des Elektroskops.
b) Beschreibe die Auswirkungen des mehrmaligen Abstreifens in einem Je-desto-Satz.

2 I a) Erkläre den Zeigerausschlag des Elektroskops.
II b) Erkläre die Zunahme des Zeigerausschlags des Elektroskops.

B Das Bestimmen der Art der Ladung

Material: Kunststofffolie, Wolltuch, Fell, Seide, Tuch aus Kunstfasern, Glimmlampe

Durchführung:
Beobachte jeweils die Glimmlampe.

Schritt 1: Lege die Kunststofffolie auf eine trockene Unterlage. Reibe sie kräftig mit dem Wolltuch (→ Bild 2A).

Schritt 2: Taste verschiedene Stellen der Folie mit der Glimmlampe ab (→ Bild 2B).

Schritt 3: Wiederhole die Schritte 1 und 2. Reibe die Folie jetzt mit dem Fell, dem Seidentuch und dem Kunstfasertuch.

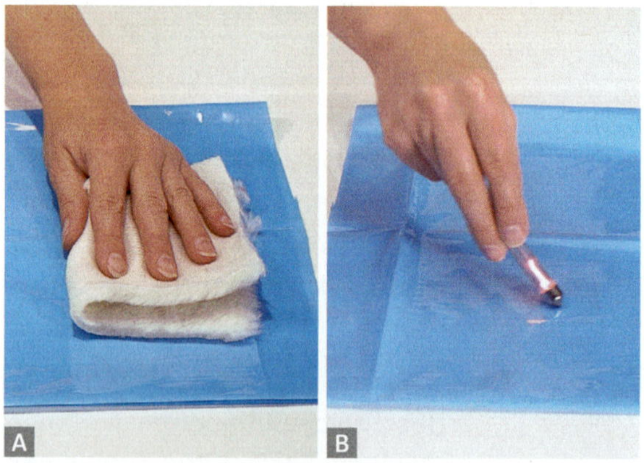

A B

2 Eine Folie wird: **A** aufgeladen, **B** geprüft.

Starthilfe zu 1:
Gehe bei deiner Beschreibung auf den Draht der Glimmlampe ein, der leuchtet.

1 a) Beschreibe die Anzeige der Glimmlampe, nachdem die Folie mit dem Wolltuch gerieben wurde.
b) Beschreibe die Anzeige der Glimmlampe nach dem Reiben mit dem Fell und mit den Tüchern.

2 I a) Erkläre die verschiedenen Anzeigen der Glimmlampe. Benutze die Begriffe: Elektronenüberschuss, elektrisch negativ geladen und Elektronenmangel, elektrisch positiv geladen.
II b) Begründe das unterschiedliche Aufleuchten der Elektroden in der Glimmlampe.

FORSCHEN UND ENTDECKEN

C Das Beeinflussen von Ladungen

Material: sehr dünne Plastiktüte, Wolltuch, langer Luftballon (→ Bild 3)

Durchführung:

Schritt 1: Schneide von der Plastiktüte 5 cm des oberen Randes ab. Du erhältst einen geschlossenen Ring. Reibe ihn kräftig auf einer trockenen Unterlage mit einem Wolltuch.

Schritt 2: Puste den Luftballon auf und reibe ihn ebenfalls kräftig mit dem Wolltuch.

Schritt 3: Ziehe den Tütenstreifen zu einem Ring auf und lass ihn aus 2 m Höhe gleiten. Versuche, den Ring mit dem Luftballon in der Schwebe zu halten, ohne dass sich Ballon und Ring berühren.

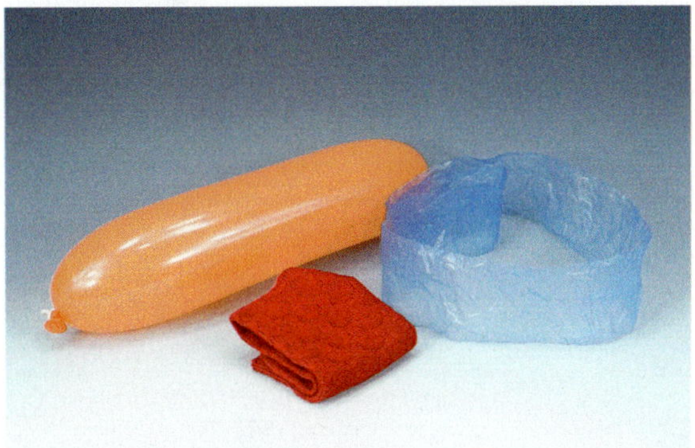

3 Versuchsmaterial

1 Erkläre das Beeinflussen des Plastikringes durch den Luftballon unter Berücksichtigung ihrer Ladungszustände. Beginne beim Reiben der Kunststofffolie und des Ballons.

D Das Verhalten von gleichartigen und ungleichartigen Ladungen

Material: zwei Tischtennisbälle, Nähgarn, Klebeband, Alufolie, Hartgummistab, Acrylglasstab, Wolltuch, Seidentuch

Durchführung:

Schritt 1: Umwickle die Tischtennisbälle vollständig, aber mit so wenig wie möglich Alufolie. Hänge die Tischtennisbälle an 60 cm langen Fäden in einem Abstand von 10 cm voneinander auf (→ Bild 4).

Schritt 2: Reibe den Hartgummistab mit dem Wolltuch kräftig. Streife ihn nacheinander an beide Bällen ab. Wiederhole den Vorgang mehrfach.

Schritt 3: Reibe den Hartgummistab mit dem Wolltuch kräftig. Streife ihn an einem Ball ab. Reibe den Acrylglasstab mit dem Seidentuch kräftig. Streife ihn an dem anderen Ball ab.

Hinweis: Die Bälle dürfen sich nicht berühren!

4 Gleichartige oder ungleichartige Ladungen?

1 Beschreibe die Reaktion der Tischtennisbälle,
a) wenn beide mit dem geriebenen Hartgummistab berührt werden.
b) wenn ein Ball mit dem geriebenen Hartgummistab und der andere Ball mit dem geriebenen Acrylglasstab berührt wird.

2 Erkläre die Reaktion der Tischtennisbälle mit ihren Ladungszuständen.

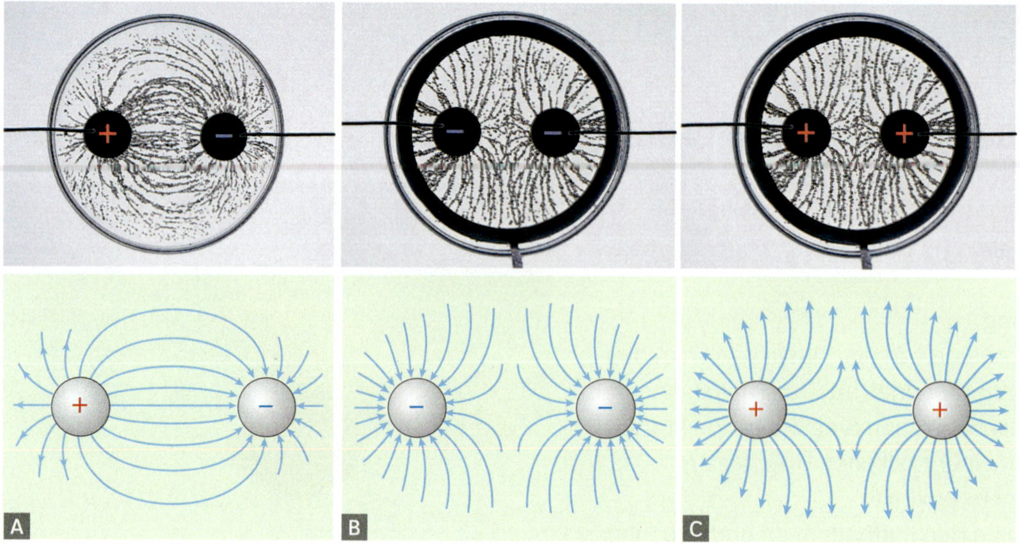

1 Elektrische Felder und ihre Darstellung im Feldlinienmodell

Das elektrische Feld

Die Entstehung eines elektrischen Feldes

In den Bildern 1 A – C befinden sich jeweils zwei Kupferplatten in einer Glasschale. Sie sind in Rizinusöl eingetaucht. Auf die Oberfläche des Öls wurden Grießkörner gestreut. Die Grießkörner schwimmen auf der Oberfläche des Öls.
Wenn die Kupferelektroden an eine Elektrizitätsquelle angeschlossen werden, verändert sich der Raum zwischen den Platten. Es entsteht ein **elektrisches Feld.**
In Bild 1 A sind die Platten an den Pluspol und den Minuspol der Elektrizitätsquelle angeschlossen. Die Grießkörner erfahren eine Kraftwirkung. Sie ordnen sich auf Bahnen, die sich zwischen den Platten bilden.
In den Bildern 1 B und 1 C sind beide Platten jeweils an den gleichen Pol angeschlossen. Nun ordnen sich die Grießkörner auf Bahnen an, die von den Platten wegweisen.
Die Kraftwirkung auf die Grießkörner geht also immer von den Ladungszuständen auf den Platten aus.

Das Modell Feldlinien

Die Wechselwirkung zwischen den Platten kann durch Linien dargestellt werden. Diese Linien heißen **Feldlinien.** Sie bilden ein **physikalisches Modell.** Mit ihm kann das Feld zeichnerisch dargestellt werden.

- Dabei sind die Feldlinien keine in sich geschlossenen Kurven.
- Die Richtung der Feldlinien ist von der positiven Ladung zur negativen Ladung festgelegt.
- Die Feldlinien schneiden und berühren sich nicht.
- Die Feldlinien treten immer senkrecht aus der Oberfläche metallischer Leiter aus und treten senkrecht wieder ein.
- Je dichter die Feldlinien beieinanderliegen, desto stärker ist das elektrische Feld.

Zwischen elektrisch geladenen Körpern entsteht ein **elektrisches Feld.** Es kann durch das physikalische **Modell Feldlinien** dargestellt werden.

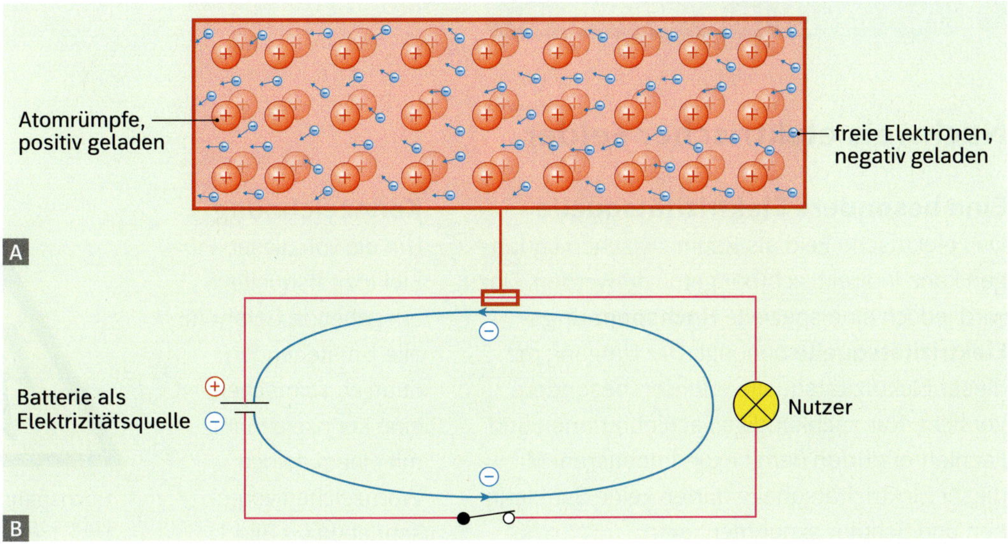

2 **A** Freie Elektronen im Metallgitter, **B** Die Batterie als Ladungspumpe ruft in einem geschlossenen Stromkreis einen gerichteten Elektronenstrom hervor.

Elektronenstrom in einem Leiter

Metalle bestehen aus Atomen, die in einem Gitter angeordnet sind. Innerhalb des Metallgitters können sich einige Elektronen frei bewegen. Sie heißen **freie Elektronen** (→ Bild 2 A).

Am Minuspol der Elektrizitätsquelle herrscht durch Ladungstrennung ein Elektronenüberschuss, am Pluspol ein Elektronenmangel. Wird ein elektrischer Leiter in einen Stromkreis mit Elektrizitätsquelle und Nutzer eingebaut, entsteht ein elektrisches Feld. Die Wechselwirkung mit dem Feld treibt die freien Elektronen vom Minuspol der Elektrizitätsquelle zum Pluspol. Die freien Elektronen erfahren eine gerichtete Bewegung. Da der Stromkreis geschlossen ist, entsteht ein gerichteter **Elektronenstrom.**

Elektronen transportieren Ladungen

Negative elektrische Ladungen sind an Elektronen gebunden. Jedes Elektron kann eine Ladung tragen. Wenn sich die Elektronen bewegen, findet gleichzeitig auch ein Transport der negativen Ladungen statt. Ihr Antrieb ist die Elektrizitätsquelle. Sie wirkt als **Ladungspumpe** (→ Bild 2 B).

Den gerichteten Elektronenstrom und den damit verbundenen Ladungstransport kennst du bereits als **elektrischen Strom.**

In einem Stromkreis transportieren Elektronen negative Ladungen. Die Elektronen und die Ladungen haben die gleiche Bewegungsrichtung. Sie verläuft vom Minuspol zum Pluspol der Elektrizitätsquelle.

1 **a)** Zeichne das Feldlinienbild zwischen einer Kugel mit negativer Ladung und einer Kugel mit positiver Ladung.
b) Beschreibe den Verlauf der Feldlinien.

Starthilfe zu 1:
Beachte beim Zeichnen der Feldlinien:
- Sie treten senkrecht aus und ein.
- Sie berühren sich nicht.

2 Beschreibe und begründe den Weg der Elektronen im elektrischen Stromkreis.

3 Erkläre die Bedeutung einer Batterie
a) für den Stromkreis und
b) für die Elektronenbewegung innerhalb des Stromkreises.

»

FORSCHEN UND ENTDECKEN

Nachweis elektrischer Felder

Eine besondere Elektrizitätsquelle

Das elektrische Feld als Raum zwischen Ladungen kann indirekt sichtbar gemacht werden. Dazu wird jedoch eine spezielle **Hochspannungs-Elektrizitätsquelle** benötigt. Der Umgang mit dieser Elektrizitätsquelle erfordert besondere Vorsicht. Nur sachkundige Fachlehrerinnen und Fachlehrer dürfen damit experimentieren. Mit dieser Elektrizitätsquelle dürfen keine Schülerinnen und Schüler experimentieren.

Kennzeichnung

Um die von dieser Elektrizitätsquelle ausgehende Gefahr für alle Umstehenden deutlich zu machen, ist eine Kennzeichnung mit einem gelben Warnzeichen vorgeschrieben (→ Bild 1).

1 Hochspannung! Lebensgefahr!

Demonstrationsversuch

Durchführung:

Schritt 1: In eine flache Glasschale wird Rizinusöl gegossen. Anschließend wird Grieß in das Öl hineingerührt.

Schritt 2: Die Schale wird auf den Overhead-Projektor gestellt und von unten beleuchtet.

Schritt 3: In die Schale werden nacheinander unterschiedlich geformte Metallelektroden gestellt:

a) zwei runde Elektroden mit ungleichartiger elektrischer Ladung,
b) zwei runde Elektroden mit gleichartiger elektrischer Ladung,
c) zwei parallele Platten mit ungleichartiger elektrischer Ladung,
d) zwei parallele Platten mit gleichartiger elektrischer Ladung,
e) eine runde Elektrode und eine Plattenelektrode mit ungleichartiger elektrischer Ladung,
f) eine runde Elektrode und eine Plattenelektrode mit gleichartiger elektrischer Ladung.

Schritt 4: Die Metallelektroden werden mit einer Hochspannungs-Elektrizitätsquelle verbunden (→ Bild 2).

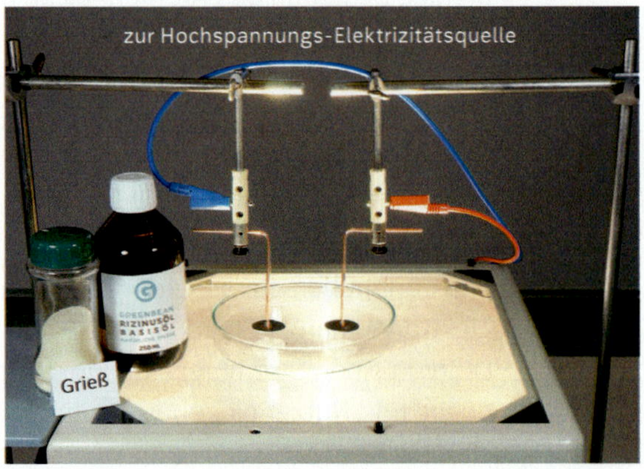

2 Versuchsaufbau auf dem Overhead-Projektor

Starthilfe zu 1b):
Benutze die Begriffe:
- gleichartige und ungleichartige Ladungen,
- elektrisches Feld,
- elektrische Feldlinien,
- Feldlinienmodell.

1 **a)** Beschreibe den Aufbau des Demonstrationsversuches.
b) Formuliere eine allgemeine Versuchsbeobachtung.

2 I Zeichne für die Versuche a) bis d) jeweils das Feldlinienbild.

3 II Zeichne für die Versuche c) bis f) jeweils das Feldlinienbild.

IM ALLTAG

Elektrische Erscheinungen

Eine besondere Rutschpartie

Rutschen ist für Kinder ein Vergnügen, besonders, wenn sich dabei auch noch die Frisur verändert. Beim Rutschen werden Elektronen aus der Oberfläche der Rutsche auf die Kleidung des Kindes übertragen. Sie verteilen sich über den Körper bis in die Haare. Die gleichartigen Ladungen stoßen sich ab. Dabei nehmen sie die Haare mit und lassen sie zu Berge stehen (→ Bild 3).

3 Die Haare stehen zu Berge.

Ein Gewitter entsteht

An sonnigen Tagen erwärmt die Sonne die Erdoberfläche und die Luft darüber. Die Luft steigt auf. Enthält die Luft viel Wasserdampf, kondensiert dieser in großen Höhen zu Wasser. Es bildet sich eine Wolke, die immer höher wächst. Im Inneren der Wolke entstehen kräftige Aufwinde. Die Wassertropfen werden noch höher getragen und gefrieren zu Eiskristallen. Beim Herunterfallen reiben die Eiskristalle an den darunter schwebenden Wassertropfen in der Luft. Dabei werden Ladungen getrennt. Zwischen den Wolken entstehen große Ladungsunterschiede. Der Ladungsausgleich erfolgt durch einen **Wolkenblitz.**

An der Erdoberfläche sammeln sich Ladungen, die zu denen in der Wolke entgegengesetzt sind. Ein Leitblitz macht die Luft leitfähig. Ihm wachsen vom Boden Fangentladungen entgegen. Treffen sich beide, kommt es zum Ladungsausgleich durch einen **Erdblitz** (→ Bild 4).

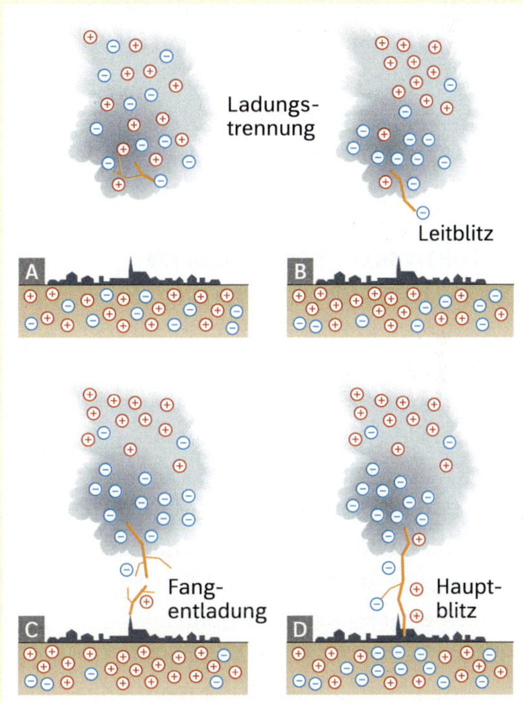

4 Entstehung eines Erdblitzes

1 Das Kind in Bild 3 berührt nach dem Rutschen eine Begleitperson.
a) Beschreibe die Beobachtung.
b) Erkläre die Beobachtung. Nenne Materialien für eine Rutsche, bei denen es kaum zu einer Ladungstrennung kommt.

2 Nenne Beispiele für kleine Entladungen oder Blitze im Alltag. Beschreibe und erkläre ein Beispiel genauer.

Starthilfe zu 1:
Benutze die Begriffe:
- Ladungstrennung,
- Ladungsausgleich,
- elektrischer Schlag.

«

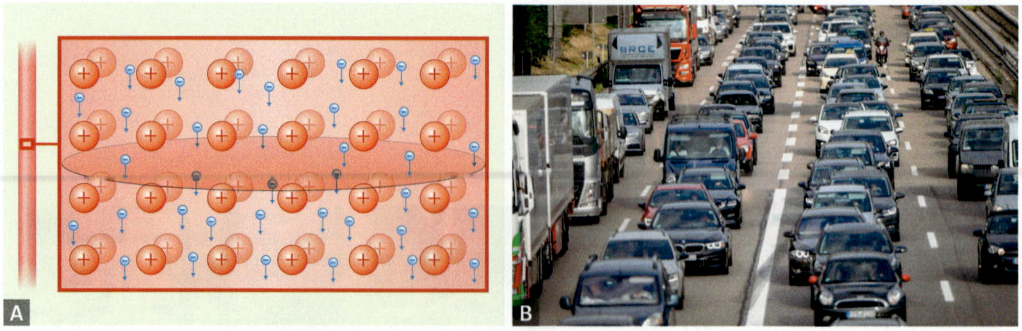

1 Ein Vergleich: **A** der Elektronenstrom, **B** der Verkehrsstrom

Die elektrische Stromstärke

Der Elektronenstrom

In metallischen Leitern transportieren Elektronen die negativen Ladungen. Wenn in der gleichen Zeit mehr Elektronen durch den elektrischen Leiter fließen, wird eine größere Ladungsmenge transportiert. Die Stärke dieses Elektronenstromes wird als **elektrische Stromstärke** bezeichnet.

Die elektrische Stromstärke

Die elektrische Stromstärke ist also ein Maß für die Anzahl der Elektronen, die in einer bestimmten Zeit durch die Querschnittsfläche eines elektrischen Leiters fließen (→ Bild 1A). Für die Stromstärke wird das Formelzeichen ***I*** verwendet. Sie wird zu Ehren von ANDRÉ MARIE AMPÈRE (1775 – 1836) in der Einheit **A (Ampere)** gemessen. Die Stromstärke 1 A gibt an, dass in einer Sekunde 6 Trillionen 241 Billiarden ($6{,}241 \cdot 10^{18}$) Elektronen durch die Leiterquerschnittsfläche fließen.

Der Verkehrsstrom

Das Messen der Stromstärke kannst du mit dem Messen des Verkehrsstroms vergleichen. Auf Autobahnen wird die Anzahl der Fahrzeuge gemessen. Es werden die Fahrzeuge gezählt, die an einer festgelegten Stelle in einer bestimmten Zeit in einer Richtung vorbeifahren. Das Ergebnis ist die Stärke des Verkehrsstromes (→ Bild 1B). Mithilfe dieser Messungen lässt sich auf Autobahnen die Geschwindigkeit regeln. Bei zu vielen Autos wird die Geschwindigkeit verringert und die erlaubte Geschwindigkeit angezeigt (→ Bild 2).

Name: elektrische Stromstärke
Formelzeichen: I
Einheit: A (Ampere)
Weitere Einheiten:
1 A = 1000 mA (Milliampere)
1 mA = 0,001 A

2 Eine Verkehrsmessstelle

Die Messung der Stromstärke

Mit einem Messgerät für die Stromstärke, einem **Stromstärkemessgerät,** kannst du die Stärke des Elektronenstromes in einem Stromkreis messen. Oft werden dazu **Vielfachmessgeräte** verwendet. Diese können neben der Stromstärke noch andere elektrische Größen messen. Die Anzeige kann digital oder analog erfolgen (→ Bild 3).

Das Messgerät muss dabei immer **in Reihe** in den Stromkreis eingebaut werden. Dazu wird der Stromkreis geöffnet und der Minuspol der Elektrizitätsquelle mit dem Minuspol des Messgerätes (COM-Buchse) verbunden. Der Pluspol des Messgerätes wird folglich mit dem Pluspol der Elektrizitätsquelle verbunden. Im Stromkreis muss ein Nutzer wie eine Lampe enthalten sein, sonst könnte das Messgerät zerstört werden (→ Bild 4).

Die Angabe der Stromstärke

Im Alltag ist es für den Anschluss von elektrischen Geräten wichtig, deren Stromstärke zu kennen. Auf dem **Typenschild** zum Beispiel von Netzteilen für Smartphones wie in Bild 5 wird die Stromstärke mit 1 A angegeben. Wenn das Smartphone für das Laden aber 1,5 A benötigt, dauert der Ladevorgang entsprechend länger.

3 Digitales Stromstärkemessgerät

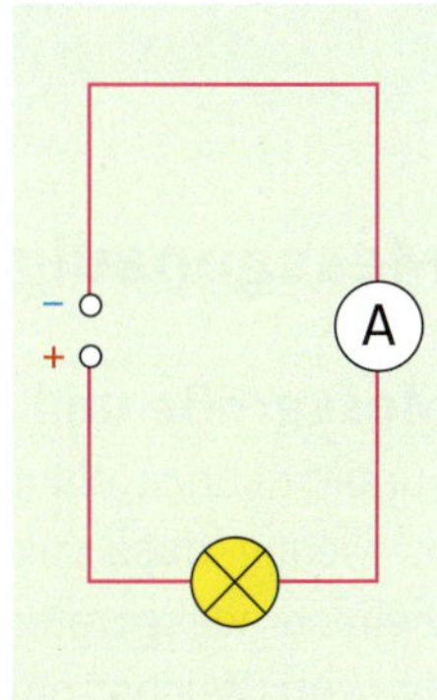

4 Messung der Stromstärke

5 Typenschild des Netzteils eines Smartphones

Ein **Stromstärkemessgerät** muss **in Reihe** in den Stromkreis geschaltet werden.

1 Gib die folgenden Stromstärken
a) in mA an: 3 A, 0,25 A, 0,04 A.
b) in A an: 1200 mA, 250 mA, 30 mA.

2 Begründe, dass das Stromstärkemessgerät an jeder Stelle in den Stromkreis eingebaut werden kann.

3 An einer Verkehrsmessanlage wie in Bild 2 werden an einem Tag 2880 Fahrzeuge gemessen. Berechne die Verkehrstromstärke
a) für eine 1 h.
b) für eine 1 min.
c) Begründe, dass in a) und b) nur Durchschnittswerte berechnet werden.

4 Leo und Mia wollen die Stärke des Schülerstromes bestimmen, der am Ende der Schulstunde durch den Haupteingang auf den Pausenhof strömt.
a) Beschreibe ein mögliches Vorgehen.
b) Sie haben in 120 s 240 Schüler gezählt, die durch die Tür gehen. Berechne die Schülerstromstärke.

Starthilfe zu 3:
- Einheiten der Zeit: d - Tag, h - Stunde, min - Minute
- Umrechnungen: 1 d = 24 h, 1 h = 60 min

»

METHODE

Messgenauigkeit und Messfehler

Messgröße und Messgenauigkeit

Für die richtige Wahl des Messinstrumentes ist es wichtig, dass du die **Messgröße** kennst. Mit Vielfachmessgeräten wie in Bild 1 sind Messungen von Gleichstrom (A–), Wechselstrom (A~), Gleichspannung (V–) oder Wechselspannung (V~) möglich. Hier muss am Gerät die richtige Messgröße eingestellt werden. Für die Messgenauigkeit ist die Einstellung des **Messbereiches** wichtig. Innerhalb eines Messbereiches sollte die größtmögliche Anzeige erreicht werden.

Zufällige Messfehler

Wenn du ein Messgerät einsetzt, musst du dich vor der Messung mit dem Gebrauch vertraut machen. So kannst du **Auslöse- und Handhabungsfehler** vermeiden. Bei analogen Messgeräten musst du beim Ablesen des Messwertes auf den richtigen Blickwinkel zur Skala achten. An der Skala befindet sich ein Spiegel. Du musst den Messwert so ablesen, dass der Zeiger und sein Spiegelbild deckungsgleich sind. Sonst kommt es zum **Ablesefehlern** (→ Bild 2).
Auch äußere Faktoren wie Temperatur oder Luftfeuchte können sich auf das Messgerät und das Messobjekt auswirken. Durch solche **zufälligen Fehler** wird das Messergebnis verfälscht.

Systematische Messfehler

Zeigen verschiedene Messgeräte beim Messen desselben Objektes unterschiedliche Werte an, liegen **systematische Fehler** vor. Dies tritt beispielsweise ein, wenn in einem Gleichstromkreis immer mit der Einstellung für Wechselstrom gemessen wird. Viele Messgeräte müssen vor der Messung justiert, also auf null gestellt werden.

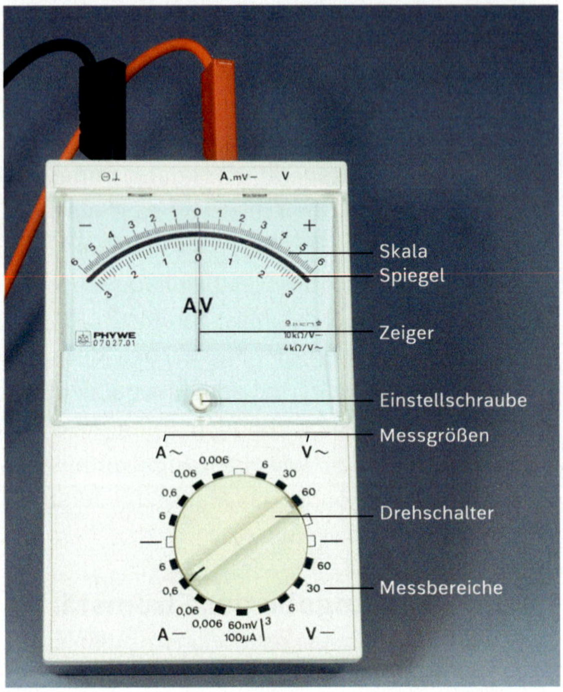

1 Analoges Vielfachmessgerät

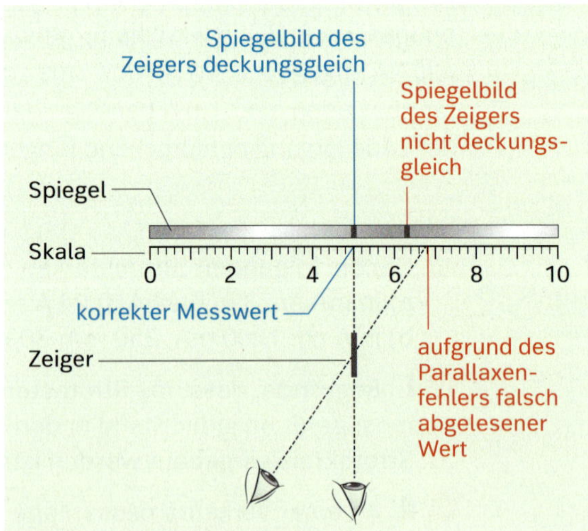

2 Richtiges Ablesen!

1. Der Zeiger zeigt auf der Skala eines analogen Stromstärkemessgerätes nur zwei Teilstriche an. Beschreibe das Vorgehen, durch das die Messgenauigkeit verbessert werden kann.
2. Drei Messgeräte von drei Schülern zeigen gleiche Werte an. Die Schüler nennen aber unterschiedliche Ergebnisse. Nenne mögliche Gründe für die unterschiedlichen Antworten.

ÜBEN UND ANWENDEN

A Stromstärke mit einem analogen Vielfachmessgerät messen

① **Aufbau**
- Messgerät im Stromkreis in Reihe schalten
- Pluspol an Buchse A anschließen
- Minuspol an Buchse COM anschließen
- Zeiger auf Nullpunkt einstellen (→ Bild 3)

② **Messung**
- Messbereich für Gleichstrom wählen: DCA oder A–
- Drehschalter auf höchsten Messbereich stellen
- Zeigerstellung senkrecht zur Skala ablesen
- Messbereich beachten und Messwert in richtiger Maßeinheit angeben

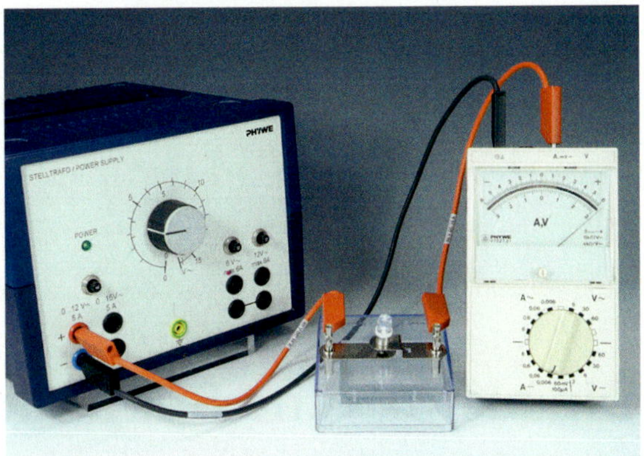

3 Messung der Stromstärke in einem Gleichstromkreis mit einem analogen Vielfachmessgerät

B Stromstärke mit einem digitalen Vielfachmessgerät messen

① **Aufbau**
- Messgerät im Stromkreis in Reihe schalten
- 1. eine Leitung an Buchse A anschließen
- 2. eine Leitung an Buchse COM anschließen (→ Bild 4)

② **Messung**
- Messbereich für Wechselstrom wählen: ACA oder A~
- Drehschalter auf den höchsten Messbereich stellen
- Messwert mit richtiger Maßeinheit angeben

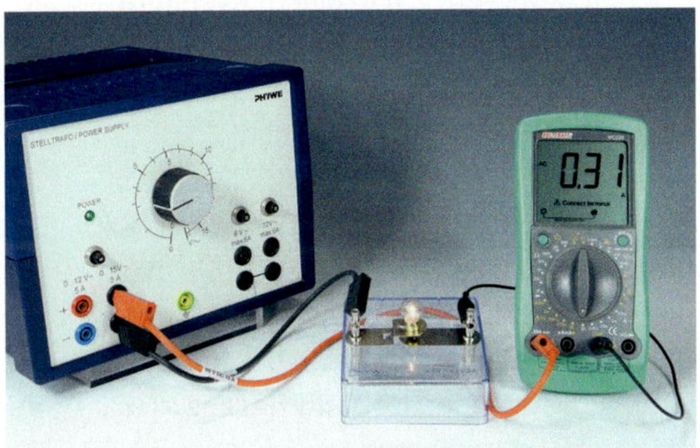

4 Messung der Stromstärke in einem Wechselstromkreis mit einem digitalen Vielfachmessgerät

1 **a)** Lies von dem Sockel einer Experimentierlampe die voraussichtliche Stromstärke ab. Baue die Lampe anschließend in einen einfachen Gleichstromkreis ein.
b) Miss mit einem analogen Messgerät die Stromstärke im Stromkreis. Vergleiche den Messwert mit dem Wert auf dem Lampensockel.
c) Wiederhole die Messung mit einem digitalen Messgerät.

Starthilfe zu 1b):

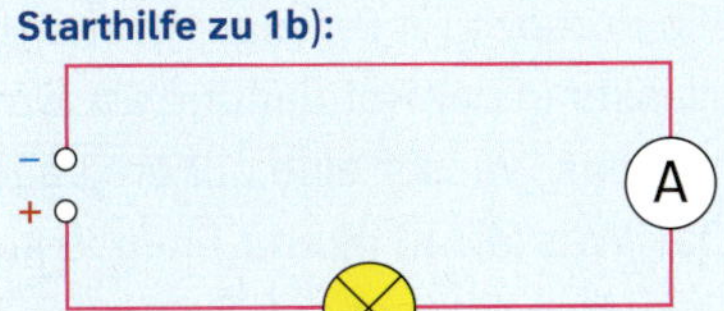

2 Beschreibe die Unterschiede in der Handhabung beider Messgeräte.

3 Bei einem analogen Messgerät bewegt sich der Zeiger über den Höchstwert hinaus. Beschreibe die notwendige Korrektur deiner Einstellung am Messgerät.

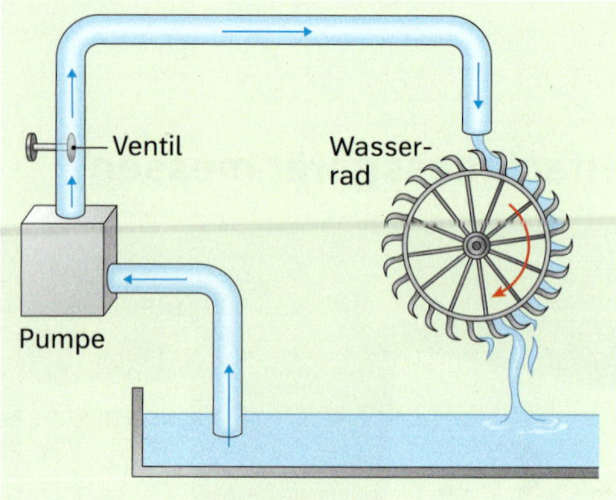

1 Ein Wasserkreislauf

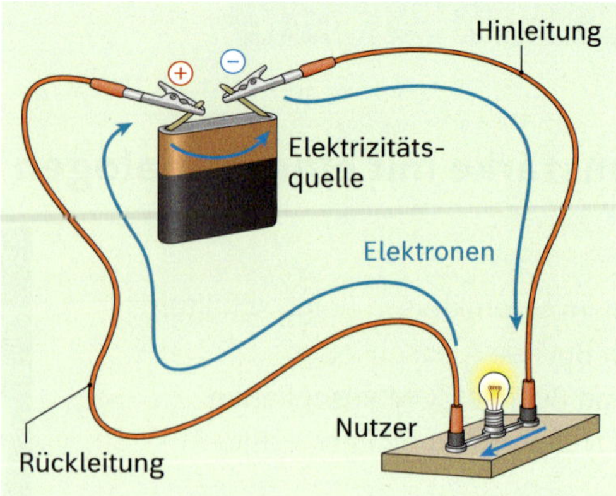

2 Ein elektrischer Stromkreis

Die elektrische Spannung

Ein Wasserkreislauf
Die Pumpe in Bild 1 befördert Wasser in der Rohrleitung nach oben. Das Wasser fällt auf ein Wasserrad und fließt durch den Wassergraben zurück zur Pumpe. Die Wasserteilchen bewegen sich in einem **Kreislauf** durch Pumpe, Rohr, Wasserrad und Graben. Das Wasserrad dreht sich und kann über eine Achse Maschinen antreiben.

Höhendifferenz im Wasserkreislauf
Zwischen der Lage des Wassers im Graben und der Lage des Wassers in der Rohrleitung besteht eine **Höhendifferenz.**

Energieübertragung
Die Pumpe gibt Bewegungsenergie an das Wasser in der Rohrleitung ab. Dadurch erhält das Wasser eine höhere Lageenergie. Das Wasserrad nimmt Energie aus dem fallenden Wasser auf. So wird Energie von der Pumpe auf das Wasserrad übertragen. Die Energie bewegt sich also nur in einer Richtung.

Ein Stromkreis
Die Elektrizitätsquelle in Bild 2 besitzt an ihrem Minuspol einen Elektronenüberschuss, am Pluspol einen Elektronenmangel. Sie treibt einen Elektronenstrom von ihrem Minuspol durch den Nutzer zu ihrem Pluspol. In einem geschlossenen Stromkreis bewegen sich die Elektronen in einem ständigen **Kreislauf.**

Potenzialdifferenz im Stromkreis
Der Unterschied zwischen dem Elektronenüberschuss am Minuspol und dem Elektronenmangel am Pluspol heißt **Potenzialdifferenz** oder **elektrische Spannung *U***. Ihre Einheit wird zu Ehren von ALESSANDRO VOLTA (1745 – 1827) mit **V (Volt)** bezeichnet.

Name: elektrische Spannung
Formelzeichen: U
Einheit: V (Volt)
Weitere Einheiten: 1000 V = 1 kV (Kilovolt)
1 V = 1000 mV (Millivolt)

Energieübertragung
Die Elektrizitätsquelle überträgt elektrische Energie in den Stromkreis. Der Nutzer wandelt sie in Energie anderer Form um. Die Energie bewegt sich also gerichtet von der Elektrizitätsquelle zum Nutzer.

Die Spannung messen

Die Spannung an einer Lampe kann mit einem **Spannungsmessgerät** bestimmt werden. Dazu muss das Vielfachmessgerät **parallel** zur Lampe geschaltet werden (→ Bild 3).

3 Schaltplan zur Messung der Spannung

Digitale und analoge Messgeräte

Auf der Ziffernanzeige eines **digitalen Vielfachmessgerätes** wie in Bild 4 können die gemessenen Werte direkt abgelesen werden. Alle digitalen Messgeräte benötigen für ihren Betrieb eine Batterie.
Bei einem **analogen Vielfachmessgerät** wie in Bild 5 wird der Messwert aus Messbereich und Zeigerstellung bestimmt. Vor dem Messen muss der Zeiger mit der Stellschraube auf null eingestellt werden.

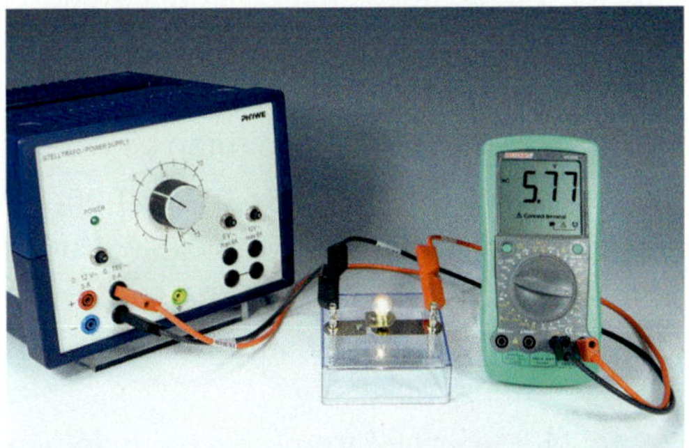

4 Digitale Messung einer Wechselspannung

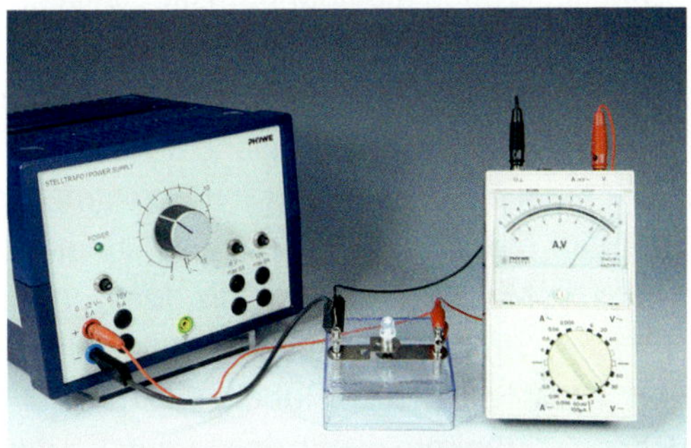

5 Analoge Messung einer Gleichspannung

Schritt für Schritt zum Messwert

- Stelle am Messgerät den größten geeigneten Messbereich für Gleichspannung ein: DCV oder V-.
- Schließe das Messgerät wie in Bild 3 **parallel** zur Lampe an. Dabei muss die COM-Buchse mit dem Minuspol der Elektrizitätsquelle verbunden werden. Der Pluspol wird an Buchse V angeschlossen.
- **digital**
  Lies den Messwert ab. Achte auf die Einheit.

  analog
  Lies die Zeigerstellung ab. Beachte den Messbereich und notiere den Messwert in der richtigen Einheit.

> Ein **Spannungsmessgerät** muss **parallel** zur Elektrizitätsquelle oder zum Nutzer geschaltet werden.

1 Vergleiche den Stromkreis mit dem Wasserkreislauf nach Aufbau und Arbeitsweise. Erstelle eine Tabelle.

Starthilfe zu 1:

Wasserkreislauf	Stromkreis
Pumpe	Elektrizitätsquelle

2 Zwischen den Polen einer Batterie besteht eine Spannung. Nenne die Ursache und beschreibe ihre Wirkung.

3 Du hast einen einfachen Stromkreis mit Motor und Schalter. Beschreibe die Messung der Spannung am Motor
a) mit einem digitalen Vielfachmessgerät.
b) mit einem analogen Vielfachmessgerät.
c) Zeichne den Schaltplan.

FORSCHEN UND ENTDECKEN

A Messung von Spannung und Stromstärke

Material: 2 unterschiedliche 6 V-Lampen, 2 Fassungen, 6 V-Elektromotor mit Lüfterrad, Elektrizitätsquelle, 1 Schalter, Experimentierkabel, 2 Vielfachmessinstrumente (→ Bild 1)

Durchführung:

Schritt 1: Zeichne den Schaltplan eines einfachen Stromkreises mit Lampe, Schalter und einem Vielfachmessinstrument zur Stromstärkenmessung sowie einem Vielfachmessinstrument zur Spannungsmessung.

Schritt 2: Baue den Stromkreis nach deinem Schaltplan mit Lampe 1 auf.

Schritt 3: Erhöhe die Spannung in 1 V-Schritten von 1 V bis 6 V. Wähle jeweils am Spannungsmessgerät den passenden Messbereich. Beginne am Stromstärkemessgerät immer mit dem größten Messbereich. Schalte auf kleinere Messbereiche um, bis der Wert für die Stromstärke gut ablesbar ist. Trage die Messwerte in Tabelle 2 ein.

Schritt 4: Entnimm die Stromstärken für die Lampe 1 aus Tabelle 2. Stelle die Elektrizitätsquelle nacheinander auf diese Werte ein und miss die zugehörigen Spannungen an Lampe 1. Trage die Werte in die Tabelle 3 ein.

Schritt 5: Wiederhole die Schritte 3 und 4 mit der Lampe 2 und anschließend mit dem Elektromotor.

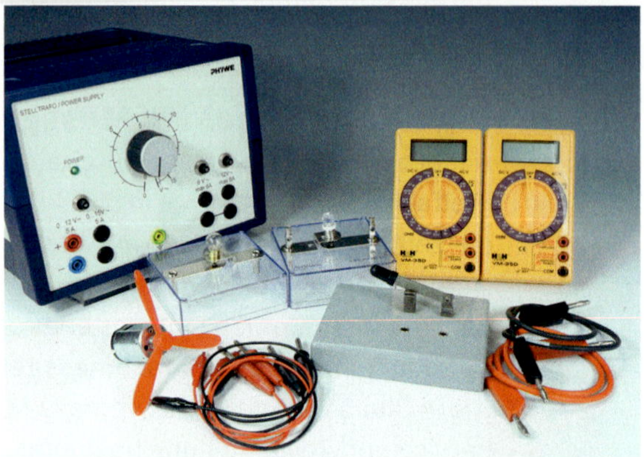

1 Bauteile für die Messung der Stromstärke und Spannung in einem Stromkreis

ACHTUNG: Lass die Schaltung von deiner Lehrerin oder deinem Lehrer abnehmen, bevor du die Elektrizitätsquelle einschaltest.

E-Quelle	U in V	1,0	2,0	3,0	4,0	5,0	6,0
Lampe 1	I in A						
Lampe 2	I in A						
Elektromotor	I in A						

2 Wertetabelle für die Stromstärkemessung

Lampe 1	I in A						
	U in V						
Lampe 2	I in A						
	U in V						
Elektromotor	I in A						
	U in V						

3 Wertetabelle für die Spannungsmessung

1 Gib die Schaltungsart der Vielfachmessinstrumente zur Messung der Stromstärke und der Spannung an.

2 Beschreibe, wie sich beim Erhöhen der Spannung die Stromstärke
a) in den Lampen 1 und 2,
b) im Elektromotor ändert.
c) Beschreibe jeweils die Auswirkung der Erhöhung der Spannung.

3 **III** Begründe, dass bei der Messung mit einem Vielfachmessgerät immer mit dem größten Messbereich begonnen werden muss, wenn der höchstmögliche Wert noch nicht bekannt ist.

IM ALLTAG

Umgang mit Spannung und Stromstärke

Die richtige Spannung ist wichtig!

Elektrische Geräte dürfen nur an eine Elektrizitätsquelle mit der passenden Spannung angeschlossen werden. Bei Geräten, die an das öffentliche Versorgungsnetz angeschlossen werden sollen, ist die Spannung auf dem Typenschild mit 230 V angegeben (→ Bild 4). Elektrische Kleingeräte werden mit passenden Steckernetzgeräten, Akkus oder Batterien betrieben. Ist die Spannung der Elektrizitätsquelle zu hoch, können die Geräte zerstört werden. Ist die Spannung zu niedrig, arbeiten sie nicht richtig. Akkus dürfen nur mit den passenden Ladegeräten aufgeladen werden. Auf den Ladegeräten findest du zwei Angaben. Der **Input-Wert** gibt die Spannung an, mit dem das Ladegerät betrieben wird, in Bild 5 mit 12 V. Der **Output-Wert** ist die Spannung, die an die Akkus im Ladegerät abgegeben wird, um sie aufzuladen, hier beispielsweise 2 x 1,45 V.

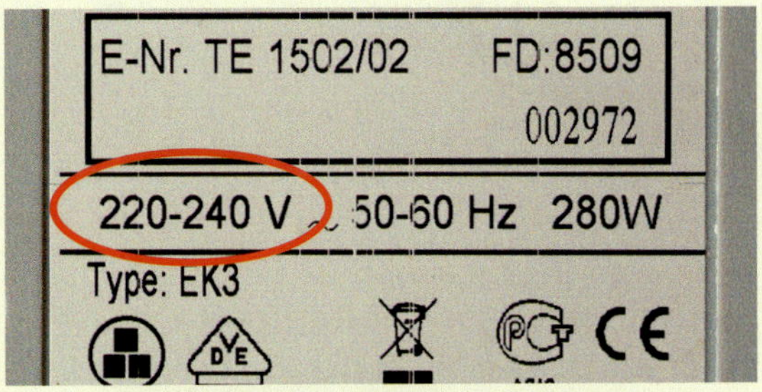

4 Typenschild eines elektrischen Gerätes

5 Input- und Output-Spannungsangaben

ACHTUNG: Werden Akkus mit zu hoher Spannung geladen, besteht Brandgefahr!

Beruf: Elektronikerin/Elektroniker

Das Berufsbild umfasst unterschiedliche Fachrichtungen mit verschiedenen Arbeitsfeldern.

- Automatisierungstechnik
- Energie- und Gebäudetechnik
- Informations- und Telekommunikationstechnik
- Maschinen- und Antriebstechnik
- Informations- und Systemtechnik
- Telekommunikationssystem-Elektronik
- Mikrotechnologie

Die Ausbildung dauert 3 Jahre bis 3,5 Jahre. Voraussetzung ist der Realschulabschluss.

6 Elektronikerin und Elektroniker in der Ausbildung

1 **a)** Suche in den Bedienungsanleitungen von elektrischen Haushaltsgeräten die Sicherheitshinweise für den elektrischen Anschluss heraus und vergleiche sie.
b) Lies von einem Akku und dem dazugehörigen Ladegerät die Input- und Output-Angaben in Volt (V) ab und vergleiche sie.

2 Recherchiere zwei Arbeitsfelder aus dem Berufsbild Elektronikerin/Elektroniker. Stelle sie in einem Kurzvortrag deinen Mitschülerinnen und Mitschülern vor.

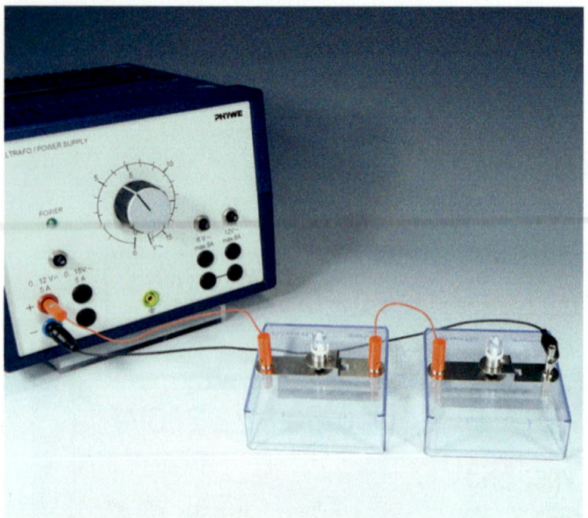

1 Zwei Lampen in Reihenschaltung

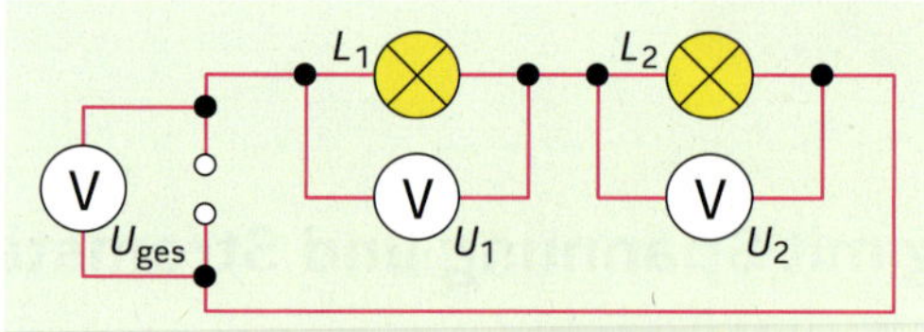

2 Spannungen messen in der Reihenschaltung

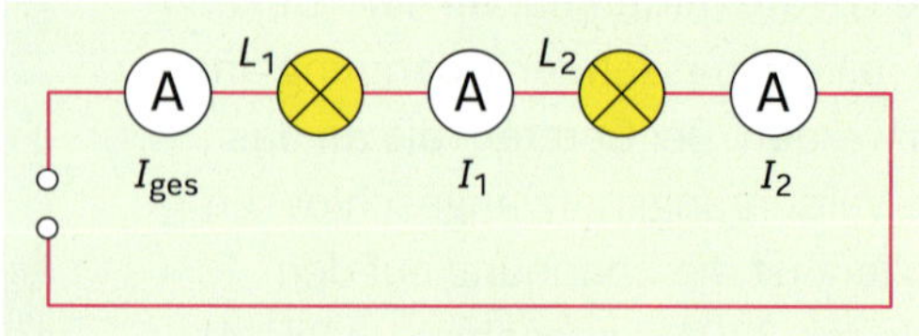

3 Stromstärken messen in der Reihenschaltung

Die Stromstärke und die Spannung in der Reihenschaltung und Parallelschaltung

Spannungen in der Reihenschaltung

Liegen zwei Lampen wie in Bild 1 in Reihe in einem Stromkreis, so wird die Spannung der Elektrizitätsquelle aufgeteilt. An jeder der beiden Lampen liegt dann eine **Teilspannung U_1** oder **U_2** an. Beide Teilspannungen addieren sich zur **Gesamtspannung U_{ges}** (→ Bild 3).
Für die Spannungen in einer Reihenschaltung gilt:

$$U_{ges} = U_1 + U_2$$

Für zwei baugleiche Lampen in Reihenschaltung ergibt sich $U_1 = U_2 = \frac{1}{2} \cdot U_{ges}$.

Messung der Spannungen

Die Teilspannungen U_1 und U_2 an den Lampen 1 und 2 sind zusammen so groß, wie die Spannung U_{ges} an der Elektrizitätsquelle. Die Vielfachmessgeräte müssen deshalb für die Gesamtspannung und die Teilspannungen auf die passenden Messbereiche eingestellt sein.

Stromstärken in der Reihenschaltung

Alle Elektronen bewegen sich vom Minuspol der Elektrizitätsquelle durch beide Lampen zum Pluspol. Die elektrische Stromstärke I_{ges} an der Elektrizitätsquelle und die Stromstärken I_1 und I_2 an den Lampen sind gleich (→ Bild 3).

Für die Stromstärke in einer Reihenschaltung gilt:

$$I_{ges} = I_1 = I_2$$

Messung der Stromstärke

In der Reihenschaltung ist die Stromstärke überall gleich. Das Vielfachmessgerät kann deshalb an jeder Stelle in den Stromkreis eingebaut werden. Es kann an jeder Stelle derselbe Messbereich eingestellt sein.

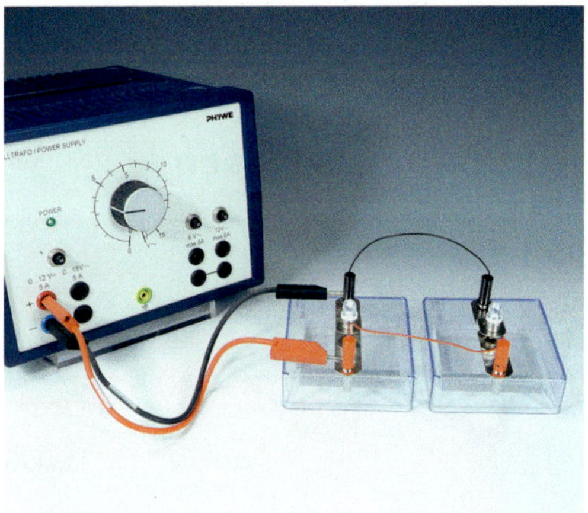

4 Zwei Lampen in Parallelschaltung

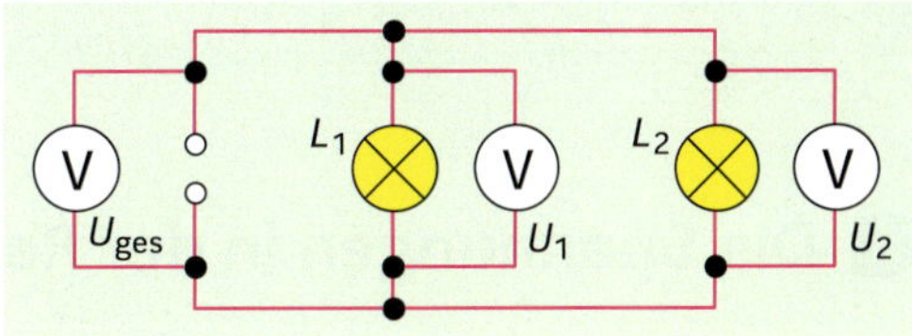

5 Spannungen messen in der Parallelschaltung

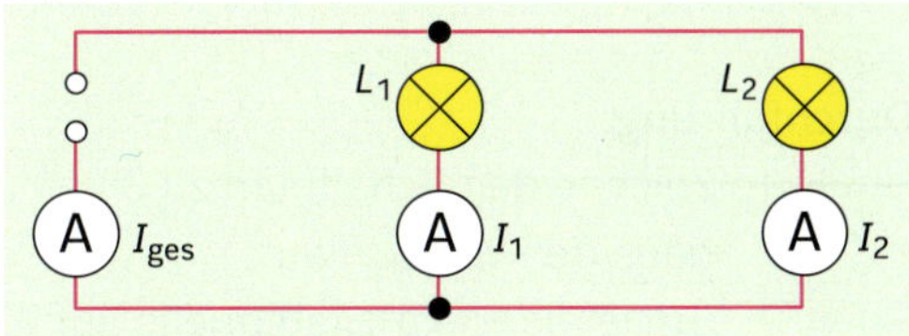

6 Stromstärken messen in der Parallelschaltung

Spannungen in der Parallelschaltung

Liegen zwei Lampen wie in Bild 4 parallel in einem Stromkreis, so liegt an jeder die gesamte Spannung der Elektrizitätsquelle. Für die Spannung in der Parallelschaltung gilt:

$$U_{ges} = U_1 = U_2$$

Messung der Spannung

In der Parallelschaltung sind die Spannungen U_{ges}, U_1 und U_2 überall gleich. Die Vielfachmessgeräte können deshalb parallel zu jeder Lampe und zur Elektrizitätsquelle eingebaut werden (→ Bild 5). Jedes Vielfachmessgerät kann auf denselben Messbereich eingestellt sein.

Stromstärken in der Parallelschaltung

In der Parallelschaltung teilt sich der Elektronenstrom in Teilströme. Die **Teilstromstärken I_1** und **I_2** ergeben zusammen die **Gesamtstromstärke I_{ges}** in der Parallelschaltung.

$$I_{ges} = I_1 + I_2$$

Messung der Stromstärken

Die Stromstärken I_1 und I_2 an den Lampen sind zusammen so groß wie die Gesamtstromstärke I_{ges}. Die Stromstärken I_1, I_2 und I_{ges} müssen daher einzeln gemessen werden (→ Bild 6). Die Vielfachmessgeräte müssen für jede Stromstärke auf den passenden Messbereich eingestellt sein.

1 In einer Reihenschaltung mit zwei baugleichen Lampen kann an einer Lampe eine Spannung von 4 V und eine Stromstärke von 1 A gemessen werden.
a) Gib die Gesamtspannung und die Gesamtstromstärke an.
b) Gib die Spannung und die Stromstärke an der zweiten Lampe an.

2 Zwei baugleiche Lampen sind parallel an eine Batterie mit $U_{ges} = 6$ V angeschlossen. Die Gesamtstromstärke I_{ges} beträgt 0,5 A. Gib für jede der Lampen die Spannung in V und die Stromstärke in A an.

3 **a)** In einer Parallelschaltung mit zwei verschiedenen Lampen beträgt $I_{ges} = 4{,}85$ A und $I_2 = 3{,}15$ A. Berechne I_1.
b) In einer Reihenschaltung mit drei baugleichen Lampen beträgt $I_3 = 2{,}5$ A und $U_3 = 1{,}5$ V. Gib die Spannungen und die Stromstärken an den beiden anderen Lampen und an der Elektrizitätsquelle an.

»

FORSCHEN UND ENTDECKEN

A Die Spannungen in der Reihenschaltung messen

Material: Elektrizitätsquelle, 3 LED mit Fassung, 4 Vielfachmessinstrumente, Experimentierkabel

Durchführung:

Schritt 1: Zeichne den Schaltplan zu Bild 1 und baue den Versuch auf.

Schritt 2: Stelle die Elektrizitätsquelle auf 2,0 V ein und erhöhe die Spannung in 0,2 V-Schritten bis 4,0 V. Lies jeweils die Höhe der Spannung an der Elektrizitätsquelle und an den LEDs ab. Trage die Werte in die Tabelle ein. (→ Bild 2)

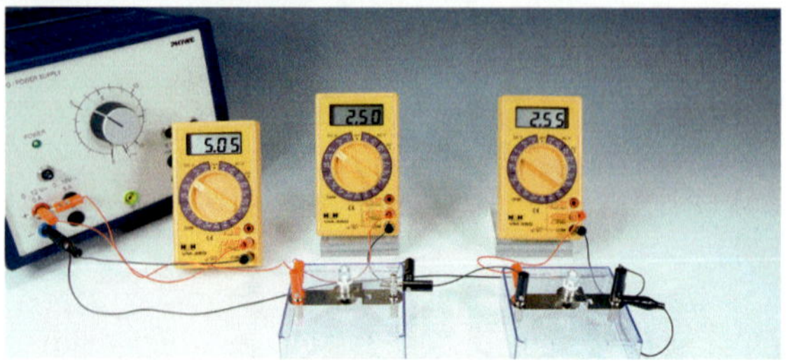

1 Spannungen messen in einer Reihenschaltung

Spannung U_{ges} an der E-Quelle	Spannung U_1 an LED 1	Spannung U_2 an LED 2

2 Messwerttabelle

1 a) Vergleiche die Spannungen in deiner Tabelle. Nenne den Zusammenhang.
b) Stelle das Ergebnis des Versuches in mathematischer Form dar.

2 Erweitere die Schaltung in Bild 1 und die Tabelle in Bild 2 auf 3 LED und wiederhole den Versuch. Vergleiche das Ergebnis mit dem Ergebnis aus dem Versuch mit 2 LED. Formuliere den mathematischen Zusammenhang.

B Die Stromstärken in der Reihenschaltung messen

Material: Elektrizitätsquelle, 3 LED mit Fassung, 4 Vielfachmessinstrumente, Experimentierkabel

Durchführung:

Schritt 1: Zeichne den Schaltplan zu Bild 3 und baue den Versuch auf.

Schritt 2: Stelle die Elektrizitätsquelle auf 2,0 V ein und erhöhe die Spannung in 0,2 V-Schritten bis 4,0 V. Lies jeweils die Höhe der Stromstärke an der Elektrizitätsquelle und an den LEDs ab. Trage die Werte in die Tabelle ein. (→ Bild 4)

3 Stromstärken messen in einer Reihenschaltung

Stromstärke I_{ges} an der E-Quelle	Stromstärke I_1 an LED 1	Stromstärke I_2 an LED 2

4 Messwerttabelle

1 a) Vergleiche die Stromstärken in deiner Tabelle. Nenne den Zusammenhang.
b) Stelle das Ergebnis des Versuches in mathematischer Form dar.

2 Erweitere die Schaltung in Bild 3 und die Tabelle in Bild 4 auf 3 LED und wiederhole den Versuch. Vergleiche das Ergebnis mit dem Ergebnis aus dem Versuch mit 2 LED. Formuliere den mathematischen Zusammenhang.

FORSCHEN UND ENTDECKEN

C Die Spannungen in der Parallelschaltung messen

Material: Elektrizitätsquelle, 3 LED mit Fassung, 4 Vielfachmessinstrumente, Experimentierkabel

Durchführung:

Schritt 1: Zeichne den Schaltplan zu Bild 5 und baue den Versuch auf.

Schritt 2: Stelle die Elektrizitätsquelle auf 2,0 V ein und erhöhe die Spannung in 0,2 V-Schritten bis 4,0 V. Lies jeweils die Höhe der Spannung an der Elektrizitätsquelle und an den LEDs ab. Trage die Werte in die Tabelle ein. (→ Bild 6)

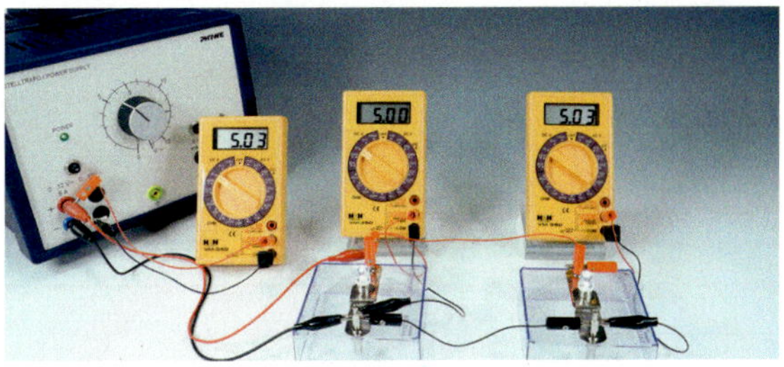

5 Spannungen messen in einer Parallelschaltung

Spannung U_{ges} an der E-Quelle	Spannung U_1 an LED 1	Spannung U_2 an LED 2

6 Messwerttabelle

1 **a)** Vergleiche die Spannungen in deiner Tabelle. Nenne den Zusammenhang.
b) Stelle das Ergebnis des Versuches in mathematischer Form dar.

2 Erweitere die Schaltung in Bild 5 und die Tabelle in Bild 6 auf 3 LED und wiederhole den Versuch. Vergleiche das Ergebnis mit dem Ergebnis aus dem Versuch mit 2 LED. Formuliere den mathematischen Zusammenhang.

D Die Stromstärken in der Parallelschaltung messen

Material: Elektrizitätsquelle, 3 LED mit Fassung, 4 Vielfachmessinstrumente, Experimentierkabel

Durchführung:

Schritt 1: Zeichne den Schaltplan zu Bild 7 und baue den Versuch auf.

Schritt 2: Stelle die Elektrizitätsquelle auf 2,0 V ein und erhöhe die Spannung in 0,2 V-Schritten bis 4,0 V. Lies jeweils die Höhe der Stromstärke an der Elektrizitätsquelle und an den LEDs ab. Trage die Werte in die Tabelle ein. (→ Bild 8)

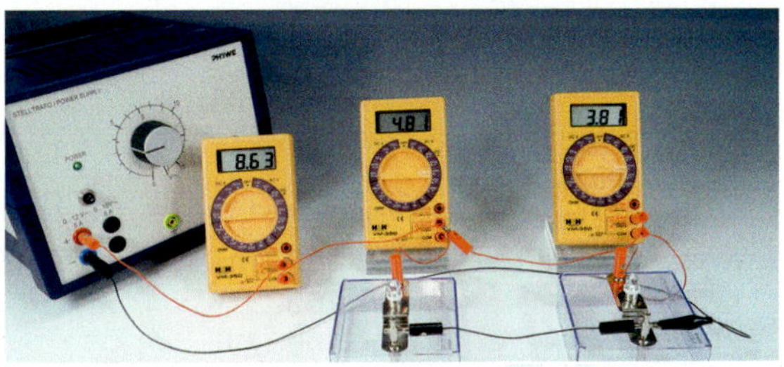

7 Stromstärken messen in einer Parallelschaltung

Stromstärke I_{ges} an der E-Quelle	Stromstärke I_1 an LED 1	Stromstärke I_2 an LED 2

8 Messwerttabelle

1 **a)** Vergleiche die Stromstärken in deiner Tabelle. Nenne den Zusammenhang.
b) Stelle das Ergebnis des Versuches in mathematischer Form dar.

2 Erweitere die Schaltung in Bild 7 und die Tabelle in Bild 8 auf 3 LED und wiederhole den Versuch. Vergleiche das Ergebnis mit dem Ergebnis aus dem Versuch mit 2 LED. Formuliere den mathematischen Zusammenhang.

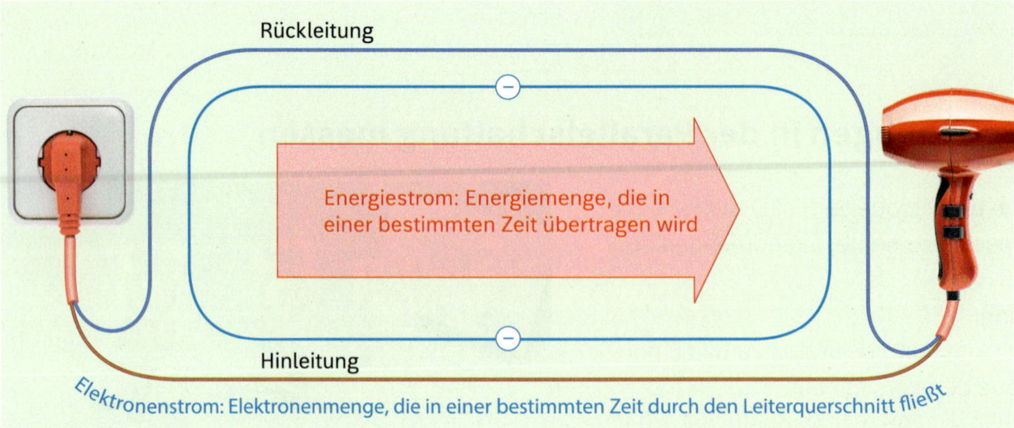

1 Der geschlossene Stromkreis enthält zwei Ströme: den Elektronenstrom und den Energiestrom.

Die elektrische Energie und die elektrische Leistung

Die elektrische Energie

Elektrische Geräte können über die Steckdose, einen eingebauten Akku oder über eine Batterie als Elektrizitätsquelle mit **elektrischer Energie *E*** versorgt werden. Die Einheit der elektrischen Energie ist **J (Joule).** Benannt ist sie nach dem englischen Physiker JAMES PRESCOTT JOULE (1818 - 1889).

Name: elektrische Energie
Formelzeichen: E
Einheit: J (Joule)
Weitere Einheiten: 1 J = 1000 mJ
1 kJ = 1000 J
1 MJ = 1000 kJ

Beim Betrieb eines Haartrockners wie in Bild 1 kommt es innerhalb des elektrischen Stromkreises zu einem **Elektronenstrom.** Der Haartrockner wandelt dabei die elektrische Energie aus dem Versorgungsnetz in Bewegungsenergie eines Lüfterrades und in Wärme der Heizdrähte um.

Der rote Pfeil in Bild 1 zeigt den **Energiestrom,** der von der Steckdose zum Haartrockner übertragen wird.

Die elektrische Leistung

Über die Schalter am Haartrockner ist die Stärke des Energiestroms einstellbar. Sie heißt **Energiestromstärke** oder **elektrische Leistung *P*.** Sie gibt an, wie viel Energie in einer bestimmten Zeit übertragen wird. Sie wird zu Ehren des schottischen Erfinders JAMES WATT (1736 - 1819) in **W (Watt)** angegeben.

Name: Energiestromstärke (Leistung)
Formelzeichen: P
Berechnung: $P = \frac{E}{t}$
Einheit: $\frac{J}{s}$ = W (Watt)
Weitere Einheiten: 1 W = 1000 mW
1 kW = 1000 W

Alle elektrischen Geräte besitzen ein **Typenschild.** Dort kannst du die elektrische Leistung des Gerätes in W ablesen. (→ Bild 2)

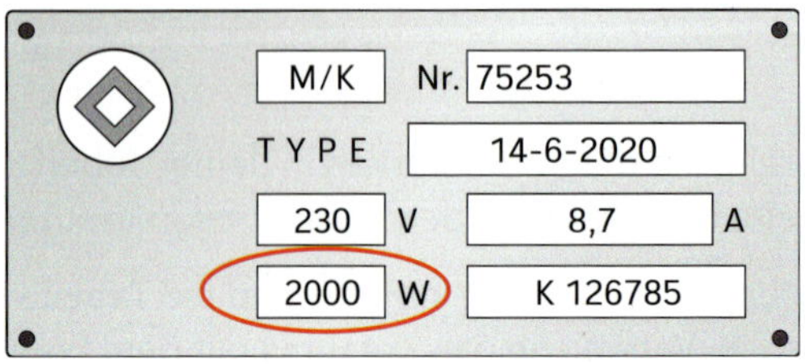

2 Ein Typenschild mit Leistungsangabe

Der Zusammenhang von Spannung, Stromstärke und Leistung

Zwei Lampen sind wie in Bild 3A in Reihe geschaltet. Sie benötigen die doppelte Spannung, um die die doppelte Lichtmenge abzugeben wie eine Lampe. Der Energiestrom ist doppelt so groß. Die Energiestromstärke und die Spannung sind proportional zueinander. Es gilt: $\boldsymbol{P \sim U}$.

Sind zwei Lampen wie in Bild 3B parallel geschaltet, benötigen sie die doppelte Stromstärke, um die doppelte Lichtmenge abzugeben wie eine Lampe. Der Energiestrom ist doppelt so groß. Es gilt: $\boldsymbol{P \sim I}$.

Die Energiestromstärke P lässt sich also aus der Spannung U und der Stromstärke I berechnen.

Berechnung:
Energiestromstärke: $P = U \cdot I$
elektrische Spannung: $U = \frac{P}{I}$
elektrische Stromstärke: $I = \frac{P}{U}$

Die elektrische Energie

Alle elektrischen Geräte nehmen elektrische Energie auf und geben Energie in anderer Form ab. Wie viel elektrische Energie aufgenommen wird, hängt von der Energiestromstärke (Leistung) P und der Einschaltdauer t ab.

Berechnung:
$E = P \cdot t$ mit $P = U \cdot I \Rightarrow E = U \cdot I \cdot t$
Einheit: V · A · s = Ws = J (Joule)
Weitere Einheiten:
1 kWh = 3 600 000 Ws = 3,6 MJ

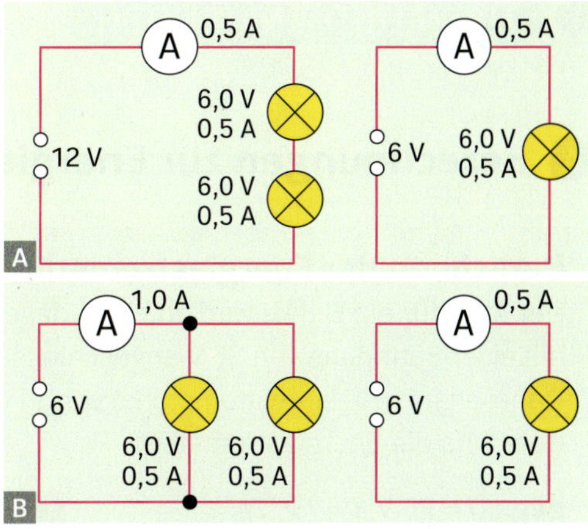

3 Die Stärke des Energiestromes wird beeinflusst durch: **A** Spannung, **B** Stromstärke.

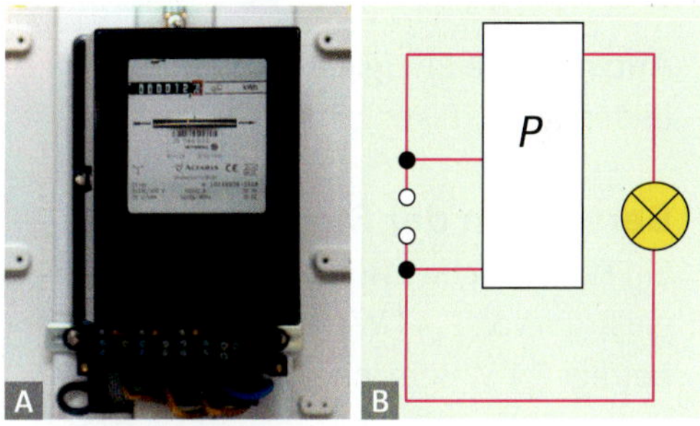

4 A Elektrizitätszähler, **B** Schaltung

Der Elektrizitätszähler

Mit Elektrizitätszählern wie in Bild 4A werden die Energiestromstärke und die Nutzungsdauer gemessen. Mithilfe dieser beiden Werte wird die genutzte Menge an Energie bestimmt.

Die Zähler müssen so geschaltet sein, dass sie gleichzeitig die Spannung und die Stromstärke messen können. Aus diesen beiden Werten wird dann die Energiestromstärke bestimmt (→ Bild 4B).

1 Beschreibe bei elektrischen Geräten den Verlauf des Elektronenstroms und des Energiestroms.

Starthilfe zu 1:
Benutze zur Beantwortung das Bild 1.

2 Im vollständig geladenen Akku eines Smartphones sind 12 Wh Energie gespeichert.
I **a)** Im Stand-by-Betrieb ist der Akku nach 86 h leer. Berechne die Leistung.
II **b)** Berechne, wie lange der Akku mit 2,5 W geladen werden muss, wenn er wieder vollständig aufgeladen sein soll.

3 **II** Begründe, dass die Angabe 2000 W auf dem Typenschild in Bild 2 eigentlich nicht notwendig ist.

4 **III** Begründe, dass ein Leistungsmessgerät in Bild 4B mehr als 2 Anschlüsse benötigt.

»

ÜBEN UND ANWENDEN

A Berechnungen zur Energiestromstärke (Leistung)

Berechnen der Energiestromstärke

Der Akku für ein E-Bike wird an ein Ladegerät mit einer Spannung von 36 V angeschlossen. Dabei ergibt sich eine Stromstärke von 11,5 A. Berechne die Energiestromstärke *P*.

geg.: $U = 36\ \text{V},\ I = 11{,}5\ \text{A}$ **ges.:** P

Lösung: $P = U \cdot I$

$P = 36\ \text{V} \cdot 11{,}5\ \text{A}$

$P = 414\ \text{W}$

Antwort: Die Energiestromstärke beim Laden des E-Bikes beträgt 414 W.

Berechnen der Stromstärke

Ein Fahrradscheinwerfer wird mit einem Energiestrom von 2,44 W betrieben. Die Spannung beträgt 6,1 V. Berechne die Stromstärke *I*.

geg.: $P = 2{,}44\ \text{W},\ U = 6{,}1\ \text{V}$ **ges.:** I

Lösung: $P = U \cdot I \Leftrightarrow I = \frac{P}{U}$

$I = \frac{2{,}44\ \text{W}}{6{,}1\ \text{V}}$

$I = \frac{2{,}44\ \text{W}}{6{,}1\ \text{V}}$

$I = 0{,}4\ \text{A}$

Antwort: Die elektrische Stromstärke im Fahrradscheinwerfer beträgt 0,4 A.

Berechnen der Spannung

Eine Herdplatte wird mit einem Energiestrom von 0,75 kW betrieben. Die elektrische Stromstärke beträgt 3,25 A. Berechne die Spannung *U*.

geg.: $P = 0{,}75\ \text{kW},\ I = 3{,}25\ \text{A}$ **ges.:** U

Lösung: $P = U \cdot I \Leftrightarrow U = \frac{P}{I}$

$U = \frac{750\ \text{W}}{3{,}25\ \text{A}}$

$U = 230{,}77\ \text{V}$

Antwort: Die Herdplatte wird mit einer Spannung von 230,77 V betrieben.

1 Eine LED-Laterne ist an das öffentliche Versorgungsnetz ($U = 230$ V) angeschlossen. Bei einer Messung ergibt sich eine Stromstärke von 0,13 A. Berechne die Energiestromstärke *P*.

2 Ein Stromkreis im Haushalt ($U = 230$ V) ist mit 16 A abgesichert. Berechne die maximal zulässige Energiestromstärke für diesen Stromkreis.

3 I Für Staubsauger ist in der EU eine Energiestromstärke von maximal 900 W bei einer Spannung von 230 V zugelassen. Berechne die zugehörige Stromstärke.

4 I Bei einem E-Bike mit einem 250 W-Motor stellt sich bei voller Last eine Stromstärke von 6,9 A ein. Berechne die Spannung des Akkus.

5 II Ein Smartphone wie in Bild 1 ist mit einem Akku mit einer Nennspannung von 3,8 V ausgerüstet. Der Akku wird mit 765 mA aufgeladen. Berechne die Energiestromstärke.

1 Der Akku eines Smartphones

6 II Ein Widerstand ist für eine Energiestromstärke von höchstens 4,5 W ausgelegt. Dieser Wert wird bei einer Stromstärke von 180 mA erreicht. Berechne die maximal zulässige Spannung.

7 III Eine Windkraftanlage mit einer Generatorspannung von 690 V kann bei voller Auslastung Energie mit einer Leistung bis zu 145 kW in das Überland-Leitungsnetz einspeisen. Berechne die Stromstärke

a) innerhalb der Anlage.

b) die sich am Übergabepunkt in das öffentliche Netz ergibt, wenn die Energie mit einer Spannung von 30 kV in das Netz eingeleitet wird.

ÜBEN UND ANWENDEN

B Berechnungen zur elektrischen Energie

Berechnen der elektrischen Energie

Der Akku eines E-Bikes wird für 1 h 15 min mit einer Energiestromstärke von 195 W betrieben. Berechne die aufgenommene Energie E.

geg.: $P = 195\ \text{W}$, $t = 1{,}25\ \text{h}$ **ges.:** E

Lösung: $E = P \cdot t$

$E = 195\ \text{W} \cdot 4500\ \text{s}$

$E = 877\,500\ \text{Ws} = 877{,}5\ \text{kJ}$

Antwort: Der Akku hat in 1 h 15 min eine Energie von 877,5 kJ aufgenommen.

Berechnen der Energiestromstärke (Leistung)

Ein Elektrogerät hat in 5 h 30 min 727 200 J Energie aufgenommen. Berechne die Energiestromstärke (Leistung) P.

geg.: $E = 727\,200\ \text{J}$, $t = 19\,800\ \text{s}$ **ges.:** P

Lösung: $E = P \cdot t \Leftrightarrow P = \frac{E}{t}$

$P = \frac{727\,200\ \text{J}}{19\,800\ \text{s}}$

$P = 36{,}73\ \text{W}$

Antwort: Die elektrische Leistung im Elektrogerät beträgt 36,73 W.

Berechnen der Einschaltdauer

Eine Lampe mit einer Energiestromstärke von 9 W hat dem Netz 75,6 kJ entnommen. Berechne ihre Einschaltdauer t.

geg.: $P = 9\ \text{W}$, $E = 75\,600\ \text{J}$ **ges.:** t

Lösung: $E = P \cdot t \Leftrightarrow t = \frac{E}{P}$

$t = \frac{75\,600\ \text{J}}{9\ \text{W}}$

$t = 8400\ \text{s} = 2\ \text{h}\ 20\ \text{min}$

Antwort: Die Lampe war 2 h 20 min eingeschaltet.

1 Berechne die fehlenden Werte.

Elektrische Energie E	Energiestromstärke P	Betriebszeit t
	900 W	20 min
45 kJ		5 h
11,52 MJ	2000 W	
	2 kW	25 d
648 J		45 min
540 kJ	1,5 kW	

2 I Beim Start eines Pkw ergibt sich an der 12 V-Batterie für eine Zeit von 4 s eine Stromstärke von 240 A. Berechne die entnommene Energie.

Starthilfe zu 2 bis 7:
$E = \mathbf{P} \cdot t$ und $\mathbf{P} = U \cdot I$
$\Rightarrow E = U \cdot I \cdot t$

3 I Ein E-Bike kann mit einer Energiemenge von 1,62 MJ für 5 h unterwegs sein. Sein Akku hat eine Spannung von 36 V. Berechne die elektrische Stromstärke.

Starthilfe zu 3 bis 6:
1 kJ = 1000 J
1 MJ = 1000 kJ
1 GJ = 1 000 000 kJ

4 II Eine Taschenlampe ist mit einem 3,8 V-Akku ausgerüstet. Der Akku kann 4719,6 kJ Energie aufnehmen. Berechne die Einschaltdauer für eine Akku-Ladung bei einer Stromstärke von 230 mA.

5 II Die Energiestromstärke (Leistung) einer Wärmepumpe ist mit 4,2 kW angegeben. Im vergangenen Jahr wurden 17,64 GJ elektrische Energie genutzt. Berechne die Einschaltdauer der Pumpe.

6 II Der Monitor eines Computers ($U = 230\ \text{V}$) nutzt in 8 h 40 min eine Energiemenge von 1076,4 kJ. Berechne die elektrische Stromstärke.

7 III Ein Kühlschrank hat eine Energiestromstärke (Leistung) von 110 W. Berechne die jährliche Energienutzung (1 a = 360 d) bei einer durchschnittlichen Einschaltdauer von $10{,}5\ \frac{\text{h}}{\text{d}}$.

«

Energienutzung					
Zählerstand ET	am 12.10.19	158.263,8			
	am 31.12.19	159.069,3	Rechnerische Ermittlung		
Differenz		805,5	Faktor 1	805,5 kWh	in 81 Tagen
Zählerstand ET	am 01.01.20	159.069,3			
	am 10.10.20	161.893,7	Ablesung durch Kunden		
Differenz		2.824,1	Faktor 1	2.024,4 kWh	in 283 Tagen
			Aktuell ET	**3.629,9 kWh**	**in 364 Tagen**
			Vorjahr ET	**3.764,9 kWh**	**in 363 Tagen**

Berechnung der Energiepreise

Tarifbestandteile	Abrechn.-Zeitraum	Tage	Nutzung	Einheit	Preis	Preis in	Preis	Betrag
Arbeitspreis ET	12.10.19 -31.12.19	81	805.5	kWh	21,7700	Ct/kWh	175,36 €	
Arbeitspreis ET	01.01.20 -10.10.20	283	2.824.4	kWh	21,7700	Ct/kWh	614,87 €	
Leistungspreis fest	12.10.19 -10.10.20	364	1,0		42,9500	€/365 Tage	42,83 €	
Verrechnungspreis	12.10.19 -10.10.20	364	1,0		34,3600	€/365 Tage	34,27 €	
Summe Vertrag								867,33 €
Netto								867,33 €
+ 19,00 % USt.								164,79 €
Summe								**1.032,12 €**

Enthaltener Nutzungsteil ohne Umsatzsteuer: 299,85 €. Darin enthalten ist das Entgelt für den Messstellbetrieb von 9,81 €, die Messdienstleistung von 4,55 € und die Konzessionsabgabe von 72,24 €. Enthaltener Stromsteueranteil ohne Umsatzsteuer: 74,47 €.

1 Eine Energieabrechnung eines Energieversorgungsunternehmens

Die Energierechnung und ein Energiemanagement

Energie ist wertvoll

Energie wird in jedem Haus benötigt. Mit der Nutzung elektrischer Energie ist vieles einfacher. Elektrische Energie wird in großen und teuren Kraftwerken bereitgestellt. Zu Betrieben und Haushalten gelangt sie über ein verzweigtes Leitungsnetz.
Die Kosten für den gesamten Aufwand werden in der **Energierechnung** vom Energieversorgungsunternehmen (EVU) erhoben.

Die Energierechnung

Jeder Haushalt hat einen Elektrizitätszähler. Der Zähler wird einmal im Jahr abgelesen. Dann wird vom EVU eine Rechnung geschrieben.
So eine Rechnung kann aussehen wie in Bild 1. Es ist angegeben, wie viel elektrische Energie genutzt worden ist und wie viel für jede kWh bezahlt werden muss. Dazu kommen Festbeträge, die vom vereinbarten Tarif abhängen und die Umsatzsteuer.

Verantwortungsvoller Umgang mit der elektrischen Energie

Wer verantwortungsvoll mit der elektrischen Energie umgeht, schont die Umwelt und die Ressourcen. Der Energiebedarf eines elektrischen Gerätes sollte schon beim Kauf berücksichtigt werden. Die Nutzung eines billigeren Gerätes kann im Verlauf mehrerer Jahre viel teurer werden als die Nutzung eines teuren, aber energiesparenden Gerätes.
Bei vielen Elektrogeräten ist angegeben, wie groß der Energiebedarf für ein Jahr ist. Das kann bei der Entscheidung für oder gegen ein bestimmtes Gerät helfen.
Es gibt auch gesetzliche Beschränkungen. Staubsauger mit einer Leistung von mehr als 900 W dürfen in Europa nicht mehr verkauft werden. LED haben in den letzten Jahren die Glühlampen ersetzt. LED leuchten genauso hell. Sie benötigen dafür aber weit weniger elektrische Energie.

Ein Energiemanagement

Energie sollte so sparsam wie möglich verwendet werden. **Energiemanagement** bedeutet also, bewusst mit Energie umzugehen. Dabei können beim Kauf eines neuen Gerätes **Energieeffizienzlabel** der Europäischen Union (EU) auf den Geräten helfen (→ Bild 2).

Das Energielabel

Für Elektro-Großgeräte wie Kühlschrank, Waschmaschine oder Geschirrspüler gibt es das Energieeffizienzlabel der EU.
Die elektrischen Geräte sind in **Energieeffizienzklassen** A bis G eingeteilt. Ein Gerät der Gruppe A benötigt viel weniger Energie als ein Gerät der Gruppe G.
Die Energielabel werden der technischen Entwicklung angepasst. Neuere Geräte der Energieeffizienzklasse A sind oft sparsamer als Geräte, die vor längerer Zeit diese Bewertung erhalten haben.

Der Einsatz eines Energiemessgerätes

Wer es ganz genau wissen will, kann mit einem **Energiemessgerät** wie in Bild 3 überprüfen, wie viel Energie seine Geräte nutzen. Damit können die Kosten für verschiedene Geräte verglichen werden. Auch der jeweilige Energiebedarf für verschiedene Programme eines Gerätes kann so ermittelt werden. Es lässt sich aber auch kontrollieren, wie viel Energie ein Gerät im **Stand-by-Modus** benötigt oder wie sich der Energiebedarf ändert, wenn eine Einstellung am Gerät verändert wird.

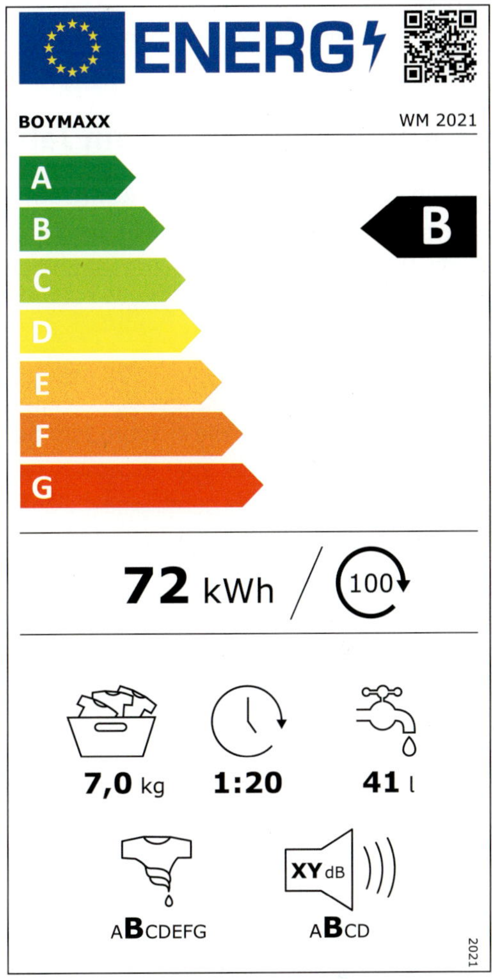

2 Das EU-Label für Waschmaschinen ab 2021

3 Ein Energiemessgerät im Einsatz

1 **a)** Protokolliere für einen Tag, wofür du elektrische Energie nutzt.
b) Nenne elektrische Geräte, auf die du verzichten kannst oder deren Benutzung du einschränken könntest.
c) Vergleicht eure Energieprotokolle und diskutiert eure Überlegungen zur Energieeinsparung.

Starthilfe zu 1:

Energieprotokoll			
Gerät	Nutzungsdauer	Art der Nutzung	Einsparmöglichkeit

2 II Berechne die Höhe der Rechnung aus Bild 1 für 2500 kWh Energie.

ÜBEN UND ANWENDEN

A Energiekosten für ein Jahr: Vergleich LED-Lampe – Glühlampe

Um die Energiekosten von **Leuchtmitteln** für ein Jahr zu berechnen, müssen die Energiestromstärke (Leistung), die Einschaltdauer und der Preis für jede genutzte kWh bekannt sein.

Beispielaufgabe

Berechne die Kosten, die sich pro Jahr bei 1000 h Einschaltdauer sparen lassen, wenn eine 60 W-Glühlampe durch eine gleichhelle 8 W-LED-Lampe ersetzt wird. Dabei kostet 1 kWh elektrischer Energie 31 Cent.

geg.: $t = 1000\ \text{h}$, $P_{\text{Glühlampe}} = 60\ \text{W}$,
$P_{\text{LED}} = 8\ \text{W}$,
$\text{Preis} = 31\ \frac{\text{Cent}}{\text{kWh}} = 0{,}31\ \frac{€}{\text{kWh}}$

ges.: Kostenersparnis für ein Jahr

Lösung:

Energiebedarf der Glühlampe:

$E_{\text{Glühlampe}} = P \cdot t$
$E_{\text{Glühlampe}} = 60\ \text{W} \cdot 1000\ \text{h}$
$E_{\text{Glühlampe}} = 60\ \text{kWh}$

Energiekosten der Glühlampe für ein Jahr:

$\text{Kosten}_{\text{Glühlampe}} = 60\ \text{kWh} \cdot 0{,}31\ \frac{€}{\text{kWh}}$
$\text{Kosten}_{\text{Glühlampe}} = 18{,}60\ €$

Energiebedarf der LED:

$E_{\text{LED}} = P \cdot t$
$E_{\text{LED}} = 8\ \text{W} \cdot 1000\ \text{h}$
$E_{\text{LED}} = 8\ \text{kWh}$

Energiekosten der LED für ein Jahr

$\text{Kosten}_{\text{LED}} = 8\ \text{kWh} \cdot 0{,}31\ \frac{€}{\text{kWh}}$
$\text{Kosten}_{\text{LED}} = 2{,}48\ €$

Kostenersparnis für ein Jahr

$\Delta\text{Kosten} = \text{Kosten}_{\text{Glühlampe}} - \text{Kosten}_{\text{LED}}$
$\Delta\text{Kosten} = 18{,}60\ € - 2{,}48\ €$
$\Delta\text{Kosten} = 16{,}12\ €$

Antwort: Wird eine 60 W-Glühlampe durch eine gleich helle 8 W-LED-Lampe ersetzt, so werden pro Jahr bei 1000 h Einschaltdauer 16,12 € eingespart.

1 LED-Lampe

2 Glühlampe

Leuchtmittel	LED-Lampe	Glühlampe
Energiestromstärke (Leistung) P	3 W	25 W
	6 W	40 W
	7,5 W	60 W
	10 W	75 W
	12 W	100 W

3 LED-Lampen und Glühlampen mit vergleichbarer Lichtstärke

1 In der Tabelle in Bild 3 sind die Energiestromstärken (Leistungen) von 5 LED-Lampen und von 5 Glühlampen mit etwa gleicher Lichtstärke gegenübergestellt.
a) Berechne den jährlichen Energiebedarf für jede der 10 Lampen, wenn die Lampen durchschnittlich 5 h pro Tag eingeschaltet sind. Rechne mit 365 Tagen für ein Jahr.
b) Berechne die jährlichen Betriebskosten für jede der Lampen aus a). Rechne mit einem Energiepreis von 0,31 € pro kWh.
c) Die 5 Glühlampen in a) werden durch die vergleichbar hellen LED-Lampen ersetzt. Berechne die jährliche Kostenersparnis für jede der 5 Lampen.

2 II Berechne die Ersparnis in Prozent (%), die sich beim Ersatz der 5 Glühlampen aus 1 c) durch die LED-Lampen ergibt.

IM ALLTAG

Energiemanagement im Haushalt

Energie ist wertvoll

In Kraftwerken werden unterschiedliche Energien in elektrische Energie umgewandelt. Viele davon stehen nicht unbegrenzt und zu jeder Zeit zur Verfügung. Bei der Nutzung von fossilen Energieträgern wird die Umwelt durch unterschiedliche Schadstoffe belastet. Daher muss jeder mit Energie verantwortungsvoll umgehen. Ein **Energiemessgerät** kann beim sparsamen Umgang mit elektrischer Energie helfen.

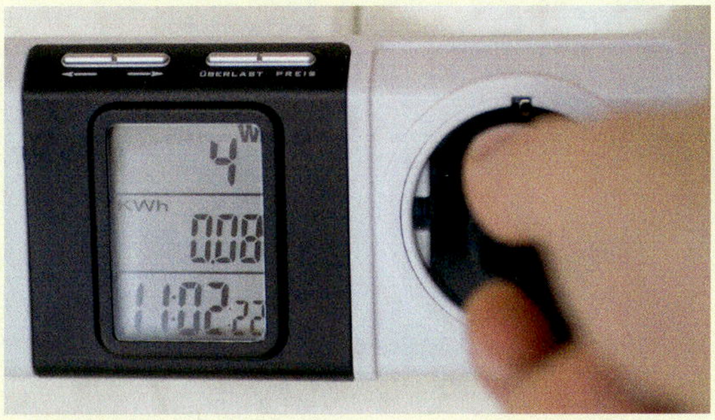

4 Energiemessgerät

Energie einsparen im Haushalt

Waschmaschinen oder Geschirrspülmaschinen sind heutzutage mit **Energiesparprogrammen** ausgestattet. Diese arbeiten bei niedrigerer Temperatur. Der Wasserbedarf und die Waschmittelmenge werden über Sensoren dem Verschmutzungsgrad des Wassers angepasst. So werden Ressourcen gespart.

5 ECO-Programmwahlschalter

Leistung – gesetzlich beschränkt

Seit 2017 begrenzt eine EU-Vorschrift die Leistungsaufnahme von Staubsaugern auf 900 W. Geräte mit höherer Aufnahme bieten keinen höheren Nutzen und dürfen daher nicht mehr verkauft werden.

6 Ein Staubsauger mit Leistungsbegrenzung

Stand-by-Modus

Viele elektronische Geräte bleiben im **Stand-by-Modus,** wenn sie nicht genutzt werden. Sie benötigen dann elektrische Energie, auch wenn sie nicht eingeschaltet sind. Diese Geräte müssen aktiv vom Netz getrennt werden.

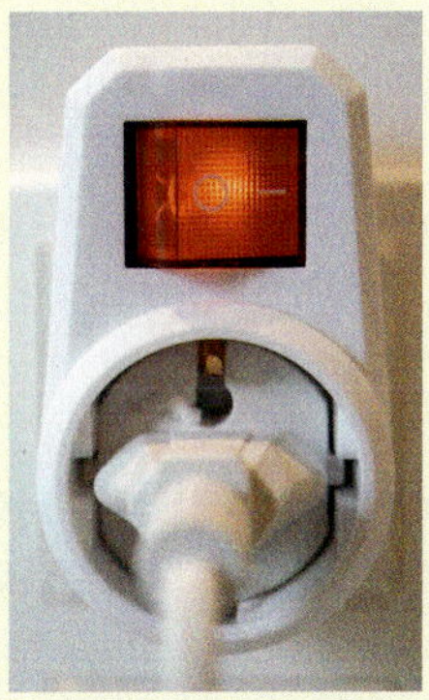

7 Stand-by-Modus aktiv ausschalten!

1 Nenne Geräte in eurem Haushalt
a) mit Energiesparprogramm.
b) bei denen du durch eine schaltbare Steckdosenleiste den Stand-by-Modus vermeiden kannst.

2 I Finde Beispiele für Energieverschwendung.

3 II Recherchiere die Energiesparziele der EU. Gib an, wie nahe Deutschland diesen Zielen gekommen ist.

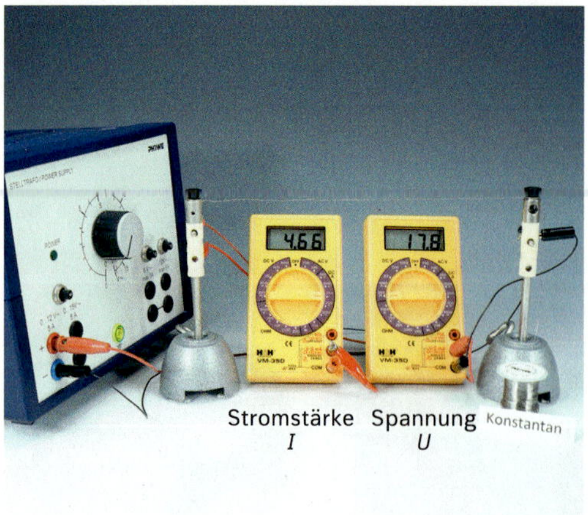

1 Messen von Stromstärke und Spannung

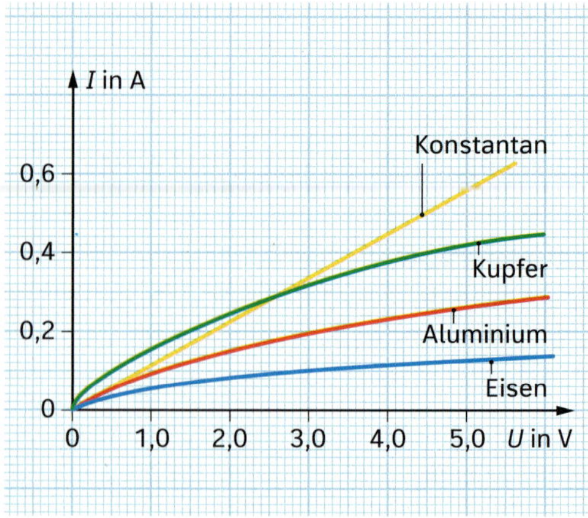

2 Spannung-Stromstärke-Diagramm

Das ohmsche Gesetz und der elektrische Widerstand

Die Spannung beeinflusst die Stromstärke

Wenn du in einem Stromkreis mit einer Lampe an der Elektrizitätsquelle die Spannung veränderst, ändert sich auch die Stromstärke. Das erkennst du daran, dass sich die Helligkeit der Lampe ändert.
An einem **Konstantandraht** im Stromkreis lässt sich der Zusammenhang zwischen der Stromstärke und der Spannung besonders gut zeigen (→ Bild 1). Konstantan ist eine Legierung aus Kupfer, Nickel und Mangan. Seine elektrischen Eigenschaften ändern sich nicht, auch wenn er warm wird.

Wie verhalten sich die Spannung und die Stromstärke?

Die Messung zeigt, dass sich bei einer Verdoppelung (Verdreifachung) der Spannung auch der Wert der Stromstärke verdoppelt (verdreifacht). Es fließen dann zweimal (dreimal) so viele Elektronen durch die Fläche des Leiterquerschnitts. Bei halber Spannung halbiert sich auch die Stromstärke. Eine schrittweise Änderung der Spannung hat eine schrittweise Änderung der Stromstärke zur Folge.

Die Stromstärke und die Spannung sind proportional zueinander

In einem Spannung-Stromstärke-Diagramm wie in Bild 2 ergeben die Wertepaare für den Konstantandraht einen linearen Graphen, der im Ursprung beginnt.
Der Verlauf des Graphen zeigt, dass die Stromstärke und die Spannung **proportional zueinander** sind.

Das ohmsche Gesetz

Die Werte des Quotienten aus Stromstärke und Spannung sind immer gleich groß. Der Wert des Quotienten ist konstant. Daraus ergibt sich, dass die Stromstärke proportional zur Spannung ist. Auch bei anderen Längen oder Querschnittsflächen des Konstantandrahtes bleibt der Wert des Quotienten konstant. Diese Gesetzmäßigkeit zwischen Stromstärke und Spannung heißt **ohmsches Gesetz.**

Ohmsches Gesetz: $I \sim U$, $\frac{I}{U}$ = konstant

Gültigkeit des ohmschen Gesetzes

Bei metallischen Leitern aus Eisen, Kupfer oder Aluminium steigt der Widerstand an, wenn sich ihre Temperatur erhöht. Eine Erhöhung der Spannung in gleichen Schritten bewirkt eine immer geringere Zunahme der Stromstärke (→ Bild 2).
Das ohmsche Gesetz gilt also nur, wenn sich der metallische Leiter nicht wesentlich erwärmt. Konstantan stellt für Metalle einen Sonderfall dar.

Die elektrische Leitfähigkeit

Der Quotient $\frac{I}{U}$ gibt an, wie gut ein Leitermaterial den elektrischen Strom leitet. Er heißt **elektrische Leitfähigkeit.** Je besser ein elektrischer Leiter den Strom leitet, desto höher ist der Wert des Quotienten.

Der elektrische Widerstand

Der Kehrwert der elektrischen Leitfähigkeit ist der **elektrische Widerstand.** Er beschreibt, wie stark die Elektronen auf dem Weg durch den metallischen Leiter gebremst werden. Der Quotient aus $\frac{U}{I}$ gibt an, wie groß der Widerstand ist. Er hat das Formelzeichen ***R*.**
Die Einheit des elektrischen Widerstandes ist **Ω (griechisch, gesprochen: Ohm).** Sie wurde nach dem deutschen Physiker GEORG SIMON OHM (1789 – 1854) benannt.
Ein Leiter hat den elektrischen Widerstand 1 Ω, wenn bei einer Spannung von 1 V die Stromstärke 1 A beträgt.

Der Widerstand eines metallischen Leiters im Teilchenmodell

In einem metallischen Leiter stoßen die freien Elektronen auf dem Weg durch den Leiter mit den Atomrümpfen des Metallgitters zusammen. Dadurch werden sie in ihrer Bewegung gebremst. Die Zusammenstöße verursachen Schwingungen der Atomrümpfe. Die Temperatur des Leiters steigt. Je heftiger die Atomrümpfe schwingen, desto weniger Elektronen kommen in der gleichen Zeit durch den Leiter. Die Stromstärke nimmt immer weniger zu.

Name: elektrischer Widerstand
Formelzeichen: R
Berechnung: $R = \frac{U}{I}$
Einheit: $\frac{\text{V}}{\text{A}} = \Omega$ (Ohm)
Weitere Einheiten: 1000 Ω = 1 kΩ
1000 kΩ = 1 MΩ

Berechnung von Spannung, Stromstärke oder Widerstand

Mit der Gleichung $R = \frac{U}{I}$ kannst du eine der drei Größen berechnen, wenn die beiden anderen Größen gegeben sind. Dazu musst du die Gleichung nach der gesuchten Größe umstellen.

elektrischer Widerstand: $R = \frac{U}{I}$
elektrische Spannung: $U = I \cdot R$
elektrische Stromstärke: $I = \frac{U}{R}$

1 Beschreibe das ohmsche Gesetz mit eigenen Worten.

2 **a)** Beschreibe den Verlauf des Graphen in einem *U*-*I*-Diagramm für einen Konstantandraht.
b) Begründe die Gültigkeit des ohmschen Gesetzes für Konstantan.

Starthilfe zu 2b):
Benutze bei deiner Beschreibung den Begriff Proportionalität.

3 Begründe die Gültigkeit des ohmschen Gesetzes für Konstantan im Vergleich mit anderen metallischen Leitern.

4 Beschreibe die Bedeutung der Proportionalität
a) zwischen der Stromstärke und der Spannung und
b) zwischen der Spannung und Stromstärke für einen metallischen Leiter.

»

FORSCHEN UND ENTDECKEN

A Das ohmsche Gesetz für einen Konstantandraht

Material: Elektrizitätsquelle, 2 Vielfachmessgeräte, Stativfüße mit Isolatoren, Experimentierkabel, Konstantandraht (d = 0,2 mm, ℓ = 0,5 m)

Durchführung:

Schritt 1: Baue einen Stromkreis mit einem Konstantandraht als Leiter auf (→ Bild 1).

Schritt 2: Schalte Vielfachmessgeräte zur Messung von Spannung und Stromstärke in den Stromkreis.

Schritt 3: Erhöhe die Spannung schrittweise um 0,5 V bis 5 V. Lies die Höhe der Stromstärke ab und trage die Werte in die Tabelle ein (→ Bild 2).

Zusatz: Wiederhole die Schritte für Konstantandraht (d = 0,2 mm, ℓ = 1,0 m).

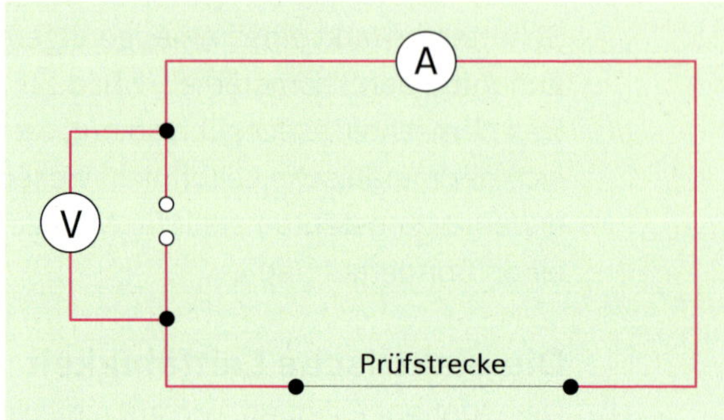

1 Spannung und Stromstärke werden gemessen.

U in V	0	0,5	1,0	1,5	2,0	2,5	3,0
I in A	0						
$\frac{U}{I}$ in $\frac{V}{A}$	–						

2 Messwerttabelle

1 Berechne die Werte der Quotienten von Spannung und Stromstärke und vergleiche sie.

2 **a)** Zeichne das U-I-Diagramm und beschreibe den Graphen.
II **b)** Interpretiere den Graphen und formuliere einen mathematischen Zusammenhang.

3 **Zusatz:** Vergleiche den Verlauf beider Graphen. Formuliere ein Ergebnis und interpretiere es.

B Gilt das ohmsche Gesetz auch für Leiter aus anderen Metallen?

Material: Elektrizitätsquelle, 2 Vielfachmessgeräte, Stativfüße mit Isolatoren, Experimentierkabel, Eisendraht, Aluminiumdraht, Kupferdraht (jeweils d = 0,2 mm, ℓ = 0,5 m)

Durchführung:

Schritt 1: Wiederhole die Schritte 1 bis 3 aus Versuch A mit einem Eisendraht.

Schritt 2: Wiederhole Schritt 1 mit einem Aluminiumdraht.

Schritt 3: Wiederhole Schritt 1 mit einem Kupferdraht.

1 **a)** Berechne für die Drähte jeweils die Werte des Quotienten U _ I und vergleiche sie.
b) Trage die drei Messreihen in ein U-I-Diagramm ein.
c) Beschreibe und vergleiche die Graphen.

2 Formuliere die Versuchsergebnisse für die Gültigkeit des ohmschen Gesetzes der untersuchten metallischen Leiter.

3 II Begründe anhand des U-I-Diagramms aus Aufgabe 1b), dass die elektrische Leit-fähigkeit von Kupfer besser ist als die von Aluminium und Eisen.

4 III Interpretiere den Verlauf der Graphen im U-I-Diagramm der metallischen Leiter mit dem Teilchenmodell.

ÜBEN UND ANWENDEN

A Überprüfe, ob das ohmsche Gesetz gilt!

1 Die Tabelle 1 enthält Messwerte für die Spannung und die Stromstärke für einen elektrischen Leiter. Überprüfe durch Berechnung, ob für diesen Leiter das ohmsche Gesetz gilt. Bilde dazu den Quotienten $\frac{U}{I}$.

2 Die Tabellen 2 und 3 enthalten Messwerte für andere elektrische Leiter.
a) Trage beide Messreihen in dasselbe *U*-*I*-Diagramm ein.
b) Begründe, ob für diese elektrischen Leiter das ohmsche Gesetz gilt.

U in V	0	0,64	1,66	4,23	10,8	27,65
I in A	0	0,25	0,64	1,64	4,2	10,75

3 Tabelle 1

U in V	0	0,8	1,6	2,4	3,2	4,0
I in A	0	0,3	0,6	0,9	1,2	1,5

4 Tabelle 2

U in V	0	0,42	0,84	1,26	1,68	2,1
I in A	0	0,18	0,38	0,72	1,16	1,4

5 Tabelle 3

B Berechne die fehlende Größe!

Beispielaufgabe

Ein Bügeleisen wird im Haushaltsnetz an eine elektrische Spannung von 230 V angeschlossen. Während des Betriebs beträgt die elektrische Stromstärke 4,4 A. Berechne die Größe des elektrischen Widerstandes *R*.

geg.: $U = 230\ \text{V}, I = 4{,}4\ \text{A}$ **ges.:** *R*

Lösung: $R = \frac{U}{I}$

$R = \frac{230\ \text{V}}{4{,}4\ \text{A}}$

$R = 52{,}27\ \Omega$

Antwort: Der Widerstand des Bügeleisens beträgt 52 Ω.

Starthilfe zu 1:
$R = \frac{U}{I}, U = I \cdot R, I = \frac{U}{R}$

1 Berechne die fehlenden Werte.

Spannung *U*	Stromstärke *I*	Widerstand *R*
	0,55 A	200 Ω
1 kV		0,1 kΩ
12 V	10 mA	

2 Ein Lötkolben für feine Lötarbeiten hat bei Betrieb einen Widerstand von 29 Ω. Die Stromstärke beträgt 415 mA. Berechne die Größe der Spannung, an die der Lötkolben angeschlossen ist.

3 Ein Glätteisen wird an eine Spannung von 230 V angeschlossen. Es hat einen elektrischen Widerstand von 294 Ω. Berechne die Größe der Stromstärke.

4 Ein Mini-Raclette wird üblicherweise an eine Spannung von 230 V angeschlossen. Es hat einen Widerstand von 151 Ω.
a) Berechne die Stromstärke, wenn es auf dem Campingplatz versehentlich an 12 V angeschlossen wird.
b) Gib die Veränderung der Stromstärke in Prozent (%) an.

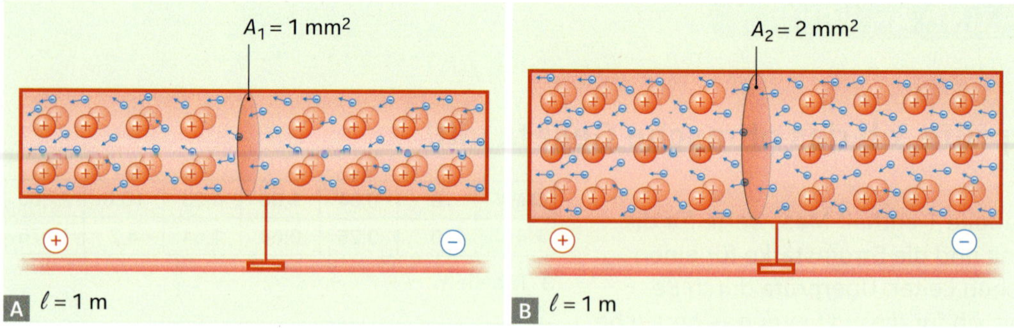

1 Elektronen im Metallgitter: **A** mit einfacher Querschnittsfläche, **B** mit doppelter Querschnittsfläche

Die Abhängigkeiten des elektrischen Widerstandes

Elektronenstrom und Widerstand

In einem Stromkreis behindert der Widerstand des Leiters den Elektronenstrom. Die Stromstärke ist damit abhängig von der Größe des Widerstandes. Ein geringer Widerstand ermöglicht einen großen Elektronenstrom und umgekehrt. Dabei ist die Größe des Widerstandes abhängig von mehreren Faktoren.

Widerstand und Länge

In einem Stromkreis muss der Elektronenstrom eine Strecke überwinden. Mit zunehmender Leiterlänge stoßen die Elektronen mit mehr Atomrümpfen zusammen. Dadurch steigt der Widerstand kontinuierlich an. Die Zunahme ist proportional zur Länge des Leiters. Es gilt: $R \sim \ell$

Widerstand und Querschnittsfläche

Für die Größe des Elektronenstromes im Leiter ist auch die Querschnittsfläche entscheidend. Eine doppelte Querschnittsfläche ermöglicht einen doppelten Elektronenstrom. Damit halbiert sich der Widerstand bei doppelter Querschnittsfläche (→ Bild 1). Das Verhältnis des Widerstandes zur Querschnittsfläche ist antiproportional. Es gilt: $R \sim \frac{1}{A}$

Widerstand und Material

Elektrische Leiter bestehen aus unterschiedlichen Materialien. Die Materialien unterscheiden sich dadurch, wie stark sie einen Elektronenstrom bremsen. Damit die Werte unterschiedlicher Materialien verglichen werden können, werden sie jeweils für einen Leiter mit einer Länge $\ell = 1$ m und einer Querschnittsfläche $A = 1\ \text{mm}^2$ bestimmt. Der so ermittelte Wert heißt **spezifischer Widerstand ϱ** (griechisch, gesprochen: rho). Er ist eine Materialkonstante, die jeden Stoff charakterisiert.

Name: spezifischer Widerstand
Formelzeichen: ϱ (rho)
Einheit: $\Omega \cdot \frac{\text{m}}{\text{mm}^2}$

Das Widerstandsgesetz

Mithilfe des spezifischen Widerstandes lässt sich das **Widerstandsgesetz** ableiten. Dabei werden die Materialgrößen eines elektrischen Leiters berücksichtigt. Dieser Wert entspricht dem Widerstand, den du mithilfe des ohmschen Gesetzes experimentell bestimmt hast.

Widerstandsgesetz: $R = \varrho \cdot \frac{\ell}{A}$

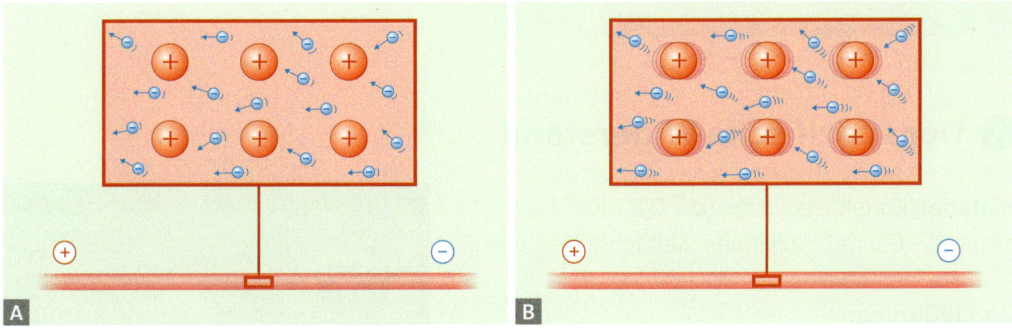

2 Metallgitter: **A** im kalten Zustand, **B** im warmen Zustand

Widerstand und Temperatur

Bei einigen metallischen Leitern, beispielsweise aus Eisen, Aluminium oder Kupfer, ist die Größe des Widerstandes auch von der Temperatur abhängig. Je höher die Temperatur des Leiters ist, desto größer ist der Widerstand.
Die Temperaturerhöhung wird dabei durch eine hohe Stromstärke hervorgerufen. Bei einer höheren Stromstärke strömen mehr Elektronen durch den Leiter. Je mehr Elektronen sich bewegen, desto häufiger kommt es zu Zusammenstößen mit den Atomrümpfen. Bei jedem Zusammenstoß entsteht Wärme. Ihre Menge ist abhängig von der Anzahl der Zusammenstöße.

Das Material Konstantan bildet eine Ausnahme. Sein Widerstand erhöht sich nicht, wenn sich die Temperatur des Leiters erhöht.

Die Erhöhung des Widerstandes

Bild 2A zeigt einen kalten metallischen Leiter. Die freien Elektronen bewegen sich auf dem Weg vom Minuspol zum Pluspol der Elektrizitätsquelle zwischen den Atomrümpfen im Metallgitter. Bei jedem Zusammenstoß mit einem Atomrumpf entsteht Wärme. Die zunehmende Wärme bewirkt, dass die Atomrümpfe heftiger um ihre Ruhelage schwingen (→ Bild 2B). Die freien Elektronen stoßen noch häufiger mit den Atomrümpfen zusammen. Ihre Bewegung wird gebremst. Der Widerstand des Leiters erhöht sich also mit seiner Temperatur.

Der **ohmsche Widerstand** eines metallischen Leiters ist abhängig von
- dem Material,
- der Länge,
- der Querschnittsfläche,
- der Temperatur.

1 Beschreibe für einen metallischen Leiter die Wirkung eines Widerstandes für den Elektronenstrom.

Starthilfe zu 1:
Orientiere dich an der allgemeinen Bedeutung des Wortes Widerstand.

2 **a)** Beschreibe die Abhängigkeit des Widerstandes eines Leiters von der Länge in einem Je-desto-Satz.
b) Beschreibe die Abhängigkeit des Widerstandes eines Leiters von seiner Querschnittsfläche in einem Je-desto-Satz.
c) Erkläre die Abhängigkeiten des Widerstandes eines Leiters.

3 Begründe den Einfluss der Temperatur eines Leiters auf den Elektronenstrom mithilfe des Gittermodells für Metalle.

4 Stelle die Formel $R = \varrho \cdot \frac{\ell}{A}$ nach allen Größen um. Betrachte dabei auch die Einheiten.

»

FORSCHEN UND ENTDECKEN

A Der spezifische Widerstand

Material: Konstantandraht ($d = 0{,}2$ mm), Eisendraht ($d = 0{,}2$ mm), digitales Vielfachmessgerät

Durchführung:

Schritt 1: Spanne den Konstantandraht mit $\ell = 1$ m in eine Prüfstrecke (→ Bild 1).

Schritt 2: Miss mit dem Vielfachmessgerät den Wert des Widerstandes. Beginne mit dem kleinsten Messbereich.

Schritt 3: Wiederhole die Schritte 1 und 2 mit einem Konstantandraht mit $\ell = 0{,}5$ m.

Schritt 4: Wiederhole die Schritte 1 und 2 mit zwei Konstantandrähten mit $\ell = 1$ m, die parallel in die Prüfstrecke eingespannt werden.

Schritt 5: Wiederhole die Schritte 1 bis 4 mit Eisendraht.

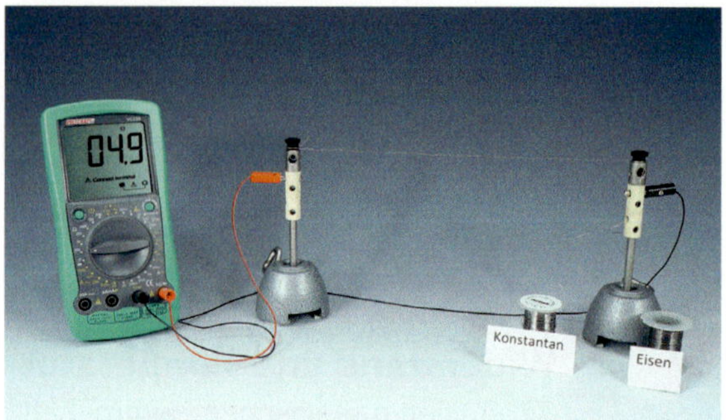

1 Prüfstrecke mit Konstantandraht

ℓ in m	A in mm^2	R in Ω	$\varrho = R \cdot \frac{A}{\ell}$ in $\Omega \cdot \frac{mm^2}{m}$
1,0			
0,5			
1,0			

2 Messwerttabelle für Konstantan

1 **a)** Beschreibe den Einfluss der Länge eines Leiters auf die Größe des Widerstandes.
b) Beschreibe den Einfluss der Querschnittsfläche eines Leiters auf die Größe des Widerstandes.

2 **II** Bestimme für die Drähte ihren spezifischen Widerstand und vergleiche sie mit den Tabellenwerten $\varrho_{Konstantan} = 0{,}5\ \Omega \cdot \frac{mm^2}{m}$ und $\varrho_{Eisen} = 0{,}1\ \Omega \cdot \frac{mm^2}{m}$.

3 **III** Beschreibe die Änderung des Widerstandes, wenn die Länge verdoppelt und die Querschnittsfläche halbiert wird.

B Der Widerstand und die Temperatur

Material: Eisendraht ($d = 0{,}2$ mm), digitales Vielfachmessgerät, Gasbrenner, Stift

Durchführung:

Schritt 1: Wickle einen 1 m langen Eisendraht über einen Stift zu einer Wendel.

Schritt 2: Spanne die Wendel in die Prüfstrecke (→ Bild 2). Miss den Widerstand.

Schritt 3: Erwärme die Drahtwendel vorsichtig mit der Gasflamme. Beobachte dabei die Anzeige des Messgerätes.

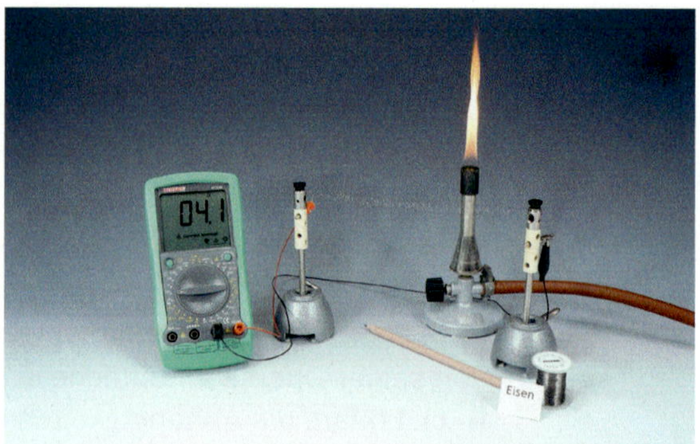

3 Ein Eisendraht wird vorsichtig erwärmt.

1 Beschreibe den Einfluss der Temperatur auf den Widerstand eines Leiters.

2 **II** Erläutere den Einfluss der Temperatur auf den Widerstand mit dem Teilchenmodell.

ÜBEN UND ANWENDEN

A Berechnungen zum Widerstandsgesetz

Beispielaufgabe
Ein Kupferdraht hat eine Länge von 5 m und eine Querschnittsfläche von 1,5 mm². Berechne die Größe seines Widerstandes *R*.

geg.: $\ell = 5\ \text{m}$, $A = 1{,}5\ \text{mm}^2$, $\varrho = 0{,}018\ \Omega \cdot \frac{\text{mm}^2}{\text{m}}$
ges.: *R*
Lösung: $R = \varrho \cdot \frac{\ell}{A}$

$R = 0{,}018\ \Omega \cdot \frac{\text{mm}^2}{\text{m}} \cdot \frac{5\ \text{m}}{1{,}5\ \text{mm}^2}$

$R = 0{,}06\ \Omega$

Antwort: Ein Kupferleiter mit einer Länge von 5 m und einer Querschnittsfläche von 1,5 mm² hat einen Widerstand von 0,06 Ω.

Material	spezifischer Widerstand ϱ in $\Omega \cdot \frac{\text{mm}^2}{\text{m}}$
Silber	0,016
Zinn	0,11
Kupfer	0,017
Messing	0,07
Gold	0,022
Aluminium	0,027
Grafit	8,00
Zink	0,061
Blei	0,208
Eisen	0,10
Platin	0,107

4 Spezifische Widerstände von Leitermaterialien

1 **a)** Die Tabelle 4 zeigt die spezifischen Widerstände verschiedener Materialien. Ordne sie nach der Größe.
b) Erkläre mit deiner Tabelle aus a) die Bedeutung des spezifischen Widerstandes für den ohmschen Widerstand eines metallischen Leiters.

2 **I** Ein Aluminiumdraht hat eine Länge von 125 m und eine Querschnittsfläche von 1,5 mm². Berechne die Größe seines ohmschen Widerstandes.

5 Zwei Leiter in einem Lautsprecherkabel

3 Lautsprecher sollen über ein Kabel wie in Bild 5 mit einer Querschnittsfläche von 2 · 4 mm² angeschlossen werden. Eine einfaches Kabel hat zum Vergleich eine Querschnittsfläche von 2 · 0,75 mm². Das Material in beiden Kabeln ist Kupfer.
II a) Berechne für eine Kabellänge von 15 m die Widerstände für beide Kabelarten und vergleiche sie.
III b) Gib den Unterschied in Prozent (%) bezogen auf den Widerstand des einfachen Kabels an.

Starthilfe zu 3 und 5:
Benutze zur Bestimmung des Materials die Tabelle in Bild 4.

4 **II** Eine zweiadrige Hochspannungsleitung für eine Spannung von 10 kV hat eine Länge von 5 km. Das Leitermaterial ist Aluminium. Eine Leitung hat einen Widerstand von 3 Ω. Berechne die Querschnittsfläche der Hochspannungsleitung.

Starthilfe zu 4:
Bei einem zweiadrigen Kabel müssen die Hinleitung und die Rückleitung berücksichtigt werden.

5 **III** Der Draht für einen elektrischen Weidezaun hat eine Länge von 700 m. Die Querschnittsfläche beträgt 2,5 mm². Der Draht hat einen Widerstand von 28 Ω. Bestimme mithilfe einer Rechnung das Material.

1 Festwiderstände

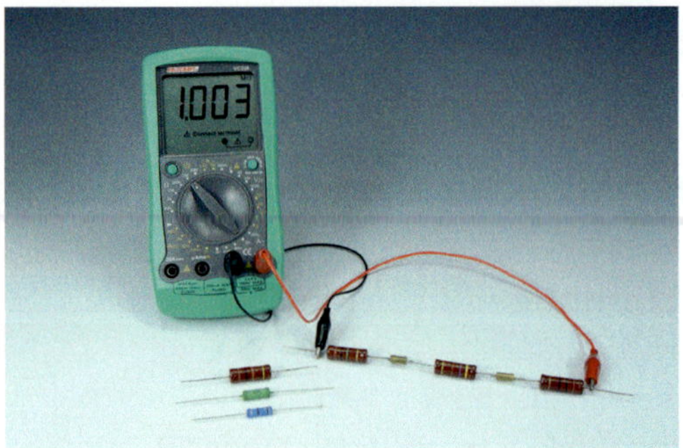

2 Festwiderstände in einer Reihenschaltung

Die Widerstände in der Reihenschaltung und Parallelschaltung

Widerstände als Bauteile

Das Wort Widerstand wird im doppelten Sinn verwendet. Wie du schon weißt, bezeichnet es die Eigenschaft eines elektrischen Leiters. Es wird aber auch für die Bezeichnung von Bauteilen verwendet. Diese Bauteile heißen **Festwiderstände.** Sie sind aus unterschiedlichen Materialien hergestellt und haben feste Widerstandswerte (→ Bild 1).

Der Wert eines Festwiderstandes

Der Widerstandswert eines Festwiderstands kann mit einem digitalen Vielfachmessgerät gemessen werden. Dazu muss das Bauteil über Messkabel an die entsprechenden Anschlüsse des Messgerätes angeschlossen werden. Im Display wird der Widerstandswert in Ω angezeigt.

Widerstände in der Reihenschaltung

Mehrere Widerstände, die hintereinander geschaltet sind, bilden eine Reihenschaltung (Bild → 2). Mit jedem weiteren Widerstand, der dazu geschaltet wird, erhöht sich der angezeigte Wert. Der Wert des **Gesamtwiderstandes** einer Reihenschaltung aus mehreren Widerständen ist so groß wie die Summe der einzelnen Widerstandswerte.

Den Ersatzwiderstand berechnen

Mehrere in Reihe geschaltete Einzelwiderstände können durch einen Widerstand ersetzt werden. Dazu muss die Summe der Einzelwerte mit dem Wert dieses **Ersatzwiderstandes** übereinstimmen. In Schaltungen kann er anstelle der Einzelwiderstände eingebaut werden.

Für die Berechnung werden die Einzelwerte addiert. Sie ergeben den Wert des **Ersatzwiderstandes R_{Ersatz}**, der dem Wert des Gesamtwiderstandes R_{ges} für die Reihenschaltung entspricht (Bild → 3).

Ersatzwiderstand in einer Reihenschaltung von Widerständen:

$$R_{ges} = R_1 + R_2 + R_3$$

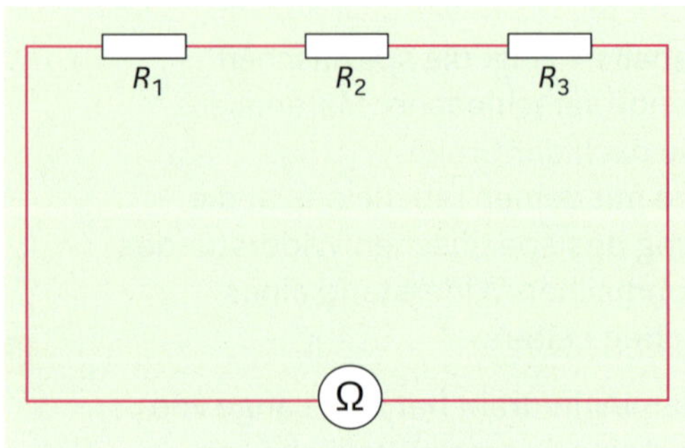

3 Messen des Gesamtwiderstandes einer Reihenschaltung von Widerständen

Widerstände in der Parallelschaltung

Für Widerstände, die parallel geschaltet sind, kann ebenfalls ein Ersatzwiderstand bestimmt werden (→ Bild 4). Werden zwei gleich große Widerstände parallel geschaltet, zeigt das Display einen Wert an, der der Hälfte des Einzelwertes entspricht. Wird ein weiterer Widerstand gleicher Größe hinzugeschaltet, beträgt der Gesamtwiderstand ein Drittel des Einzelwertes. Sind die Einzelwiderstände nicht gleich groß, ist der Ersatzwiderstand kleiner als der kleinste Einzelwiderstand.

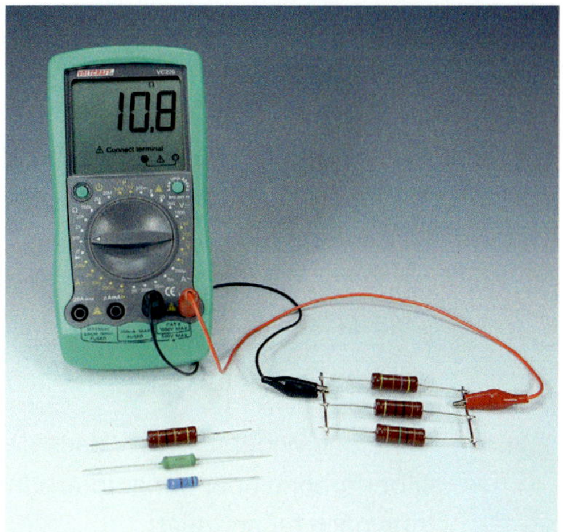

4 Festwiderstände in einer Parallelschaltung

Den Ersatzwiderstand berechnen

Für die Berechnung des Ersatzwiderstandes in einer Parallelschaltung werden die Kehrwerte der Einzelwiderstände addiert. Zur Bestimmung des Ersatzwiderstandes R_{Ersatz} für die Parallelschaltung muss dann der Kehrwert gebildet werden.

Ersatzwiderstand in einer Parallelschaltung von Widerständen:

$$\frac{1}{R_{ges}} = \frac{1}{R_1} + \frac{1}{R_2} + \frac{1}{R_3}$$

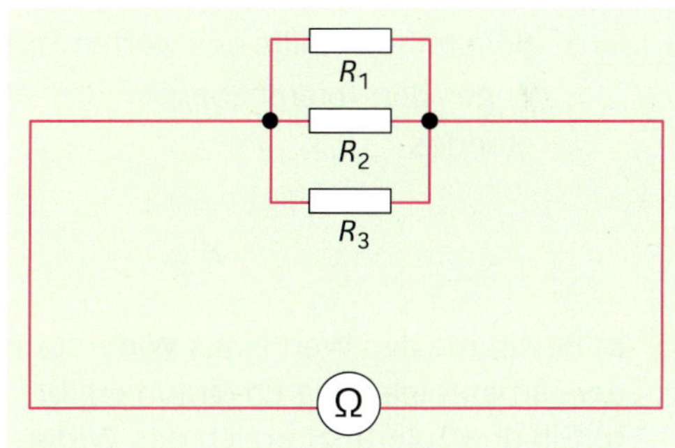

5 Messen des Gesamtwiderstandes einer Parallelschaltung von Widerständen

Starthilfe zu 2 und 4:
Benutze die folgenden Schaltzeichen.

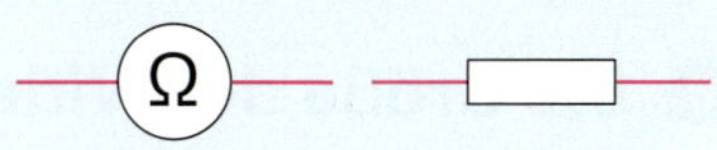

1 Erläutere die doppelte Bedeutung des Wortes Widerstand für einen Stromkreis.

2 In einer Reihenschaltung mit 3 Widerständen wird der Ersatzwiderstand gemessen. Zeichne den Schaltplan.

3 a) Zwei Widerstände mit 200 Ω und 3000 Ω sind in Reihe geschaltet. Berechne den Ersatzwiderstand.
b) Drei Widerstände mit 27 Ω, 80 Ω und 4,5 kΩ sind in Reihe geschaltet. Berechne den Ersatzwiderstand.

4 In einer Parallelschaltung mit 3 Widerständen wird der Gesamtwiderstand gemessen. Zeichne den Schaltplan.

5 a) Zwei Widerstände mit 5 Ω und 20 Ω sind parallel geschaltet. Berechne den Ersatzwiderstand.
b) Drei Widerstände mit 20 Ω, 30 Ω und 60 Ω sind parallel geschaltet. Berechne den Ersatzwiderstand.

6 Begründe, dass für die Widerstandsmessungen mit einem digitalen Vielfachmessgerät keine separate Elektrizitätsquelle notwendig ist.

»

ÜBEN UND ANWENDEN

A Die Kennzeichnung von Festwiderständen

Material: Festwiderstände verschiedener Größe mit vier Ringen, Tabelle mit dem internationalen Widerstandsfarbcode (→ Bild 1)

Durchführung:

Schritt 1: Halte den Widerstand so, dass der silberfarbene oder der goldfarbene Ring nach rechts zeigt.

Schritt 2: Starte links! Lies den ersten, zweiten und dritten Farbring ab und ordne ihm die Ziffer aus der Farbcodetabelle zu.

Schritt 3: Bestimme mithilfe des vierten Farbringes den Toleranzbereich des Widerstandes.

schwarz	0	0	·1	
braun	1	1	·10	± 1 %
rot	2	2	·100	± 2 %
orange	3	3	·1000	
gelb	4	4	·10 000	
grün	5	5	·100 000	
blau	6	6	·1 000 000	
violett	7	7	·10 000 000	
grau	8	8	·100 000 000	
weiß	9	9	·1 000 000 000	
gold			:10	± 5 %
silber			:100	± 10 %

1 Farbcode für Widerstände mit vier Ringen

1 a) Bestimme den Wert eines Widerstandes, der sich aus der Farbenfolge rot-grün-braun ergibt.
b) Gib den Toleranzbereich des Widerstandes an, wenn der vierte Ring silberfarben ist.
II c) Gib den Widerstandswert der Toleranz aus b) in Ω an. Erkläre das Ergebnis in Bezug auf die Angabe des Widerstandwertes in a).

Starthilfe zu 1 und 2:
Halte den Widerstand so, dass der silberne oder goldfarbene Ring nach rechts zeigt.

2 Bestimme für einen Widerstandswert von 470 Ω ± 5 % die Farbenfolge des Widerstandes.

B Die Größe der Widerstände an der Farbenfolge erkennnen

1 Bestimme mit dem Widerstandsfarbcode in Bild 1 den Widerstandswert, der sich
a) aus der Farbenfolge in Tabelle 1 ergibt.
b) aus der Farbenfolge in Tabelle 2 ergibt.

2 Bestimme die Farben der Ringe für einen Widerstand nach Tabelle 3.

3 Bestimme die Größe eines Widerstandes mit der Farbenfolge blau-grün-schwarz-silber.

4 **II** Bestimme die Farbenfolge für einen Widerstand mit 470 kΩ.

5 **II** Zeichne einen Widerstand mit einem Wert von 10 kΩ.

	1. Ring	2. Ring	3. Ring	4. Ring
Farbe	gelb	violett	braun	gold

2 Tabelle 1

	1. Ring	2. Ring	3. Ring	4. Ring
Farbe	blau	grün	orange	silber

3 Tabelle 2

	1. Ring	2. Ring	3. Ring	4. Ring
Farbe	3	5	10^5	5 %

4 Tabelle 3

IM ALLTAG

Widerstände gibt es in unterschiedlichen Bauformen

Schiebewiderstand

Ein langer Widerstandsdraht wird auf ein Keramikrohr gewickelt. Mit einem verschiebbaren Schleifkontakt kann die genutzte Länge des Widerstandsdrahtes in einem Stromkreis verändert werden. Mit verstellbaren Widerständen können die Spannung und die Stromstärke verändert werden. Schiebewiderstände werden als Schieberegler in Mischpulten eingesetzt

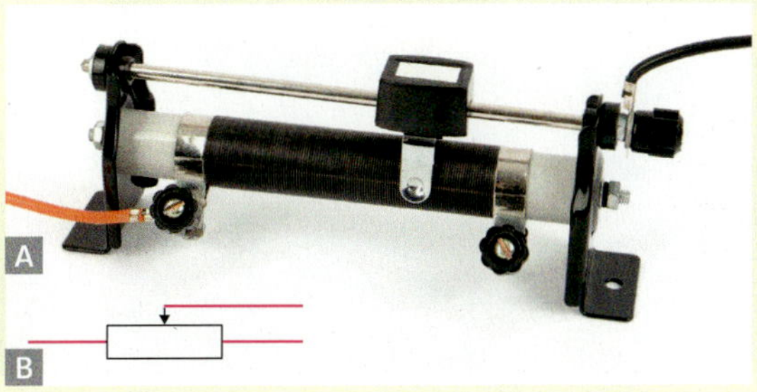

5 A Schiebewiderstand, **B** Schaltzeichen

Drahtpotenziometer

Um eine Keramikröhre ist ein Widerstandsdraht gewickelt. Seine Anschlüsse liegen bei A und B. Die mittlere Klemme C ist mit einem Schleifkontakt verbunden. Dieser lässt sich mit einer Achse drehen. Mit dem Schleifkontakt wird von dem Draht der Widerstandswert abgegriffen, der genutzt werden soll. Diese Schaltung heißt **Potenziometerschaltung.** Drahtpotenziometer werden als Lautstärkeregler eingesetzt.

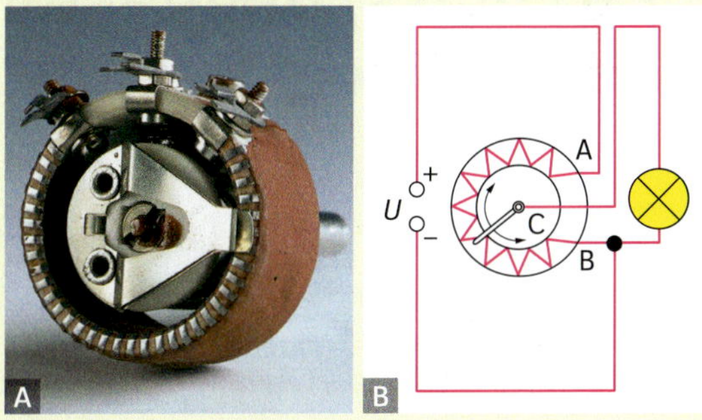

6 A Drahtpotenziometer, **B** Schaltplan

Schichtpotenziometer

Bei einem Schichtpotenziometer besteht die leitende Schicht aus Kohlenstoff oder einem Kunststoff, der leitendes Material enthält. Die Schicht ist ringförmig aufgetragen. Sie umfasst einen Kreisringausschnitt von 270°. Durch Drehen an der Stellschraube wird der genutzte Widerstandsbereich verändert. Die Einstellmöglichkeit ist nicht so genau wie bei einem Drahtpotenziometer. Sie werden als Helligkeitsregler eingesetzt.

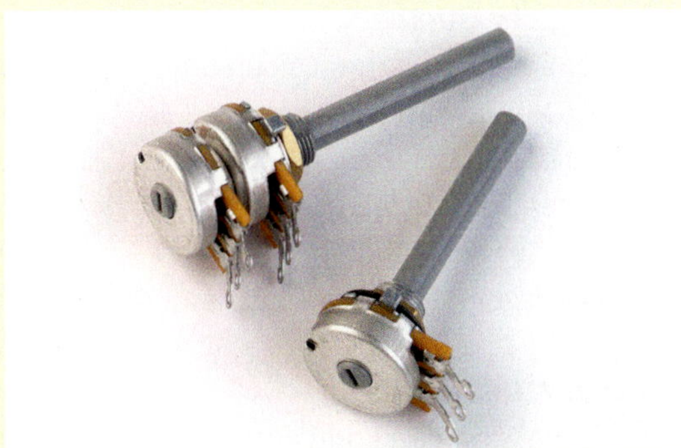

7 Schichtpotenziometer

1. Erkläre, dass ein Schiebewiderstand und ein Potenziometer drei Anschlüsse haben müssen.
2. Recherchiere elektrische Geräte, in denen Schichtpotenziometer eingebaut sind.
3. **III** Ein Schiebewiderstand aus Draht hat einen Widerstand von 1 kΩ. Gib den Widerstandswert an, der bei 75,5 % der Drahtlänge abgegriffen werden kann.

«

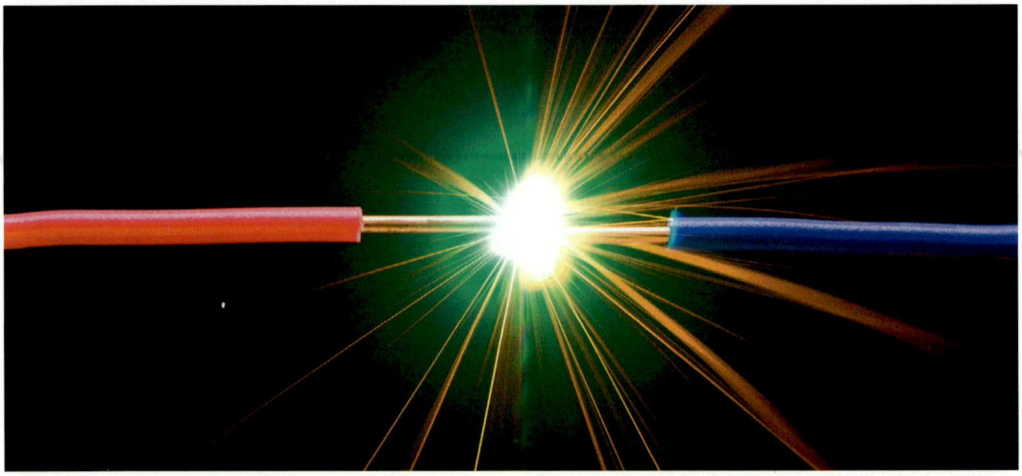

1 Bei einem Kurzschluss berühren sich Hinleitung und Rückleitung.

Kurzschluss, Überlastung und Berührung in einem Stromkreis

Ein Kurzschluss

Ein elektrischer Stromkreis besteht mindestens aus der Elektrizitätsquelle, einem Nutzer und den Leitungen. Bei einem **Kurzschluss** berühren sich die Leitungen direkt (Bild → 1). Die Elektronen fließen in einem solchen Fall direkt von der Hinleitung in die Rückleitung. Die Stromstärke steigt rasant an. Die Leitungen erwärmen sich stark, glühen und können sogar schmelzen. In einer Hausinstallation oder einem Auto hätte das gefährliche Folgen. Durch die Erwärmung der Kurzschlussstelle kann ein Brand ausgelöst werden.

Eine Überlastung

Eine ähnliche Situation kann entstehen, wenn zu viele elektrische Geräte parallel in einen Stromkreis geschaltet werden. Die Stromstärken der einzelnen Geräte addieren sich. Es kommt zu einer **Überlastung.** Die Stromstärke ist für die Leitung zu hoch. Sie erwärmt sich zu stark. Die Kunststoffisolierung der Leitung verschmort. Das erkennst du an der Geruchsbildung. Auch hier kann es zu einem Brand kommen.

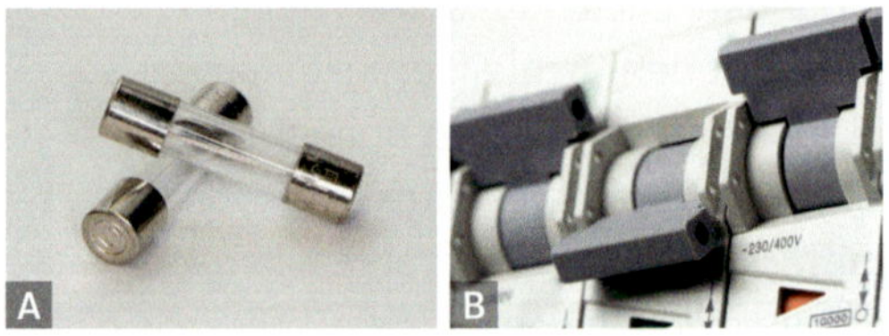

2 Sicherungen schützen den Stromkreis:
A Schmelzsicherung, **B** Sicherungsautomat

Die Sicherung

Bei Gefahr eines Kurzschlusses oder einer Überlastung muss der elektrische Stromkreis sofort unterbrochen werden. Dazu wird eine **Sicherung** in den Stromkreis eingebaut. Bei einer **Schmelzsicherung** ist es ein kurzes Leiterstück, das in einer Keramik- oder Glashülse eingebaut ist (→ Bild 2A). Es schmilzt bei einer bestimmten Stromstärke. Der Stromkreis wird unterbrochen. Die Schmelzsicherung muss dann ausgetauscht werden.
Zur Absicherung einer Hausinstallation werden meistens **Sicherungsautomaten** eingebaut (→ Bild 2B). Auch sie unterbrechen den Stromkreis. Sie können aber wieder eingeschaltet werden, wenn der Fehler beseitigt ist.

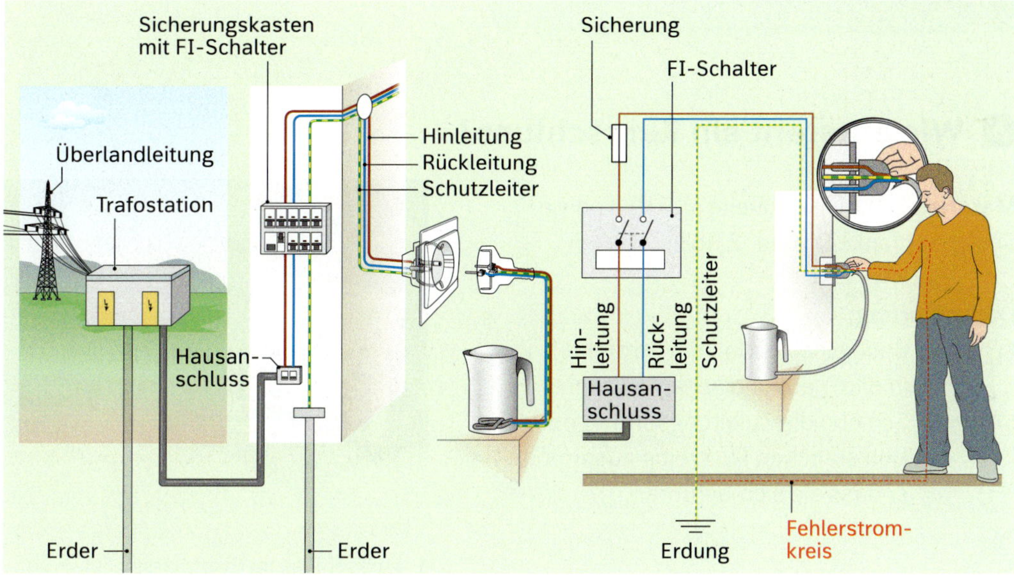

3 Sicherungen, der gelb-grüne Schutzleiter und der FI-Schalter schützen.

Der gelb-grüne Schutzleiter

Die Berührung Strom führender Teile ist für Menschen gefährlich. In jeder Hausinstallation wird neben der Hinleitung und der Rückleitung ein dritter Leiter mitgeführt. Er heißt **Schutzleiter** und ist **gelb-grün** gekennzeichnet. Dieser Leiter ist besonders wichtig für elektrische Geräte aus Metall. Er wird über den Stecker des Gerätes durch die gesamte Installation zu einem **Erder** im Erdreich geführt (→ Bild 3).

Wenn aufgrund eines Defektes einer der Leiter das Metallgehäuse des elektrischen Gerätes berührt, wird der Elektronenstrom über den gelb-grünen Schutzleiter in das Erdreich geleitet. Je nach Größe der Stromstärke unterbricht dann eine Sicherung den Stromkreis.

Der Fehlerstromschutzschalter

Für Menschen bietet ein **Fehlerstromschutzschalter,** der kurz **FI-Schalter** oder **RCD-Schalter** heißt, einen besseren Schutz. Dieses Gerät vergleicht die Stromstärken in der Hinleitung und in der Rückleitung. Wenn wegen eines Defektes ein Teil der Elektronen durch den Schutzleiter fließt, unterbricht der FI-Schalter den Stromkreis. Das Gleiche geschieht, wenn ein Mensch ein schadhaftes Gerät berührt. Dann fließen Elektronen über den menschlichen Körper zur Erde. Der FI-Schalter unterbricht schon bei einer Stromstärke von 30 mA den Stromkreis.

Schutzmaßnahmen vor Gefahren im Stromkreis: Sicherungen, gelb-grüner Schutzleiter und FI-Schalter.

1 Erkläre die Begriffe Kurzschluss und Überlastung mit eigenen Worten.

2 Beschreibe den Unterschied zwischen einer Überlastung und einem Kurzschluss in einem Stromkreis.

Starthilfe zu 2:
Betrachte die Höhe der Stromstärke.

3 **II** Beschreibe den Unterschied zwischen dem Leiter in einer Installation und dem Leiterstück in einer Schmelzsicherung.

4 **III** Die Berührung Strom führender Teile ist für Menschen gefährlich. Recherchiere die Auswirkungen von Stromstärken ab 10 mA auf den menschlichen Körper.

»

FORSCHEN UND ENTDECKEN

A Wie entsteht ein Kurzschluss?

Material: Elektrizitätsquelle (4,5 V), Lampe, Schalter, blanke Drähte, 2 Holzstäbchen

Durchführung:

Schritt 1: Baue einen einfachen Stromkreis wie in Bild 1 auf und schalte ihn ein.

Schritt 2: Schiebe die Zuleitungsdrähte mit den Holzstäbchen kurzzeitig zusammen, sodass sie sich berühren.

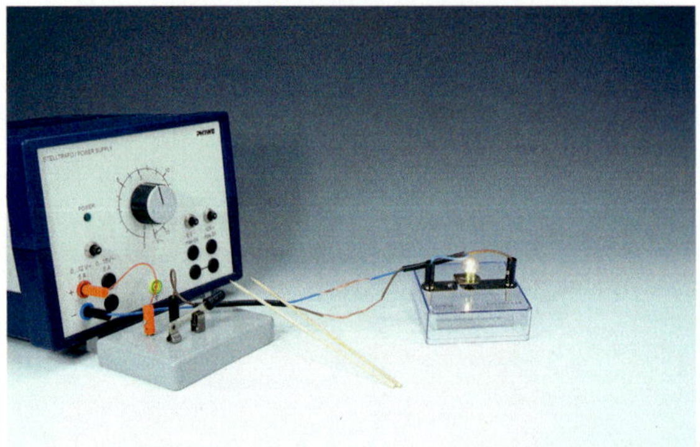

1 Kurzschluss im Stromkreis

1 Beschreibe deine Beobachtung.

2 Zeichne den Schaltplan zum Versuch vor und nach dem Zusammenschieben der Leitungen.

3 Beschreibe die Wirkung im Stromkreis, wenn die blanken Drähte sich berühren.

4 II Nenne Gefahren, die von einem Kurzschluss im Stromkreis ausgehen können.

B Schutz der elektrischen Leitung vor Überlastung

Material: Elektrizitätsquelle, mehrere Lampen, Schalter, Eisendraht (d = 0,2 mm, ℓ = 10 cm), Kupferdraht (d = 0,1 mm, ℓ = 10 cm)

Durchführung:

Schritt 1: Baue einen einfachen Stromkreis mit einem Eisendraht als Leiter auf (Bild → 2).

Schritt 2: Schalte nacheinander mehrere Lampen parallel zur ersten Lampe. Beobachte den Eisendraht.

Schritt 3: Wiederhole die Schritte 1 und 2 mit Kupferdraht.

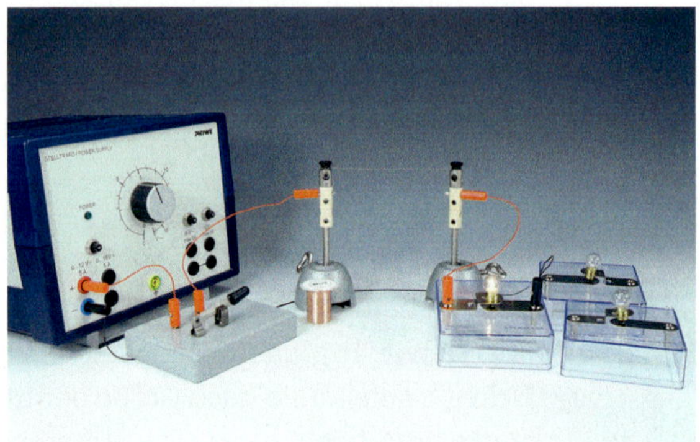

2 Überlastung im Stromkreis

1 Zeichne den Schaltplan zum Versuch.

2 **a)** Beschreibe das Verhalten des Eisendrahtes, wenn mehrere Lampen parallel dazugeschaltet werden.
b) Nenne die sich ändernde elektrische Größe im Stromkreis, wenn weitere Lampen parallel dazugeschaltet werden.

3 Beschreibe die Aufgabe, die der Kupferdraht im Stromkreis übernimmt.

4 II **a)** Drei Elektrogeräte mit Stromstärken von 4,5 A, 7,2 A und 10,4 A werden parallel geschaltet. Berechne die Gesamtstromstärke.
b) Nenne das Gerät, welches mindestens abgeschaltet werden muss, wenn der Stromkreis durch eine Sicherung von 16 A geschützt ist.

IM ALLTAG

Technische Schutzmaßnahmen

Knickschutz am Stecker

Flexible Anschlusskabel oder Verlängerungskabel werden häufig am Stecker geknickt. Dadurch wird die Isolierung brüchig. Dadurch können sich die blanken Leiterdrähte direkt berühren. Es kommt zu einem Kurzschluss. Durch einen **Knickschutz** kann der Bruch der Isolierung verhindert werden.

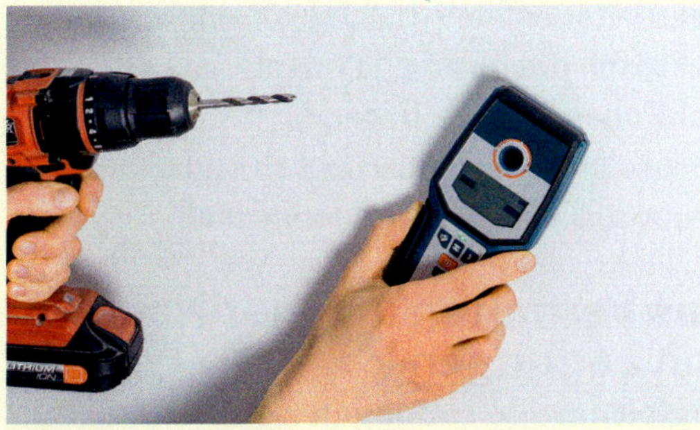

Kabelsuchgerät

Beim Bohren in einer Wand kann es passieren, dass eine elektrische Leitung getroffen wird. Wenn der Bohrer dabei die Leitungen blank reibt, kommt es zu einem Kurzschluss oder Kontakt zum gelb-grünen Schutzleiter. Deshalb sollte die Wandfläche vor dem Bohren mit einem **Kabelsuchgerät** nach Leitungen abgesucht werden.

Sicherungsschrank

Jede Elektroinstallation eines Hauses enthält einen **Sicherungskasten.** Dieser enthält den FI-Schalter und nachgeordneten Sicherungsautomaten. Bei einem Kurzschluss oder einer Überlastung klappt der Schalter nach unten und der Stromkreis ist unterbrochen. Ist die Ursache für das Auslösen beseitigt, kann der Schalthebel nach oben gedrückt werden. Der Stromkreis ist wieder geschlossen.

Schmelzsicherungen

Schmelzsicherungen gibt es in unterschiedlichen Formen und Größen. In elektronischen Geräten werden Feinsicherungen eingebaut. In Autos schützen Sicherungen vor einem Kabelbrand. In Häusern sind im Hausanschlusskasten zur Sicherheit nur Schmelzsicherungen eingebaut.

1 a) Zeichne den Aufbau einer Schmelzsicherung.
I b) Beschreibe den Vorgang in einer Schmelzsicherung bei einem Kurzschluss oder bei einer Überlastung im Stromkreis.

2 II Begründe, dass im Hausanschlusskasten nur Schmelzsicherungen eingebaut sein dürfen.

3 III Informiere dich im Internet über die Funktion eines Kabelsuchgerätes.

Auf einen Blick: Elektrizität und elektrische Energie

Die elektrische Ladung

Elektrizität entsteht durch die Trennung von **elektrisch positiven** und **negativen Ladungen.** **Elektronen** sind die Träger der negativen Ladung. Sie sind im Leiter frei beweglich und bilden im Stromkreis einen **Elektronenstrom.**

Das Verhalten und der Nachweis von Ladungen

Ungleichartige Ladungen ziehen sich an.
Gleichartige Ladungen stoßen sich ab.
Elektroskop: Der Zeiger bewegt sich aufgrund der Abstoßung gleichartiger Ladungen.
Glimmlampe: Es leuchtet die Elektrode auf, die Elektronen abgibt. Damit kann die Art der Ladung bestimmt werden.

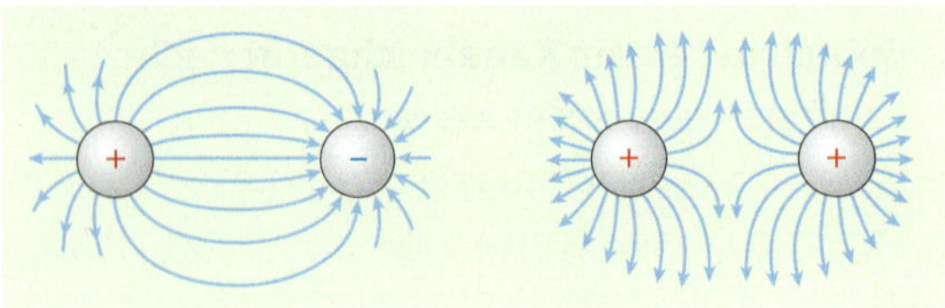

Das elektrische Feld

Zwischen elektrisch geladenen Körpern entsteht ein **elektrisches Feld.** Die Wechselwirkung zwischen den Körpern wird durch **Feldlinien** dargestellt. Sie sind ein **physikalisches Modell.**

Die elektrische Stromstärke

Die **elektrische Stromstärke** ist ein Maß für die Anzahl der Elektronen, die in einer bestimmten Zeit durch die Querschnittsfläche eines Leiters fließen.

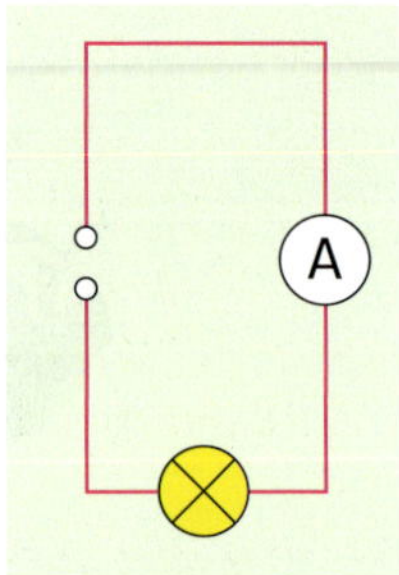

Die elektrische Spannung

Die **elektrische Spannung** gibt die Potenzialdifferenz zwischen dem Pluspol und dem Minuspol einer Elektrizitätsquelle an. Sie ist der Antrieb für die Elektronen.

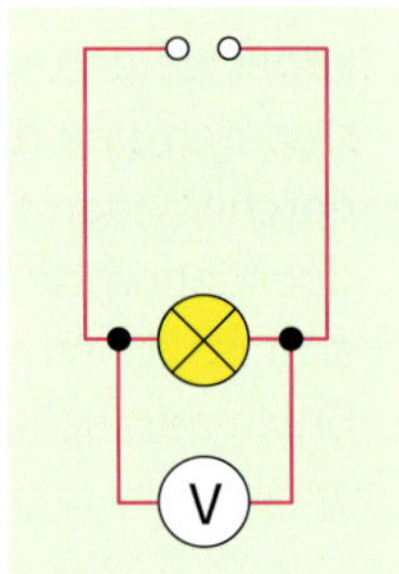

Die elektrische Energie und die elektrische Leistung

Elektrische Geräte wandeln die **elektrische Energie *E*** in eine andere Form von Energie um. Die Menge der Energie, die dabei in einer bestimmten Zeit durch ein Gerät strömt, heißt **elektrische Leistung *P*** oder **Energiestromstärke.**

Name	Größe	Einheit	Gesetz
elektrische Spannung	U	V (Volt)	in Reihe: $U_{ges} = U_1 + U_2$, parallel: $U_{ges} = U_1 = U_2$
elektrische Stromstärke	I	A (Ampere)	in Reihe: $I_{ges} = I_1 = I_2$, parallel: $I_{ges} = I_1 + I_2$
elektrische Leistung, (Energiestromstärke)	P	W (Watt)	$P_{el} = U \cdot I$, $P_{el} = \frac{E_{el}}{t}$
elektrische Energie	E	J (Joule), Ws (Wattsekunde), kWh (Kilowattstunde)	$E_{el} = P_{el} \cdot t$, $E_{el} = U \cdot I \cdot t$

WICHTIGE BEGRIFFE

- positive und negative Ladungen
- Ladungstrennung, Ladungsausgleich
- Elektronen, Elektronenstrom
- Elektroskop, Glimmlampe
- elektrisches Feld, Modell Feldlinien

WICHTIGE BEGRIFFE

- elektrische Stromstärke I
- elektrische Spannung U
- Potenzialdifferenz, Elektrizitätsquelle
- elektrische Energie E
- Energiestromstärke (elektrische Leistung) P

Der Energietransport

Die elektrische Energie bewegt sich **gerichtet** von der Elektrizitätsquelle zum Nutzer. Der Nutzer wandelt sie in Energie anderer Form um.

Energiemanagement

Die elektrische Energie wird von den Energieversorgungsunternehmen bereitgestellt. Die Menge der für einen Haushalt gelieferten Energie wird mit einem **Elektrizitätszähler** in der **Einheit kWh** gemessen.

Elektrische Energie muss sparsam genutzt werden. Dafür sind elektrische Geräte in **Energieeffizienzklassen** eingeteilt.

Das ohmsche Gesetz

Ohmsches Gesetz: In einem Stromkreis ist die Stromstärke proportional zur Spannung.
Es gilt: $\frac{I}{U}$ = konstant. Es gilt für metallische Leiter, wenn sie sich nur geringfügig erwärmen.

Der elektrische Widerstand

Der Quotient $\frac{I}{U}$ ist die **elektrische Leitfähigkeit** und gibt an, wie gut ein Leiter den elektrischen Strom leitet.

Der Kehrwert der elektrischen Leitfähigkeit ist der **elektrische Widerstand *R*.** Er gibt an, wie stark der Elektronenstrom behindert wird.

Das Widerstandsgesetz

Der elektrische Widerstand R ist abhängig von der Länge ℓ, der Querschnittsfläche A, dem Material ϱ und der Temperatur des elektrischen Leiters.

Schutzmaßnahmen im elektrischen Stromkreis

Bei einem **Kurzschluss** oder einer **Überlastung** entsteht in einem Stromkreis ein hoher Elektronenstrom. Er würde die Leitungen beschädigen oder zerstören. Davor schützt eine **Schmelzsicherung** oder ein **Sicherungsautomat.**

Die Berührung Strom führender Teile kann lebensgefährlich sein. Davor schützen in einer Hausinstallation der **gelb-grüne Schutzleiter** und der **Fehlerstromschutzschalter** (FI-Schalter).

Name	Größe	Einheit	Gesetz
elektrischer Widerstand	R	Ω (Ohm)	ohmsches Gesetz: $I \sim U$; $\frac{I}{U}$ = konstant → $R = \frac{U}{I}$ Ersatzwiderstand: in Reihe: $R_{ges} = R_1 + R_2$ parallel: $\frac{1}{R_{ges}} = \frac{1}{R_1} + \frac{1}{R_2}$
spezifischer Widerstand	ϱ	$\Omega \cdot \frac{mm^2}{m}$ (Ohm mal Quadratmillimeter pro Meter)	Widerstandsgesetz: $R = \varrho \cdot \frac{\ell}{A}$

WICHTIGE BEGRIFFE
- Energieumwandlung
- Energiemanagement
- Elektrizitätszähler
- effiziente Energienutzung
- Energieeffizienzklassen

WICHTIGE BEGRIFFE
- ohmsches Gesetz
- elektrischer Widerstand R
- spezifischer Widerstand ϱ
- Widerstandsgesetz
- Ersatzwiderstand

WICHTIGE BEGRIFFE
- Kurschluss
- Überlastung
- Sicherung
- gelb-grüner Schutzleiter
- Fehlerstromschutzschalter

Lerncheck: Elektrizität und elektrische Energie

Elektrische Ladung – elektrisches Feld

1 **a)** Beschreibe die Veränderung in einem Körper, der elektrisch geladen wird.
b) Nenne die 2 Formen elektrischer Ladung und erkläre, worin sie sich unterscheiden.

2 **a)** Zeichne eine Skizze von 2 Kugeln mit unterschiedlichen Ladungen, die sich nicht berühren.
b) Skizziere, wie sich der Zwischenraum unter dem Einfluss der Ladungen verändert.
c) Nenne den Namen für die Änderung aus b).
d) Beschreibe das Modell, das du zur Darstellung des Zwischenraumes benutzt und nenne seine charakteristischen Eigenschaften.

3 Beschreibe die Vorgänge in einem elektrischen Leiter, der zwei unterschiedlich geladene Körper verbindet.

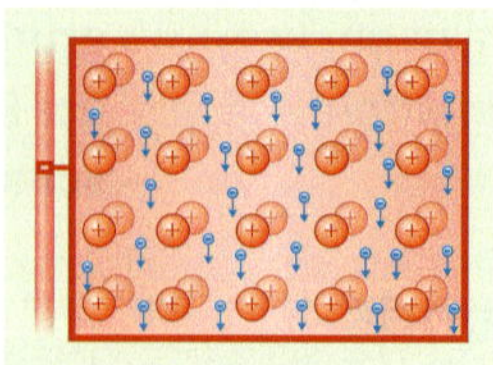

4 **a)** Nenne die Ladungsträger in Metallen.
b) Begründe, dass Metalle sich besonders als elektrische Leiter eignen.

5 **a)** Zeichne einen elektrischen Stromkreis aus Elektrizitätsquelle, Leitungen und Lampe.
b) Kennzeichne mit Pfeilen die Bewegungsrichtung der Ladungsträger und die Richtung des Energieflusses.

DU KANNST JETZT ...

- ... die Änderungen an Körpern beschreiben, die unterschiedlich elektrisch geladen werden.
- ... den Begriff Ladungstransport erklären.
- ... den Begriff elektrisches Feld und seine Darstellung mit dem Modell Feldlinien erklären.
- ... den Grund für die elektrische Leitfähigkeit von Metallen beschreiben.

Elektrische Messgeräte – elektrische Grundschaltungen

6 Nenne die physikalische Größe mit ihrer Einheit,
a) die den Antrieb der Ladungsträger im elektrischen Stromkreis beschreibt.
b) die den Ladungstransport im elektrischen Stromkreis beschreibt.

7 **a)** Nenne unterschiedliche Messgeräte, die sich für die Messung elektrischer Größen eignen.
b) Beschreibe Unterschiede im Aufbau und in der Handhabung der Messgeräte aus a).

8 Zeichne einen elektrischen Stromkreis aus Elektrizitätsquelle, Leitungen, Lampe und je ein Messgerät zum Messen der Spannung und der Stromstärke.

9 **a)** Zeichne je einen Schaltplan für die beiden folgenden Stromkreise. Notiere jeweils darunter den Namen der Schaltung.
b) Notiere jeweils für beide Schaltungen die Formeln, die die Gesamtspannung und die Gesamtstromstärke in der Schaltung beschreiben.

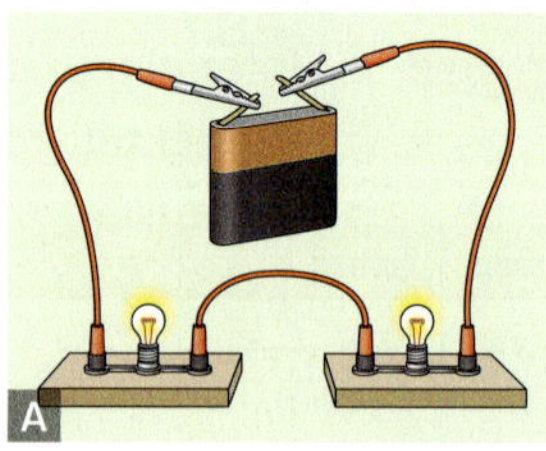
A

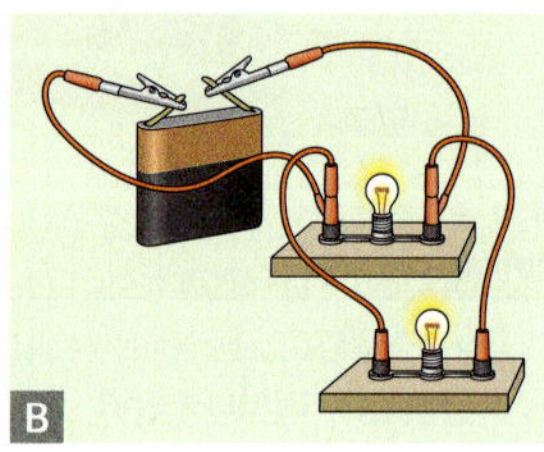
B

DU KANNST JETZT ...

- ... die Größen angeben, die den elektrischen Strom in einem Stromkreis kennzeichnen.
- ... unterschiedliche Bauarten von Messgeräten beschreiben und die Messgeräte benutzen.
- ... elektrische Grundschaltungen zeichnen.
- ... die Gesamtspannung und die Gesamtstromstärke der Grundschaltungen bestimmen.

Elektrische Leistung – elektrische Energie

10 Eine Waschmaschine hat eine elektrische Leistung von 1200 W. Berechne die notwendige elektrische Energie für ein Waschprogramm, wenn dieses 1,5 h dauert.

11 Ein Tischgrill hat bei einer Spannung von 230 V eine Stromstärke von 8,7 A. Berechne seine elektrische Leistung.

12 Für das Aufladen einer elektrischen Zahnbürste wird eine Leistung von 2,0 W benötigt. Der Ladevorgang dauert 14,0 h. Das Aufladen muss im wöchentlichen Rhythmus wiederholt werden. Berechne den jährlichen Energiebedarf für eine Zahnbürste.

13 Während des Ladens eines Smartphones beträgt die Stromstärke im Ladegerät 25,0 mA. Die Spannung beträgt 3,8 V.

Der tägliche Ladevorgang dauert 2,0 h.
a) Berechne die jährliche Menge an Energie, die für das Laden benötigt wird.
b) Berechne die Energiekosten pro Jahr, wenn 1 kWh elektrische Energie 0,31 € kostet.

14 **a)** Begründe, dass es erforderlich ist, die Nutzung von Energie effizient zu gestalten.
b) Nenne Hilfsmittel und Verhaltensweisen, die dabei helfen.

Elektrischer und spezifischer Widerstand – Schutzmaßnahmen

15 Die Stromstärke wurde in Abhängigkeit von der Spannung untersucht. Dabei ergaben sich folgende Messwerte:

U in V	0	1,8	3,6	5,4	7,2	9,0	10,8
I in A	0	0,31	0,55	0,74	0,84	0,93	0,96

a) Stelle die Messwerte grafisch dar.
b) Interpretiere den Verlauf der Kennlinie.
c) Gib ein mögliches Leitermaterial an.

16 Der Widerstand eines Leiters beträgt 50 Ω. Die Stromstärke im Draht wird mit 400 mA bestimmt. Berechne die anliegende Spannung.

17 Berechne den Widerstand einer 200 m langen Kupferleitung ($\varrho = 0{,}017\ \frac{\Omega \cdot mm^2}{m}$, $A = 0{,}5\ mm^2$).

18 Der spezifische Widerstand für Wolfram beträgt $0{,}055\ \frac{\Omega \cdot mm^2}{m}$. Erkläre diese Angabe.

19 Gib an, von welchen Größen der elektrische Widerstand eines Leiters abhängig ist.

20 Nenne Schutzmaßnahmen, die vor den Gefahren des elektrischen Stromes schützen
a) bei Überlastung und Kurzschluss im elektrischen Stromkreis.
b) bei Berührung Strom führender Teile in der Hausinstallation.

DU KANNST JETZT ...

- ... die Energiestromstärke (elektrische Leistung) und den Energiebedarf eines elektrischen Gerätes berechnen.
- ... den Zusammenhang zwischen Energiestromstärke und elektrischer Energie angeben.
- ... Energiesparmaßnahmen nennen und die Notwendigkeit dieser Maßnahmen begründen.

DU KANNST JETZT ...

- ... den Zusammenhang zwischen Spannung und Stromstärke beschreiben.
- ... die Abhängigkeiten des elektrischen Widerstandes eines Leiters benennen.
- ... den elektrischen Widerstand berechnen.
- ... Sicherungsmaßnahmen nennen, die bei Überlastung, Kurzschluss und bei Berührung Strom führender Teile in einem elektrischen Stromkreis schützen.

10315583

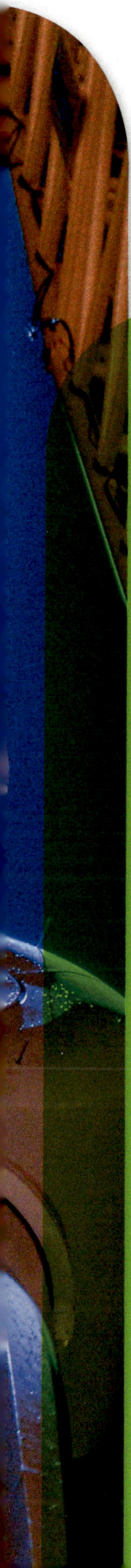

Kraft und mechanische Energie

Ein raffinierter Hammer! Wie kann er den Nagel heraushebeln?

Wie verhalten sich eingesetzte Kraft und Gegenkraft beim Fahrradfahren?

Was hat ein Umzug mit Kraft, mechanischer Energie und Leistung zu tun?

1 Fahrradfahren: **A** gemütlich, **B** sportlich

Die Geschwindigkeit

Langsam oder schnell

In Bild 1A siehst du eine Familie bei einer gemütlichen Radtour. In einer Minute legen sie 100 m zurück. Sie fahren langsam. Die Rennfahrer in Bild 1B fahren schneller und schaffen in einer Minute 300 m. Die Familie und die Rennfahrer fahren mit unterschiedlichen **Geschwindigkeiten.**

Die gleichförmige Bewegung

Die Familie in Bild 1A legt in jeder weiteren Minute jeweils 100 m zurück. In 10 min schaffen sie also 1000 m. Ihre Geschwindigkeit bleibt dabei immer gleich groß. Sie ist **konstant.** Diese Art der Bewegung heißt **gleichförmige Bewegung.**

Die Zeit und den Weg messen

Auf einem geradlinigen Weg werden eine Startlinie festgelegt und ein Maßband ausgelegt (→Bild 2). Du fährst mit dem Fahrrad etwas vor der Startlinie los. Dieser Start heißt **„fliegender Start".**
Rollt das Vorderrad deines Fahrrades über die Startlinie, wird eine Stoppuhr gestartet. Du fährst gleichförmig weiter. Am Maßband wird nach jeweils 5 s die Stelle markiert, die das Vorderrad überrollt. Die Werte für die benötigte **Zeit *t*** und den dabei zurückgelegten **Weg *s*** sind in Bild 2 in einer **Wertetabelle** dargestellt.

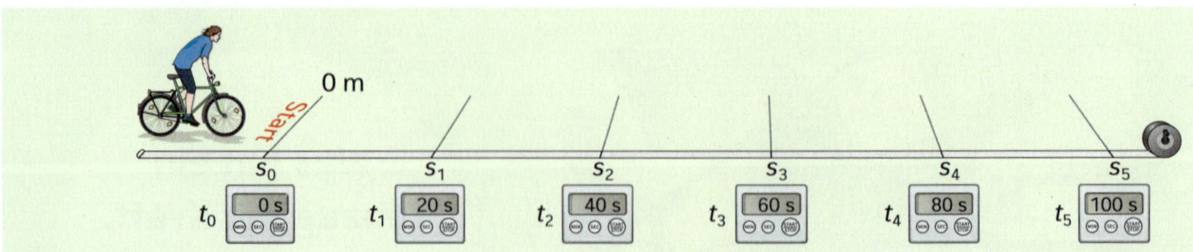

t in s	0	5	10	15	20	25
s in m	0	20	40	60	80	100
$\frac{s}{t}$ in $\frac{m}{s}$	–	4	4	4	4	4

2 Eine gleichförmige Bewegung untersuchen

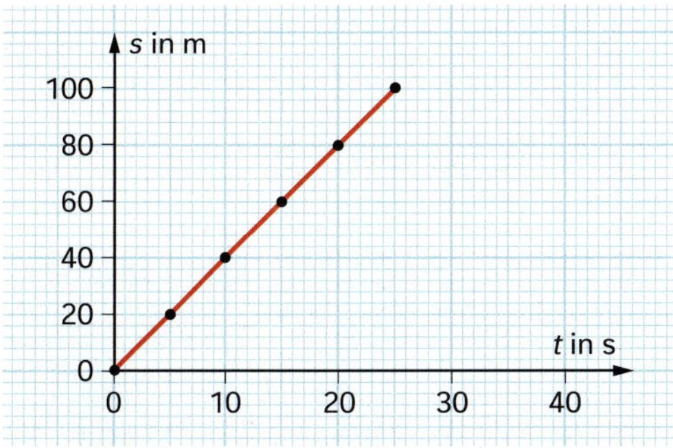

3 Das Zeit-Weg-Diagramm

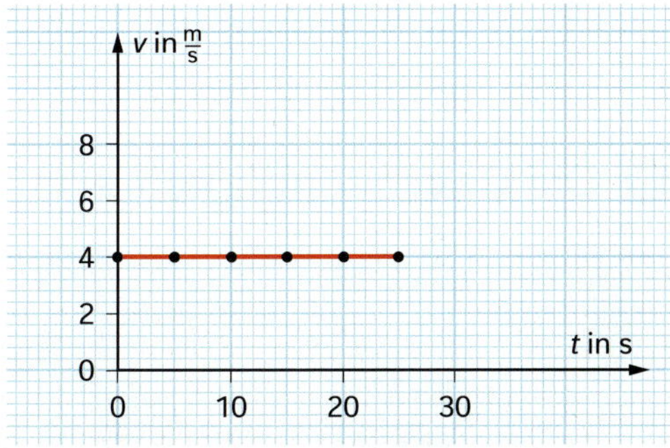

4 Das Zeit-Geschwindigkeits-Diagramm

Die Geschwindigkeit berechnen

Berechnest du die Werte der Quotienten aus dem zurückgelegten Weg und der dazu benötigten Zeit, sind sie immer gleich groß (→ Bild 2). Sie geben deine **Geschwindigkeit *v*** (lat.: velocitas) an.

Ein anderes Kind fährt schneller als du. Es legt mit dem Fahrrad in gleichen Zeiten jeweils längere Wege zurück. Die Werte der Quotienten $\frac{s}{t}$ sind größer. Die Geschwindigkeit des anderen Kindes ist größer.

Das Zeit-Weg-Diagramm

Überträgst du die Zeit-Weg-Wertepaare aus der Wertetabelle in ein *t*-*s*-Diagramm, entsteht ein **linearer Graph** (→ Bild 3). Er beginnt im Ursprung des Diagramms. Der Verlauf des Graphen zeigt, dass der zurückgelegte Weg und die benötigte Zeit **proportional zueinander** sind.

Einheiten der Geschwindigkeit

Ein Läufer legt die Strecke von 100 m in wenigen Sekunden zurück. Seine Geschwindigkeit wird in $\frac{m}{s}$ angegeben (gesprochen: Meter pro Sekunde). Ein ICE legt viele Kilometer in einer Stunde zurück. Seine Geschwindigkeit wird in $\frac{km}{h}$ angegeben (gesprochen: Kilometer pro Stunde).

Name: Geschwindigkeit
Formelzeichen: v
Berechnung: $v = \frac{s}{t}$
Einheit: $\frac{m}{s}$
Weitere Einheiten: $1\ \frac{m}{s} = 3{,}6\ \frac{km}{h}$

Das Zeit-Geschwindigkeits-Diagramm

Da sich die Geschwindigkeit bei einer gleichförmigen Bewegung nicht ändert, verläuft der lineare Graph in einem *t*-*v*-Diagramm **parallel** zur Zeitachse. (→ Bild 4)

1 Ein Läufer legt die Strecke von 3000 m gleichförmig in einer Zeit von 10 min zurück.
a) Berechne seine Geschwindigkeit in $\frac{m}{s}$.
b) Gib seine Geschwindigkeit in $\frac{km}{h}$ an.
c) Lege für den gleichförmigen Lauf eine Wertetabelle mit 5 Wertepaaren an.
d) Zeichne für die Bewegung ein *t*-*s*-Diagramm und ein *t*-*v*-Diagramm.

Starthilfe zu 1a):
Rechne zunächst die Minuten (min) in Sekunden (s) um: 1 min = 60 s.

Starthilfe zu 1b):

***t* in s**	0			600
***s* in m**	0			3000

2 Ein ICE fährt gleichförmig mit einer Geschwindigkeit von 144 $\frac{km}{h}$.
a) Gib seine Geschwindigkeit in $\frac{m}{s}$ an.
b) Berechne die Strecke, die er in 40 min zurücklegt.
c) Berechne die Zeit, die er für eine Strecke von 50 km benötigt.

3 Begründe den Umrechnungsfaktor von $\frac{m}{s}$ in $\frac{km}{h}$.

FORSCHEN UND ENTDECKEN

A Die Geschwindigkeit ermitteln

1 Wie groß ist die Geschwindigkeit des Spielzeugautos?

Material: ferngesteuertes Spielzeugauto, 50 m-Maßband, Stoppuhr, Kreide

Durchführung:

Schritt 1: Rollt ein 50 m langes Maßband aus und kennzeichnet mit Kreide bei 0 m die Startlinie.

Schritt 2: Stellt euch jeweils alle 5 m entlang des Maßbandes mit einem Stück Kreide auf. (→ Bild 1).

Schritt 3: Du steuerst das Spielzeugauto. Starte das Spielzeugauto 1 m vor der Startlinie. Achte auf eine konstante Geschwindigkeit des Spielzeugautos.

Schritt 4: Startet die Stoppuhr, wenn das Spielzeugauto über die Startlinie fährt.

Schritt 5: Die Zeitnehmerin oder der Zeitnehmer ruft alle 2 s: „Jetzt".

Schritt 6: Kennzeichnet mit Kreide am Maßband bei „Jetzt" die Stelle, an der das Spielzeugauto gerade vorbeifährt.

Schritt 7: Lest die zurückgelegten Strecken des Spielzeugautos ab.

Zusatz: Wiederholt den Versuch mit anderen Fahrzeugen. Die Fahrzeuge sollen sich gleichförmig, also mit konstanter Geschwindigkeit bewegen.

Zeit t in s	0	2			
Weg s in m	0				
$\frac{s}{t}$ in $\frac{m}{s}$	–				

2 Die Messwerttabelle zum Spielzeugauto

1. Trage die zurückgelegten Wege des Spielzeugautos in eine Tabelle ein (→ Bild 2).
2. Berechne die Werte der Quotienten aus dem zurückgelegten Weg und der dazu benötigten Zeit für das Spielzeugauto.
3. **I a)** Vergleiche die berechneten Werte der Quotienten aus Aufgabe 2 miteinander.
   II b) Erläutere die Bedeutung der berechneten Werte der Quotienten aus Aufgabe 2.
4. Zeichne für die Bewegung des Spielzeugautos ein t-s-Diagramm und ein t-v-Diagramm.
5. **I a)** Beschreibe den Verlauf der Graphen in den Diagrammen aus Aufgabe 4.
   II b) Interpretiere den Verlauf der Graphen in den Diagrammen aus Aufgabe 4.
6. **III** Begründe die Abweichungen der Werte der Quotienten und der Lage der Punkte in den Diagrammen.

METHODE

Mit Diagrammen arbeiten

Die Messwerte im Diagramm darstellen

Während eines Versuches ermittelst du Messwerte. Du überträgst sie in eine **Messwerttabelle.** In der ersten Zeile der Messwertabelle steht immer die vorgegebene Größe, hier die Zeit *t* in s. Die gemessene Größe steht in der zweiten Zeile, hier der Weg *s* in m (→ Bild 3). In einem **Diagramm** stellst du auf der Rechtsachse die vorgebebene Größe und auf der Hochachse die gemessene Größe dar. Nun kannst du alle Wertepaare in das Diagramm einzeichnen. Es entstehen Punkte (→ Bild 4).

t in s	0	1,0	2,0	3,0	4,0	5,0	6,0
s in m	0	0,9	1,4	2,9	3,1	3,9	4,7

3 Die Messwerttabelle

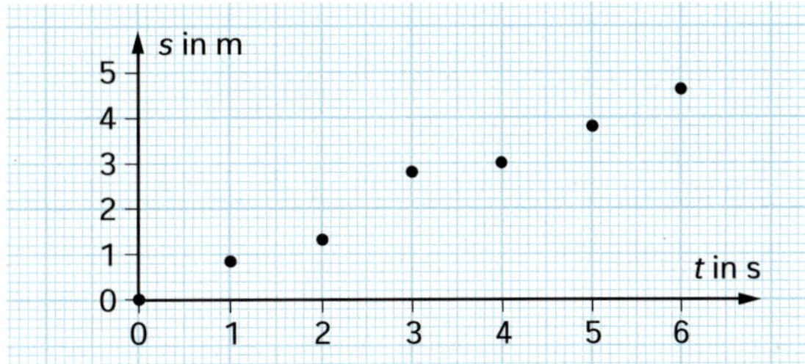

4 Die Wertepaare bilden Punkte im Diagramm.

Die Punkte miteinander verbinden

Verbindest du die Punkte wie in Bild 5 miteinander, entsteht ein **Graph.** Er zeigt sehr anschaulich, dass während der Messung Ungenauigkeiten aufgetreten sind. Liest du in dieser Darstellung Wertepaare zwischen den Messwerten ab, sind diese häufig nicht korrekt. Du darfst sie nicht in deine Versuchsauswertung einbeziehen.

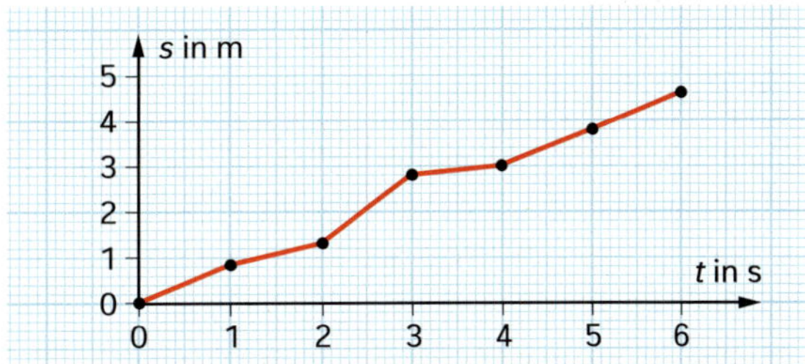

5 Die Punkte werden verbunden.

Eine Ausgleichsgerade zeichnen

In Bild 6 ist eine **Ausgleichsgerade** zwischen den Punkten dargestellt. Sie beginnt im Ursprung des Diagramms und verläuft mittig zwischen den Punkten. Die Summen aller Abstände der oberhalb liegenden Punkte ist dabei genauso groß wie die Summe aller Abstände der unterhalb liegenden Punkte. Alle Punkte auf der Ausgleichsgeraden stellen ideale Messwerte dar. Diese kannst du ablesen, in eine Wertetabelle wie in Bild 7 eintragen und mit deinen realen Messwerten in Bild 3 vergleichen.

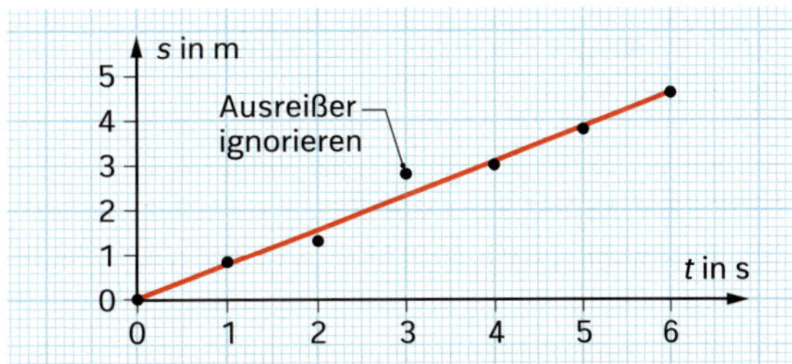

6 Die Punkte werden sinnvoll verbunden.

t in s	0	1,0	2,0	3,0	4,0	5,0	6,0
s in m	0	0,8	1,6	2,4	3,2	4,0	4,8

7 Ideale Messwerte in einer Messwerttabelle

1 Übertrage die Messwerte aus Bild 3 in zwei *t*-*s*-Diagramme.
a) Verbinde im ersten Diagramm die Punkte. Beschreibe den Graphen.
b) Zeichne in das zweite Diagramm eine Ausgleichsgerade zwischen den Messpunkten. Beschreibe dein Vorgehen.
c) Vergleiche die Diagramme aus a) und b) miteinander und formuliere eine Schlußfolgerung.
d) Lies auf der Ausgleichsgeraden aus b) 5 Wertepaare ab. Übertrage sie in eine Wertetabelle und vergleiche sie mit den Messwerten aus Bild 3.

Starthilfe zu 1:
Benutze als Maßstab für deine *t*-*s*-Diagramme:
t-Achse: 1 cm ≙ 1 s
s-Achse: 1 cm ≙ 1 m

«

1 Im Freizeitpark

Ungleichförmige Bewegungen

Die Schiffschaukel

An ihrem höchsten Punkt bewegt sich eine Schiffschaukel für einen Moment gar nicht (→ Bild 1). Auf dem Weg nach unten wird die Schiffsschaukel schneller. Bewegt sie sich wieder nach oben, wird sie langsamer. Sie ändert ständig ihre Richtung und ihre Geschwindigkeit. Die Schiffschaukel bewegt sich **ungleichförmig** und **schwingt** hin und her.

Bewegungen im Kreis

Die Gondel eines Riesenrades bewegt sich auf einer **kreisförmigen** Bahn. Da die Gondel dabei ständig ihre Richtung ändert, ist ihre Bewegung **ungleichförmig.**

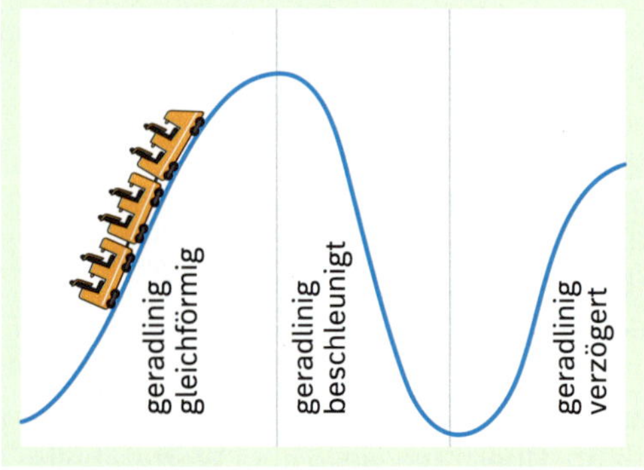

2 Die Fahrt einer Achterbahn beschreiben

Eine abwechslungsreiche Achterbahnfahrt

Der Wagen einer Achterbahn wird mit konstanter Geschwindigkeit auf den höchsten Punkt der Bahn gezogen (→ Bild 2). Bis dort bewegt er sich **geradlinig** und **gleichförmig.** Im nächsten Moment bewegt sich der Wagen abwärts und wird dabei immer schneller. Er bewegt sich **geradlinig** und **gleichmäßig beschleunigt.** Auf dem Weg nach oben wird der Wagen wieder langsamer. Er bewegt sich **geradlinig** und **gleichmäßig verzögert.**

Auf der gesamten Fahrt ändert der Wagen ständig seine Richtung und seine Geschwindigkeit. Der Wagen bewegt sich **ungleichförmig** auf einer **nicht geradlinigen** Bahn.

Verschiedene Geschwindigkeiten

Bei ungleichförmigen Bewegungen ändert sich die Geschwindigkeit ständig. Die Messung der Geschwindigkeit in einem bestimmten Moment, an einer bestimmten Stelle gibt die **Momentangeschwindigkeit** an.

Die **Durchschnittsgeschwindigkeit** gibt die konstante Geschwindigkeit an, die du bei einer gleichförmigen Bewegung über den gesamten Weg hättest.

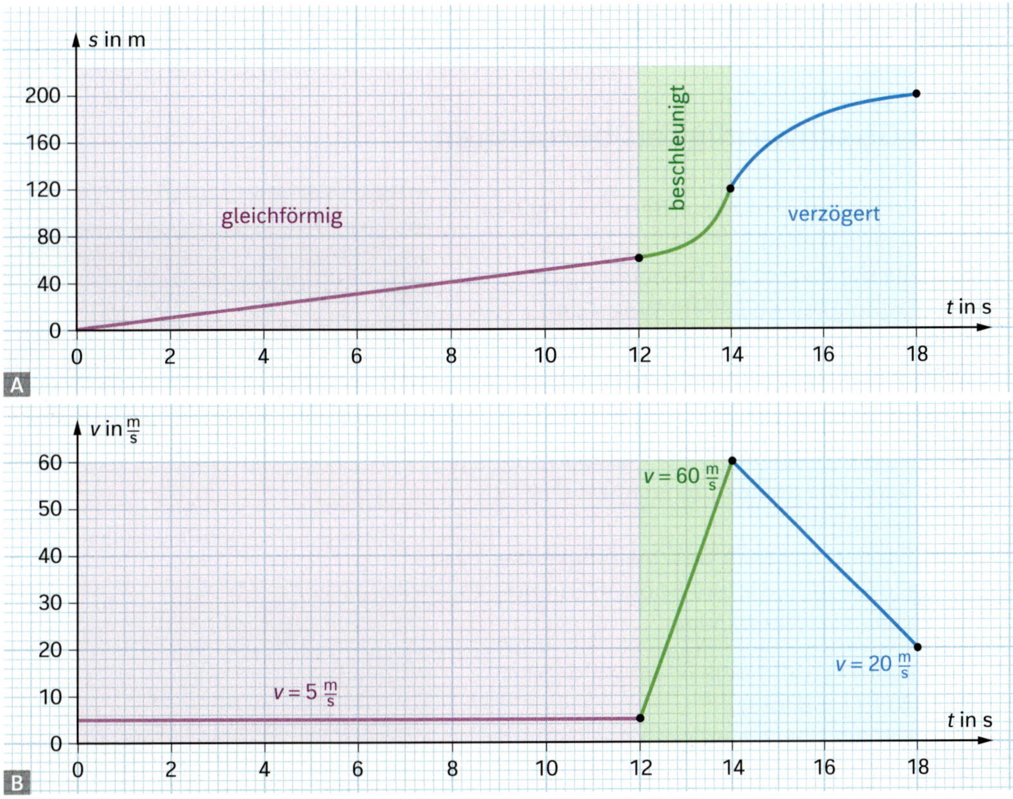

3 Die Fahrt einer Achterbahn: **A** im *t*-*s*-Diagramm, **B** im *t*-*v*-Diagramm

Das Zeit-Weg-Diagramm

Im **roten Abschnitt** in Bild 3A beginnt der Graph im Ursprung und verläuft linear. Der Wagen der Achterbahn wird gleichförmig in 12 s auf einer 60 m langen Bahn hochgezogen.

Im **grünen Abschnitt** verläuft der Graph nicht linear und wird dabei steiler. Der Wagen beschleunigt. Er legt in gleichen Zeiten immer längere Wege zurück.

Im **blauen Abschnitt** verläuft der Graph nicht linear und wird immer flacher. Der Wagen verzögert. In der jeweils gleichen Zeit legt er immer kürzere Wege zurück.

Das Zeit-Geschwindigkeits-Diagramm

In Bild 3B verläuft der **rote Abschnitt** des Graphen linear und parallel zur Zeitachse. Die Geschwindigkeit des Wagens beträgt 5 $\frac{m}{s}$ und bleibt 12 s konstant.

Der **grüne Abschnitt** verläuft linear und steigend. Die Geschwindigkeit wird von 5 $\frac{m}{s}$ auf 60 $\frac{m}{s}$ gleichmäßig größer. Der Wagen beschleunigt.

Der **blaue Abschnitt** verläuft linear und fallend. Die Geschwindigkeit nimmt von 60 $\frac{m}{s}$ auf 20 $\frac{m}{s}$ gleichmäßig ab. Der Wagen verzögert.

1 Du bist in einem Freizeitpark mit vielen Fahrgeschäften.
a) Nenne 2 Beispiele und beschreibe die Bewegungen, mit denen du dich in diesen Fahrgeschäften bewegst.
b) Skizziere die Graphen für eine Bewegung aus a) in ein *t*-*s*-Diagramm und in ein *t*-*v*-Diagramm.

Starthilfe zu 1a):
Beschreibe die Form der Bahn und die Änderung der Geschwindigkeit.

2 **II** Skizziere das *t*-*v*-Diagramm für deinen Schulweg.

»

ÜBEN UND ANWENDEN

A Die Geschwindigkeit berechnen

1 **a)** Schreibe die Formel zur Berechnung der Geschwindigkeit auf.
b) Stelle die Formel zur Berechnung der Geschwindigkeit nach dem Weg *s* um.
c) Stelle die Formel zur Berechnung der Geschwindigkeit nach der Zeit *t* um.

2 Der Weltrekordsprinter USAIN BOLT lief die Strecke von 100 m in 9,58 s (→ Bild 2).
I **a)** Berechne seine durchschnittliche Geschwindigkeit.
I **b)** Recherchiere die Geschwindigkeitsweltrekorde für 5 weitere Sportarten und vergleiche sie miteinander.

3 Ein Gepard erreicht eine Geschwindigkeit von 120 $\frac{km}{h}$ (→ Bild 3).
I **a)** Gib die Geschwindigkeit des Gepards in $\frac{m}{s}$ an.
I **b)** Recherchiere die Geschwindigkeit für 5 weitere Raubtiere.
II **c)** Ein Gepard legt 50 m mit der Geschwindigkeit 120 $\frac{km}{h}$ zurück. Berechne die benötigte Zeit.

4 Eine Weinbergschnecke (→ Bild 4) legt 7 m in einer Stunde zurück.
I **a)** Berechne die Geschwindigkeit der Weinbergschnecke.
I **b)** Recherchiere die Geschwindigkeit für 5 andere langsame Landtiere.
II **c)** Berechne die Zeit, die eine Weinbergschnecke benötigt, um 1 km zurückzulegen.

5 III Das Licht hat im luftleeren Raum eine Geschwindigkeit von 299 792 458 $\frac{m}{s}$.
a) Gib die Geschwindigkeit des Lichtes in $\frac{km}{h}$ an.
b) Das Licht des Stern ALPHA CENTAURI A benötigt etwa 8765,3 Stunden bis zur Erde. Berechne die Entfernung des Sterns zur Erde.
c) Die Sonne ist 149 600 000 km von der Erde entfernt. Berechne die Zeit, die das Licht für diese Strecke benötigt.

1 USAIN BOLT – Höchstleistungen beim 100 m Lauf

2 Der Gepard – ein schneller Jäger

3 Die Weinbergschnecke – langsam und gemütlich

4 Sterne senden Licht aus.

ÜBEN UND ANWENDEN

B Mit dem Zug nach Hause fahren

1 Zeichne das *t*-*s*-Diagramm aus Bild 5 ab. Ordne jedem Abschnitt im Diagramm die richtige Aussage zu.
① KIRA wartet auf den Zug.
② KIRA geht nach Hause.
③ KIRA läuft zum Bahnhof.
④ Der Zug fährt bis zum nächsten Bahnhof.

2 Bestimme für jeden Abschnitt die benötigte Zeit und den zurückgelegten Weg. Berechne aus den Werten die durchschnittliche Geschwindigkeit in $\frac{km}{h}$.

3 II Zeichne ein *t*-*s*-Diagramm und ein *t*-*v*-Diagramm für eine Fahrt mit dem Auto.
① MARIA ist 6 min mit einer Geschwindigkeit von 80 $\frac{km}{h}$ unterwegs.
② MARIA fährt mit der Geschwindigkeit von 50 $\frac{km}{h}$ durch ein 2 km langes Dorf.
③ MARIA wartet 3 min an einer Ampel.
④ MARIA fährt nun durch ein kurvenreiches Waldstück. Sie benötigt für 5 km 7,5 min.

4 III MARIA sagt: „Die Graphen in den Diagrammen stellen nicht den reellen Ablauf der Bewegung dar." Begründe diese Aussage.

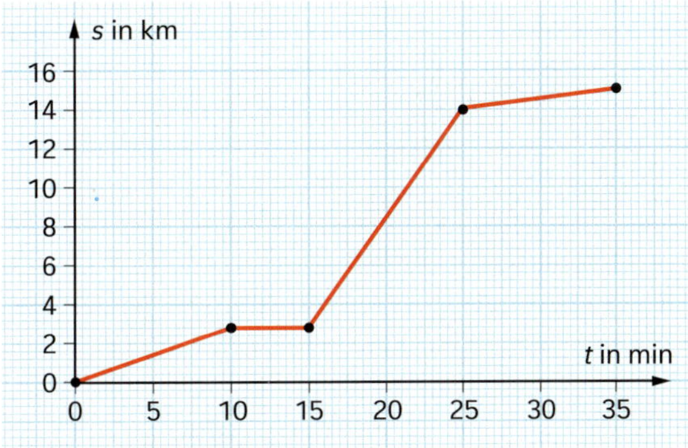

5 Das *t*-*s*-Diagramm von KIRA

Starthilfe zu 2:
Wandle die in Minuten (min) gegebenen Zeiten in Stunden (h) um: 60 min = 1 h.

Starthilfe zu 3:

Abschnitt	①	②	③	④
Zeit *t* in min	6			
Zeit *t* in h				
Weg *s* in km				
$\frac{s}{t}$ **in** $\frac{km}{h}$	80			

C Die Geschwindigkeiten mit einem Tachometer messen

1 Recherchiere die Geschichte der Entwicklung von Tachometern zur Messung von Geschwindigkeiten.

2 Bild 6 zeigt einen elektronischen Fahrradcomputer. Recherchiere alle Größen, die eine moderner Fahrradcomputer messen und anzeigen kann.

3 Ordne den angezeigten Werten in Bild 6 die Art der Geschwindigkeit zu.

4 III „Wird die Reifengröße eines Fahrzeuges geändert, muss der Tachometer neu eingestellt werden." Begründe diese Aussage.

6 Die Messung der Geschwindigkeit eines Fahrrades

Kräfte bewirken Veränderungen

1 Wirkungen: **A** gleichförmige Bewegung, **B** beschleunigte Bewegung, **C** plastische Verformung, **D** elastische Verformung

Die Änderung der Bewegung

Fährst du Fahrrad wie in Bild 1A, musst du eine Kraft aufbringen. Soll deine Geschwindigkeit konstant sein, muss diese wirkende Kraft immer gleich groß sein. Deine Bewegung ist gleichförmig.
Möchtest du wie in Bild 1B schneller fahren, musst du zusätzlich Kraft aufbringen. Deine Geschwindigkeit wird größer, du beschleunigst.

Die Änderung der Richtung

Möchtest du mit dem Fahrrad abbiegen, musst du ebenfalls eine Kraft aufbringen. Beim Fußballspielen änderst du nur durch das Aufbringen einer Kraft die Richtung des Balles.

Die plastische Änderung der Form

Das Biegen eines Drahtes wie in Bild 1C oder das Kneten eines Teiges ist nur möglich, wenn eine Kraft wirkt. Der Draht und der Teig behalten nach der Wirkung der Kraft die neue Form. Sie werden **plastisch** verformt.

Die elastische Änderung der Form

Beim Zusammendrücken einer Spiralfeder wie in Bild 1D oder beim Dehnen eines Gummibandes müssen ebenfalls Kräfte wirken. Die Feder und das Gummiband gehen nach der Wirkung der Kraft wieder in ihre ursprüngliche Form zurück. Sie werden **elastisch** verformt.

Bewegungsänderungen, Richtungsänderungen und Verformungen werden durch das Wirken von Kräften verursacht.

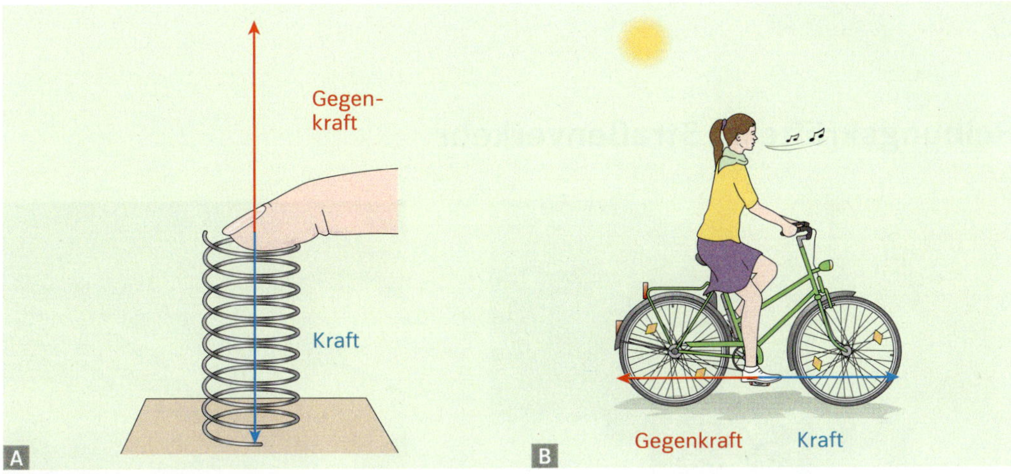

2 Kräftegleichgewicht bei: **A** Verformungen, **B** Bewegungen

Kraft und Gegenkraft

Drückst du eine Spiralfeder zusammen, spürst du eine Kraft, die deiner Kraft entgegenwirkt. Sie heißt **Gegenkraft.**
Bei einer Fahrt mit dem Fahrrad über einen Sandweg spürst du ebenfalls eine Kraft, die deiner entgegenwirkt. Diese Gegenkraft heißt **Reibungskraft.** Versuchst du mit deinem Fahrrad auf einer vereisten Fahrbahn anzufahren, drehen die Reifen durch. Der Bewegungszustand deiner Beine ändert sich. Sie werden beschleunigt. Der Bewegungszustand des Fahrrades ändert sich nicht, weil die Reibungskraft zu gering ist. Sie reicht als Gegenkraft nicht aus.

Überall wo eine Kraft wirkt, ist eine Gegenkraft vorhanden.

Kräfte im Gleichgewicht

Wenn du eine Spiralfeder langsam zusammendrückst, werden der Betrag der eingesetzten Kraft und der Betrag der Gegenkraft größer. Beide Kräfte sind immer gleich groß. Sie befinden sich im **Kräftegleichgewicht** (→ Bild 2A).
Wenn du mit konstanter Geschwindigkeit Fahrrad fährst, ist der Betrag der eingesetzten Kraft genau so groß wie der Betrag der Reibungskraft. Es herrscht Kräftegleichgewicht wie in Bild 2B.
Wenn du beschleunigst, muss der Betrag der eingesetzten Kraft größer als der Betrag der Reibungskraft sein. Die eingesetzte Kraft und ihre Gegenkraft befinden sich nicht im Gleichgewicht.

1 Kräfte bewirken Veränderungen.
a) Nenne alle möglichen Veränderungen.
b) Nenne zu jeder Veränderung ein Beispiel aus dem Alltag.
c) Nenne für jedes Beispiel aus b) die wirkende Kraft und ihre Gegenkraft.

Starthilfe zu 1:
Lege eine Tabelle an.

Veränderung	Beispiel	Kraft	Gegenkraft

2 Eine wirkende Kraft und ihre Gegenkraft können sich im Gleichgewicht befinden.
I a) Beschreibe für folgende Beispiele die wirkende Kraft und ihre Gegenkraft.
- Ein Gummi ist gespannt.
- Ein Apfel hängt am Baum.
- Ein Apfel fällt vom Baum.
- Ein Heißluftballon schwebt in der Luft.

II b) Entscheide für die Beispiele in a), ob ein Kräftegleichgewicht herrscht.
III c) Begründe deine Entscheidungen aus b) mit eigenen Worten.

»

IM ALLTAG

Reibungskräfte im Straßenverkehr

1 Reifen auf glatter Fahrbahn

Reibungskräfte sind erwünscht

Bei einem Fahrzeug wird die Antriebskraft des Motors über die Räder auf die Straße übertragen. Zwischen der Fahrbahn und den Reifen wirken **Reibungskräfte.** Nasse, vereiste oder ölverschmutzte Straßen verringern diese Reibungskräfte (→ Bild 1). Erwünschte Bewegungsänderungen wie Beschleunigen, Bremsen oder Lenken erfolgen unvollständig. Die notwendigen Gegenkräfte sind zu gering.

2 Geringer Luftwiderstand ist wichtig.

Reibungskräfte sind unerwünscht

In Bild 2 ist ein Auto in einem Strömungskanal abgebildet. Hier werden die Reibungskräfte zwischen dem Auto und der Luftströmung gemessen. Je geringer diese Reibungskräfte sind, desto geringer muss die Antriebskraft des Autos sein.
Dem Motor muss weniger chemische Energie oder elektrische Energie zugeführt werden, die er in Bewegungsenergie umwandelt.

1 An einem Auto wirken in verschiedenen Bauteilen Reibungskräfte.
a) Recherchiere mindestens 6 Bauteile.
b) Entscheide, ob die Reibungskräfte in den Bauteilen aus a) erwünscht oder unerwünscht sind.
c) Begründe deine Entscheidung aus b).

Starthilfe zu 1:
Lege eine Tabelle an.

Bauteil	Reibungskraft	erwünscht	unerwünscht	Begründung

2 **II** Die auf der Erde vorhandene Menge der fossilen Energieträger verringert sich. Begründe die folgenden Energiespartipps beim Autofahren physikalisch mithilfe von Je-desto-Sätzen.
- Den Reifendruck regelmäßig prüfen und anpassen.
- Hohe Geschwindigkeiten vermeiden.
- Das Autodach nicht für den Transport nutzen.
- Regelmäßige Ölwechsel durchführen lassen und Leichlaufmotorenöle benutzen.
- Den Kofferraum entrümpeln.

3 **III** Recherchiere und beschreibe die Unterschiede zwischen Sommer- und Winterreifen. Begründe, dass die Winterreifenpflicht in der Straßenverkehrsordnung vorgeschrieben ist.

IM ALLTAG

Reibungskräfte in der Luft

3 Ein Meteor in der Atmosphäre

Sternschnuppen

Meteoroiden sind Trümmerstücke von Asteroiden, die sich durch unser Sonnensystem bewegen. Ihre Geschwindigkeit kann bis zu 42 $\frac{km}{s}$ betragen. Gelangen sie in die Erdatmosphäre, entsteht durch die Reibung mit der Luft eine sehr hohe Temperatur. Die Meteoroiden beginnen zu glühen und senden helles Licht aus. Sie heißen nun **Meteore.** Vom 17. Juli bis zum 24. August durchfliegen die **Perseiden** unsere Atmosphäre. In dieser Zeit kannst du nachts besonders viele Meteore als Sternschnuppen beobachten. Ein Meteor, der die Erdoberfläche erreicht, kühlt ab und heißt nun **Meteorit.**

4 Eine Raumkapsel auf dem Heimweg

Heiße Rückkehr

Seit 1961 sind Menschen in der Lage mit bemannten und unbemannten Raumflugkörpern das Weltall zu erforschen. Kehrt eine Raumkapsel aus der Schwerelosigkeit des Weltalls zurück, wirkt beim Eintritt in die Atmosphäre die Erdanziehungskraft auf sie. Die Raumkapsel wird stark beschleunigt. Wegen der großen Reibung mit der Luft, wird sie sehr heiß. Die Raumkapsel muss deshalb durch ein **Hitzeschild** geschützt sein. Das Hitzeschild verhindert die Erwärmung des Innenraums der Kapsel. Wenn es schmilzt und verdampft, trägt es außerdem eine große Menge an Wärme von der Raumkapsel fort.

1 Ein Körper tritt aus dem Weltall in die Erdatmosphäre ein. Beschreibe alle Veränderungen.

2 Nenne die Unterschiede zwischen Meteoroiden, Meteoren und Meteoriten.

3 Recherchiere Meteorströme, die regelmäßig die Erdatmosphäre durchqueren.

Starthilfe zu 1:
Lege eine Tabelle an.

	Ort	Geschwindigkeit	Temperatur
Meteoroid			kalt
Meteor			
Meteorit			

4 Recherchiere Meteoriteneinschläge, die Spuren auf der Erde hinterlassen haben.

5 II Erläutere die Funktionsweise des Hitzeschildes einer Raumkapsel.

Ein Kraftmesser misst Kräfte

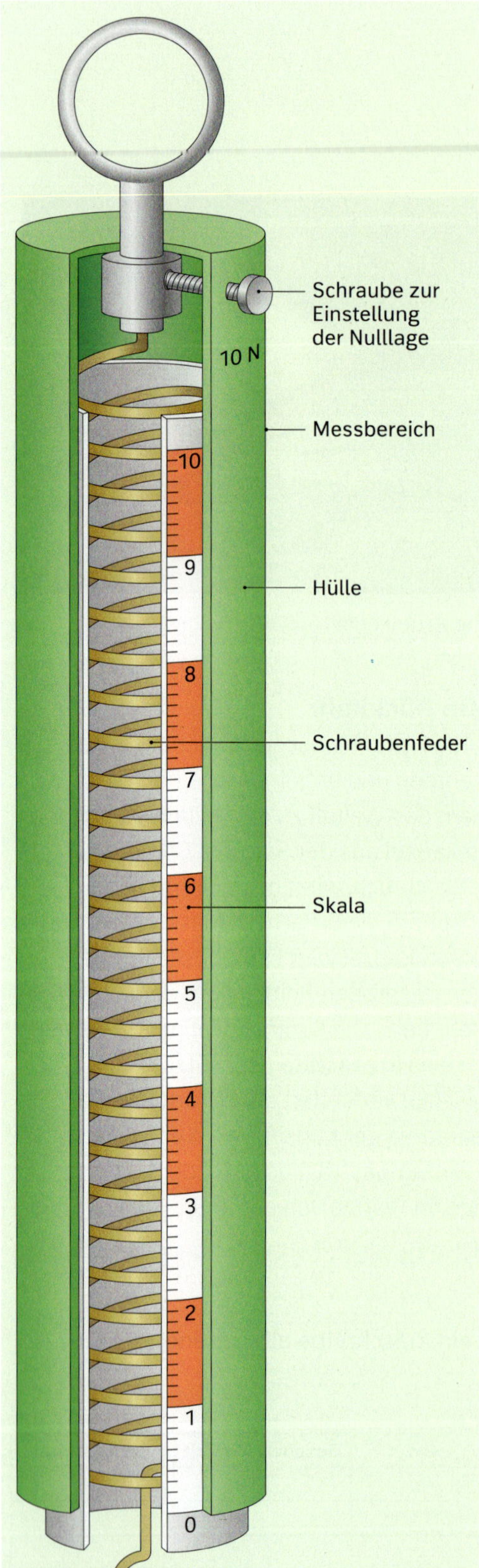

1 Ein Federkraftmesser

Der Aufbau eines Kraftmessers

In der Hülle eines **Federkraftmessers** befindet sich eine **Schraubenfeder.** Sie ist von einer **Skala** umgeben. Das Ende der Feder schaut als Haken unten aus der Hülle heraus. Es gibt außerdem eine Schraube zur Einstellung der **Nulllage.** (→ Bild 1)

Der Einsatz des Kraftmessers

Hängst du an den Kraftmesser einen Körper, so verlängert sich die Feder. Sie schaut dann mit der Skala aus der Hülle heraus. Auf den Körper wirkt die **Gewichtskraft F_G.** Sie wird in **N (gesprochen: Newton)** angegeben und kann auf der Skala abgelesen werden. Die Einheit wurde zu Ehren des englischen Physikers Sir Isaac Newton (1643 - 1727) gewählt. Die Gewichtskraft erfahren alle Körper durch die Erdanziehungskraft. Sie wirkt immer in Richtung des Erdmittelpunktes.

Der richtige Umgang mit dem Kraftmesser

Bevor du mit einem Kraftmesser eine Gewichtskraft misst, musst du die Nulllage einstellen. Du löst die Schraube am oberen Ende des Kraftmessers. Nun kannst du die Feder mit der Skala hoch oder runter bewegen. Der Beginn der Skala (0 N) muss genau mit dem Rand der Hülle übereinstimmen. Jetzt hast du den Federkraftmesser auf den Wert Null **justiert.**
Auf jedem Kraftmesser steht ein **Messbereich.** Er gibt die größte messbare Kraft an. Belastest du den Kraftmesser mit einer größeren Kraft, wird die Schraubenfeder in ihm überdehnt. Sie ist plastisch verformt. Nach der Belastung zieht sie sich nicht mehr in ihre ursprüngliche Länge zurück. Der Federkraftmesser ist anschließend unbrauchbar.

Der Zusammenhang zwischen der Masse und der Gewichtskraft

Hängst du ein Massestück mit einer Masse von 100 g an den Kraftmesser, so wird auf der Skala eine Gewichtskraft von ungefähr F_G = 1 N angezeigt (→ Bild 2).
Daraus folgt, dass bei einer angehängten Masse von 1 kg ungefähr die Gewichtskraft von 10 N angezeigt wird.

Name: Gewichtskraft
Formelzeichen: F_G
Einheit: N (Newton)
Weitere Einheiten: 1 kN = 1000 N

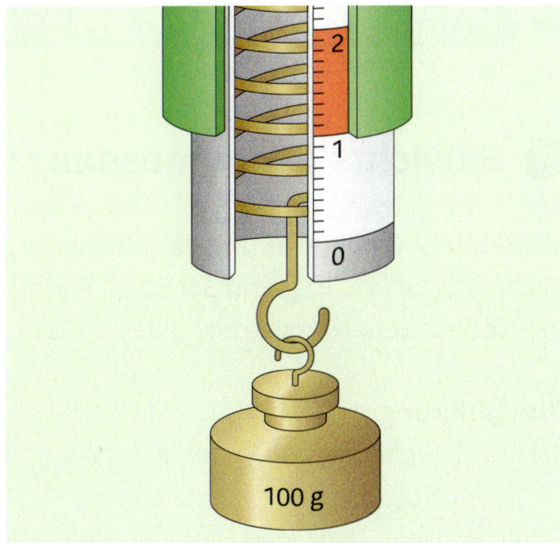

2 Auf die Masse 100 g wirkt die Kraft 1 N.

Das Masse-Gewichtskraft-Diagramm

Überträgst du die Masse-Gewichtskraft-Wertepaare in ein Diagramm, entsteht eine linearer Graph. Er beginnt im Ursprung des Diagramms. (→ Bild 3)
Der Verlauf des Graphen zeigt, dass die wirkende Gewichtskraft und die angehängte Masse proportional zueinander sind.

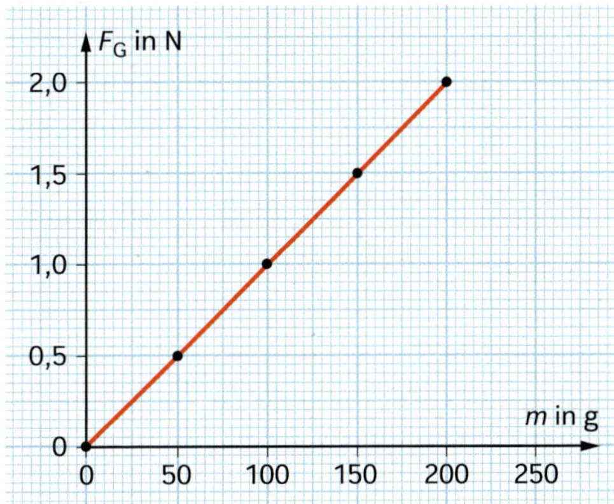

3 Das Masse-Gewichtskraft-Diagramm

1 In Bild 1 ist ein Federkraftmesser abgebildet.
a) Nenne alle Bauteile des Federkraftmessers.
b) Erläutere den Begriff Messbereich.
c) Beschreibe die Einstellung der Nulllage.
d) Die Nulllage wurde nicht richtig eingestellt. Nenne eine Folge.

Starthilfe zu 1c):
Beginne deine Beschreibung wie folgt: Ich löse die Schraube...

2 An einen Federkraftmesser mit dem Messbereich 10 N werden nacheinander Massestücke mit der Masse von 100 g gehängt.
I a) Erstelle eine Wertetabelle für den Zusammenhang zwischen der angehängten Masse *m* und der wirkenden Gewichtskraft F_G.
I b) Zeichne ein *m*-F_G-Diagramm zu Aufgabe a).
II c) Beschreibe den Verlauf des Graphen aus Aufgabe b). Ziehe eine Schlussfolgerung aus deiner Beschreibung.
II d) Begründe, dass bei einer Anzeige von 9 N die Masse von *m* = 110 g nicht mehr an den Federkraftmesser gehängt werden darf.

Starthilfe zu 2a):

Anzahl der Massestücke	1	2	
m in g			
F_G in N			

3 **III** In einer Autowerkstatt wird ein 200 kg schwerer Motor gehoben. Gib die Größe der wirkenden Gewichtskraft an.

FORSCHEN UND ENTDECKEN

A Gewichtskräfte messen

Material: Gewichtsteller mit der Masse 10 g, Massestücke (4 x 10 g und 3 x 50 g), Federkraftmesser mit dem Messbereich 2 N (→ Bild 1)

Durchführung:

Schritt 1: Stelle an dem Federkraftmesser die Nulllage ein.

Schritt 2: Hebe den Gewichtsteller ohne Massestücke mit dem Federkraftmesser an.

Schritt 3: Lege nacheinander Massestücke auf den Gewichtsteller, sodass sich die Gesamtmasse schrittweise um 10 g erhöht.

Schritt 4: Miss jeweils die wirkende Gewichtskraft F_G.

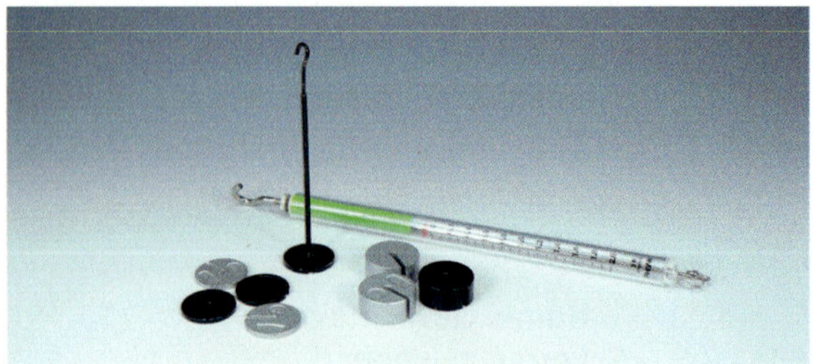

1 Das Versuchsmaterial

1. Trage die jeweils angehängten Massen *m* und die Beträge der gemessenen Gewichtskräfte F_G in eine Tabelle ein.
2. Zeichne ein m-F_G-Diagramm.
3. Beschreibe den Verlauf des Graphen. Ziehe eine mathematische Schlussfolgerung.

B Die Masse mithilfe der Gewichtskraft bestimmen

Material: 8 Gegenstände aus deinem Rucksack, feste Schnur, 3 Federkraftmesser mit verschiedenen Messbereichen, Waage (→ Bild 2)

Durchführung:

Schritt 1: Befestige an den Gegenständen mithilfe der Schnur eine Schlaufe.

Schritt 2: Schätze die Masse jedes gewählten Gegenstandes.

Schritt 3: Bestimme mithilfe der Waage die Masse jedes Gegenstandes.

Schritt 4: Wähle für jeden Gegenstand einen Kraftmesser mit dem passenden Messbereich aus. Miss jeweils die wirkende Gewichtskraft F_G.

2 Gegenstände aus deinem Rucksack

Starthilfe zu 1:

Gegenstand	geschätzte Masse *m* in g	gemessene Masse *m* in g	F_G in N	berechnete Masse *m* in g
Physikbuch				

1. Trage für jeden Gegenstand die geschätzte Masse *m*, die gemessene Masse *m* und den Betrag der gemessenen Gewichtskraft F_G in eine Tabelle ein.
2. Berechne die Masse *m* des jeweils angehängten Gegenstandes, indem du die Gewichtskraft F_G (in N) durch 10 dividierst.
3. Vergleiche jeweils die gemessene Masse mit der berechneten Masse.

IM ALLTAG

Die Rolle des Wirkens verschiedener Kräfte

Kräfte und fliegende Koffer

Ein Flugzeug fliegt sicher, wenn seine Gesamtmasse und die daraus resultierende Gewichtskraft nicht zu groß sind. Der Koffer eines Flugreisenden darf deshalb nur eine bestimmte Masse haben. Wird der Koffer wie in Bild 3 an eine **Kofferwaage** gehängt, zeigt sie die Masse des Koffers an.

3 Der Koffer darf nicht zu schwer werden.

Materialien müssen Kräfte aushalten

Der Bauhelm des Arbeiters in Bild 4 dient der Sicherheit. Das Material des Helmes darf beim Wirken großer Kräfte nicht zerbrechen. Gleiches gilt für das Tragseil eines Kranes oder den Betonpfeiler einer Brücke. Viele Materialien werden deshalb im Labor vor ihrem Einsatz auf **Festigkeit** geprüft.

4 Ein Helm schützt vor Verletzungen.

Das Wissen über Kräfte im Beruf

In vielen handwerklichen Berufen werden durch das Wirken von Kräften Materialien verändert. In einer handwerklichen Ausbildung lernst du zum Beispiel, mit welcher Kraft eine Holzleiste mit einem Stechbeitel wie in Bild 5 bearbeitet, ein Stahlblech gebogen oder ein Stein bearbeitet wird.

5 Die Bearbeitung von Holz

1 **a)** Recherchiere die Masse, die ein Koffer für einen Flug haben darf.
b) Ein Flugzeug nimmt 200 Fluggäste mit je einem Koffer auf. Berechne die Gesamtmasse der Koffer mit der Masse aus Aufgabe a) und gib die wirkende Gewichtskraft an.
c) Recherchiere das Flugzeug mit der größten Gesamtflugmasse.

2 **a)** Nenne Gegenstände, die aus Sicherheitsgründen große Kräfte aushalten müssen.
b) Recherchiere die Materialien von Gegenständen, die aus Sicherheitsgründen große Kräfte aushalten müssen. Nenne die wesentlichen Eigenschaften dieser Materialien.

3 **a)** Beschreibe einen handwerklichen Beruf, in dem durch das Wirken von Kräften Materialien bearbeitet werden.
b) Recherchchiere die Ausbildungsdauer und die Zugangsvoraussetzungen dieses Berufes.

1 Schraubenfedern können sich dehnen.

Hookesches Gesetz: plastisch oder elastisch?

Auf einem Trampolin springen

Das Sprungtuch eines Trampolins wird mithilfe von **Schraubenfedern** am Trampolinrahmen befestigt (→ Bild 1). Die Schraubenfedern spannen das Sprungtuch. Wenn du springst, werden die Federn gedehnt. Das Sprungtuch senkt sich nach unten ab. Anschließend ziehen sich die Federn des Trampolins wieder zusammen. Dabei spannen sie das Sprungtuch. Die gespeicherte Spannenergie erhältst du als Bewegungsenergie.

Schraubenfedern

Eine Schraubenfeder hat eine bestimmte Länge. Sobald du einen Körper mit einer Masse an die Schraubenfeder anhängst, wirkt die Gewichtskraft des Körpers auf die Feder. Die Feder wird gedehnt. Je größer die angehängte Masse ist, desto mehr wird die Feder gedehnt. Es wird dabei nur der Bereich der Verlängerung betrachtet, der durch die Dehnung der Feder verursacht wird. Die **Dehnungslänge** der Feder wird deshalb mit $\Delta\ell$ (griechisch, gesprochen: Delta) dargestellt.

Das hookesche Gesetz

Die wirkende Kraft F auf eine Feder und die dadurch verursachte Dehnungslänge der Feder $\Delta\ell$ sind proportional zueinander. Diese Gesetzmäßigkeit hat der englische Physiker ROBERT HOOKE (1635 – 1703) bereits 1676 formuliert. Daher heißt dieser Zusammenhang **hookesches Gesetz.**

Hookesches Gesetz: $F \sim \Delta\ell$

Die Federkonstante

Der Graph im Dehnungslänge-Kraft-Diagramm in Bild 2 ist ein linearer Graph mit Beginn im Ursprung. Das bedeutet, dass die Werte des Quotienten $\frac{F}{\Delta\ell}$ konstant sind. Der Quotient ist die **Federkonstante** der Schraubenfeder und wird mit ***D*** abgekürzt. Als Einheit der Federkonstanten ergibt sich $\frac{\text{N}}{\text{m}}$ **(Newton pro Meter).**

Name: Federkonstante
Formelzeichen: D
Berechnung: $D = \frac{F}{\Delta\ell}$
Einheit: $\frac{\text{N}}{\text{m}}$

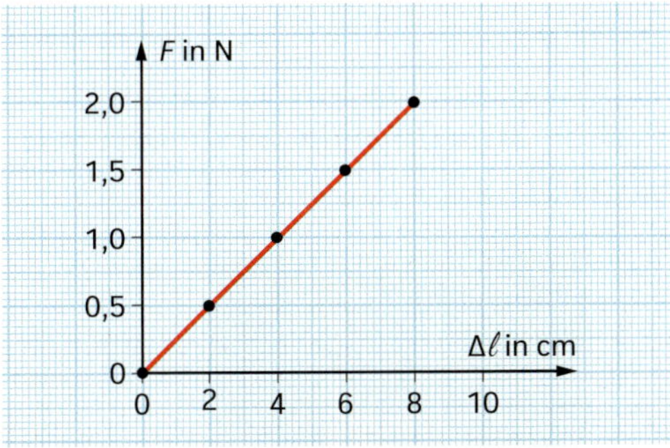

2 Δℓ-*F*-Diagramm einer Schraubenfeder

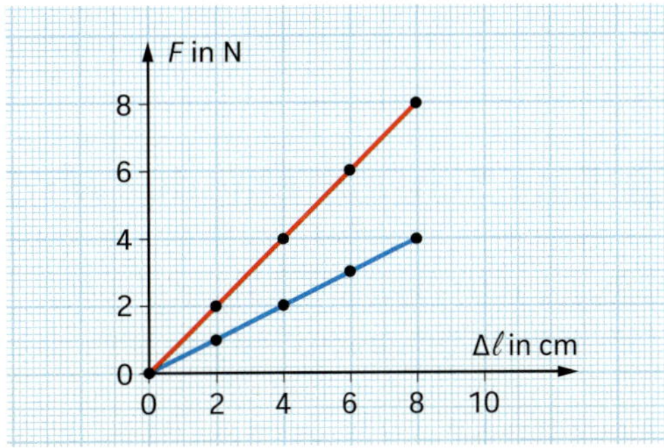

3 Δℓ-*F*-Diagramm zweier Schraubenfedern

Harte und weiche Federn

Verschiedene Schraubenfedern dehnen sich unterschiedlich aus. Eine **weiche Feder** dehnt sich stark aus. Eine **harte Feder** dehnt sich weniger stark aus. Eine weiche Feder hat eine kleine Federkonstante. Eine harte Feder eine große Federkonstante. Je weicher eine Schraubenfeder ist, desto flacher verläuft der lineare Graph im Δℓ-*F*-Diagramm (→ Bild 3). Die Federkonstante ist also eine charakteristische Materialgröße jeder Feder.

Schraubenfedern dürfen nicht überdehnt werden!

Wird eine Schraubenfeder entlastet, geht sie wieder auf ihre ursprüngliche Länge zurück. Das ist eine **elastische Verformung.** Wirkt auf die Schraubenfeder jedoch eine zu große Kraft, wird sie überdehnt. Sie geht nach der Entlastung nicht mehr auf ihre ursprüngliche Länge zurück. Diese Veränderung heißt **plastische Verformung.** Die Feder ist dann unbrauchbar.

Gummibänder dehnen sich

Gummibänder scheinen sich ähnlich zu verhalten wie Schraubenfedern. Ab einer bestimmten Belastung sind die Kraft und die Verlängerung jedoch nicht mehr proportional zueinander. Überdehnte Gummibänder ziehen sich ohne Belastung nicht auf ihre ursprüngliche Länge zusammen. Sie sind plastisch verformt (→ Bild 4). Für Gummibänder gilt das hookesche Gesetz also nicht.

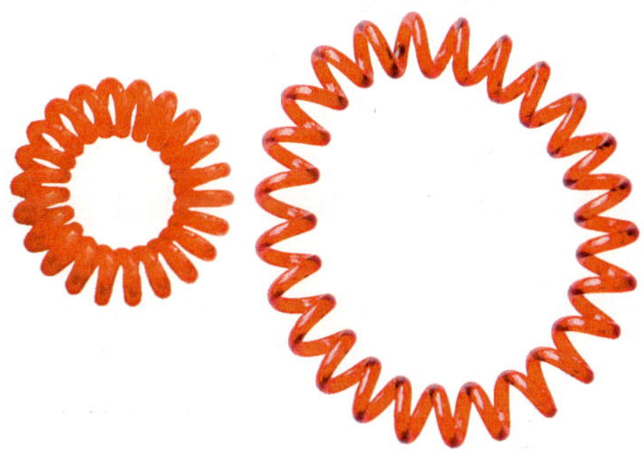

4 Bei Überdehnung verformen sich Gummibänder plastisch.

1. Nenne Beispiele für den Einsatz von Schraubenfedern im Alltag.
2. Eine Schraubenfeder wird mit 3,0 N belastet und verlängert sich dabei um 6 cm. Berechne die Verlängerung der Feder bei einer Belastung von 4,0 N.
3. Nenne je ein Beispiel aus dem Alltag für ein harte Feder und für eine weiche Feder.
4. **a)** Ordne den beiden Graphen in Bild 3 die größere Federkonstante zu. Begründe deine Wahl.
   b) Bestimme mithilfe des Δℓ-*F*-Diagramms in Bild 3 die Federkonstanten der beiden Federn. Begründe anhand deiner Berechnung die Materialeigenschaft der Federn.
5. Beschreibe Fälle, bei denen überdehnte Gummibänder ihren Zweck nicht mehr erfüllen können.

»

FORSCHEN UND ENTDECKEN

A Eine Schraubenfeder wird gedehnt

Material: verschiedene Schraubenfedern, Federkraftmesser, Stativmaterial, Lineal

Durchführung:

Schritt 1: Dehne eine Schraubenfeder schrittweise um 1 cm. Miss dabei mit einem Kraftmesser die jeweils benötigte Kraft *F* (→ Bild 1A).

Schritt 2: Trage die Werte in eine Messwerttabelle wie in Bild 1B ein.

Zusatz: Wiederhole die Schritte 1 und 2 mit einer Schraubenfeder mit einer anderen Federkonstante.

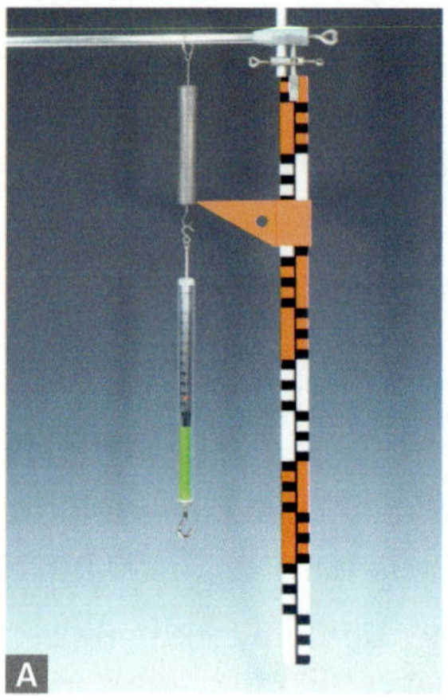

B

$\Delta\ell$ in cm	0	1	2	3	4
F in N	0				
$\frac{F}{\Delta\ell}$ in $\frac{N}{cm}$	-				

1 Die Dehnungslänge einer Schraubenfeder: **A** Versuchsaufbau, **B** Messwerttabelle

1 Berechne in der dritten Zeile der Messwerttabelle den Wert des Quotienten aus F und $\Delta\ell$.

2 **a)** Übertrage die Werte aus deiner Messwerttabelle in ein $\Delta\ell$-F-Diagramm.
b) Beschreibe den Verlauf des Graphen.

3 Formulieren mit deinen Ergebnissen einen mathematischen Zusammenhang.

B Ein Gummiband wird gedehnt

Material: Gummiband, Federkraftmesser, Stativmaterial, Lineal

Durchführung:

Schritt 1: Dehne ein Gummiband schrittweise um 1 cm. Miss dabei mit einem Kraftmesser die jeweils benötigte Kraft (→ Bild 2A).

Schritt 2: Trage die Werte in eine Messwerttabelle wie in Bild 2B ein.

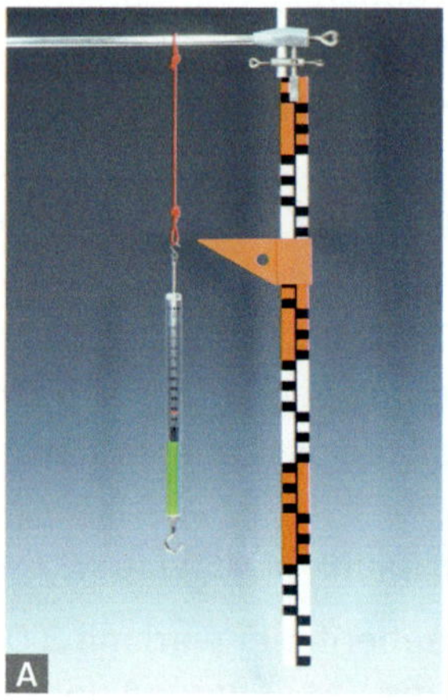

B

$\Delta\ell$ in cm	0	1	2	3	4
F in N	0				
$\frac{F}{\Delta\ell}$ in $\frac{N}{cm}$	-				

2 Die Dehnungslänge eines Gummibandes: **A** Versuchsaufbau, **B** Messwerttabelle

1 Berechne in der dritten Zeile der Messwerttabelle den Wert des Quotienten aus F und $\Delta\ell$.

2 **a)** Übertrage die Werte aus deiner Messwerttabelle in ein $\Delta\ell$-F-Diagramm.
b) Beschreibe den Verlauf des Graphen.

3 II Vergleiche den Graphen im $\Delta\ell$-F-Diagramm mit dem der Schraubenfeder. Ziehe Schlussfolgerungen in Bezug auf die Gültigkeit des hookeschen Gesetzes und begründe diese.

IM ALLTAG

Das Bungeespringen

3 Die Lianenspringer

Die Erfinder des Bungeespringens

Auf der südpazifischen Insel Pentecôte findet jedes Jahr im April nach der Regenzeit das Sprungfest Naghol statt. Jungen und junge Männer suchen sich kräftige Lianen, die genau auf Länge geschnitten werden. Sie binden sie an ihre Fußknöchel und springen aus bis zu 35 m von einer Plattform.
Der Hang am Fuße des Sprungturms ist abschüssig. Zusätzlich wurde die Erde aufgelockert, sodass ein Aufprall meistens glimpflich verläuft.

1. Recherchiere Rekorde zum Thema Bungeespringen.
2. Erläutere den Einsatz eines zusätzlichen unelastischen Sicherheitsseiles neben dem Bungeeseil.

4 Ein Bungeesprung von einer Brücke

Bungeespringen für alle

Heutzutage gibt es viele Angebote, die Bungeesprünge beispielsweise von einer Brücke ermöglichen. Anstelle von den Lianen besteht das Bungeeseil heute aus einem hochelastischen Gummiseil und einem zusätzlichen unelastischen Sicherungsseil.

5 Ganz viele Gummibänder

Das Bungeeseil

Ein Bungeeseil ist eine Ansammlung vieler einzelner Gummibänder. Sollte einmal eines dieser Bänder reißen, nehmen die anderen Gummibänder die Kraft auf. Durch die Beanspruchung darf das Seil nur für eine bestimmte Anzahl von Sprüngen eingesetzt werden.

1 Im Supermarkt

Die Kraft ist eine gerichtete Größe

Kraft ist eine vektorielle Größe

Um einen Einkaufswagen wie in Bild 1 zu schieben, musst du eine Kraft aufbringen. Der **Angriffspunkt** und der **Betrag** der Kraft bestimmen die Bewegungsänderung des Wagens. Die Lage des Angriffspunktes der Kraft ist für ihre Wirkung entscheidend. Läge der Angriffspunkt seitlich, würde der Wagen nicht geradeaus fahren. Die Kraft muss immer in die **Richtung** wirken, in die der Wagen fahren soll.
Die Wirkung der Kraft ist also abhängig von ihrem Angriffspunkt, ihrem Betrag und ihrer Richtung. Die Kraft ist eine gerichtete oder **vektorielle Größe.**

Kräfte grafisch darstellen

Die Kraft als vektorielle Größe kannst du grafisch als Pfeil darstellen. Der Betrag der Kraft ergibt sich mit einem festgelegten Maßstab aus der Länge des Pfeils. Sein Anfangspunkt ist der Angriffspunkt der Kraft. Die Richtung der wirkenden Kraft wird durch die Pfeilspitze angezeigt. (→ Bild 2)

Zwei Kräfte wirken gleichzeitig

Wenn du den Einkaufswagen mit einer Freundin geradeaus schiebst, können die Kräfte in die gleiche Richtung oder in die entgegengesetzte Richtung wirken. Wenn du diese Kräfte **addierst,** ergibt sich die resultierende Gesamtkraft F_R. Sie ist die vektorielle Summe der Einzelkräfte.

Wenn ihr den Einkaufswagen in verschiedene Richtungen schiebt, dann fährt der Wagen nicht geradeaus. Wenn zwei Kräfte in verschiedene Richtungen wirken, musst du die Pfeile zeichnerisch zu einem **Kräfteparallelogramm** ergänzen. Die Diagonale des Kräfteparallelogramms entspricht der resultierenden Gesamtkraft F_R.

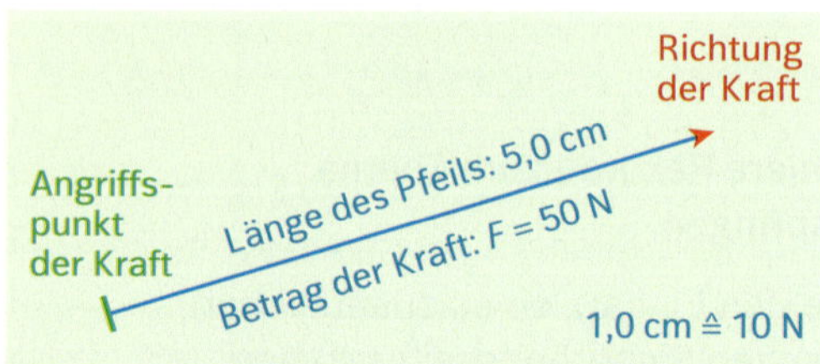

2 Bestimmungsstücke einer vektoriellen Größe

Addition von Kräften, die in die gleiche Richtung wirken

Wirken zwei Kräfte in die gleiche Richtung, können diese Kräfte addiert werden. Dazu wird der Angriffspunkt der Kraft F_2 an die Pfeilspitze der Kraft F_1 angesetzt. Beide Pfeile weisen in die gleiche Richtung. Die resultierende Gesamtkraft F_R ergibt sich aus der Summe der beiden Einzelkräfte. (→ Bild 3)

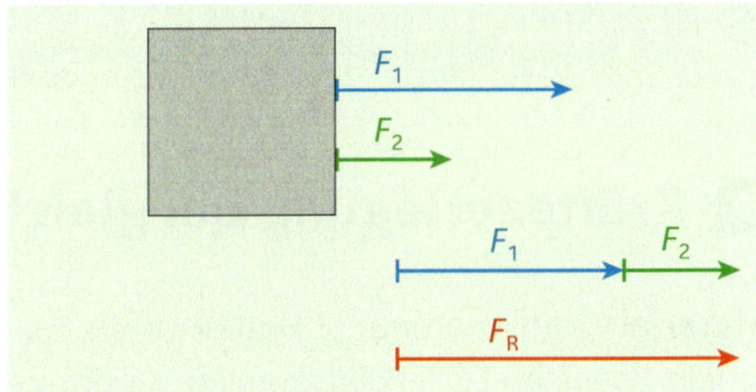

3 Zwei Kräfte wirken in die gleiche Richtung.

Addition von Kräften, die entgegengesetzt wirken

Wirken Kräfte in entgegengesetzte Richtungen, werden diese Kräfte ebenfalls addiert, aber in unterschiedlichen Richtungen. Der Angriffspunkt von F_2 wird an die Spitze von F_1 angesetzt. Die resultierende Gesamtkraft F_R ergibt sich dann vom Angriffspunkt der Kraft F_1 bis zur Pfeilspitze der Kraft F_2. (→ Bild 4)

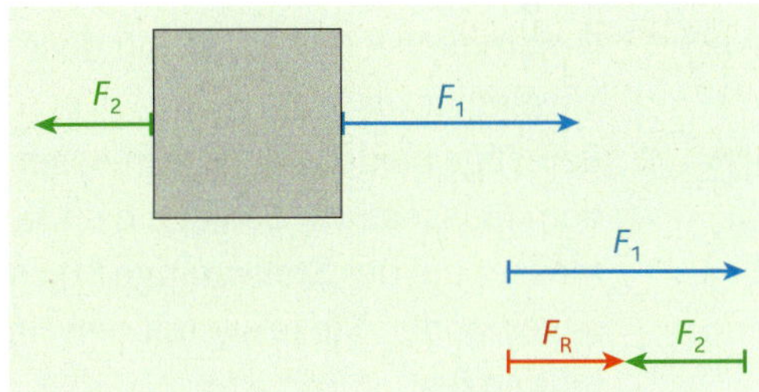

4 Zwei Kräfte wirken in die entgegengesetzte Richtung.

Kräfteparallelogramm

Wirken die Kräfte in verschiedene Richtungen, müssen diese zu einem Kräfteparallelogramm ergänzt werden. Dabei gibt die Diagonale die Richtung und den Betrag der resultierenden Gesamtkraft F_R an. Dafür werden die Pfeile der Einzelkräfte bis zur Spitze der jeweils anderen Kraft parallel verschoben. Der Betrag der resultierenden Gesamtkraft ergibt sich vom Angriffspunkt beider Einzelkräfte bis zum Schnittpunkt der beiden Parallelen. (→ Bild 5)

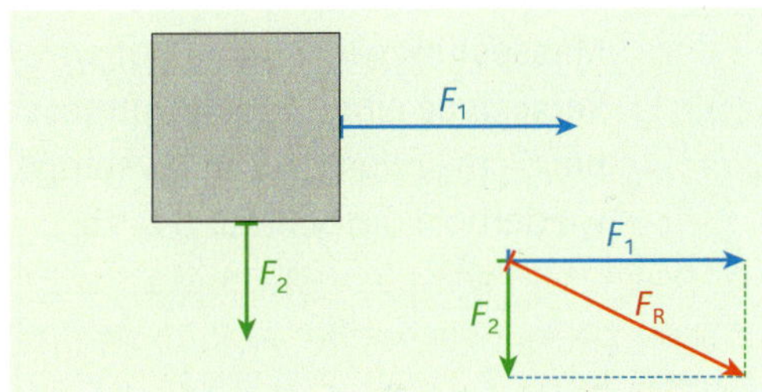

5 Zwei Kräfte wirken in unterschiedliche Richtungen.

Eine **vektorielle Größe** zeichnet sich durch drei Bestimmungsstücke aus:
- Angriffspunkt,
- Richtung,
- Betrag.

1 Ermittle grafisch die resultierende Kraft, wenn zwei Kräfte $F_1 = 450$ N und $F_2 = 360$ N mit gleichem Angriffspunkt
a) in die gleiche Richtung wirken.
b) in die entgegengesetzten Richtungen wirken.
c) in verschiedene Richtungen unter einem Winkel von 30° wirken.

Starthilfe zu 1:
Benutze für deine Zeichnung den Maßstab: 1 cm ≙ 100 N

2 **II a)** Leon und sein Bruder Linus ziehen einen Schlitten geradeaus. Leon möchte links abbiegen. Er zieht mit einer Kraft von 520 N und unter einem Winkel von 30°. Linus möchte aber zum See. Er zieht mit einer Kraft von 450 N und unter einem Winkel von 45° nach rechts. Ermittle zeichnerisch die Richtung des Schlittens.
III b) Ihre Schwester Lina möchte aber nach Hause. Ermittle grafisch, wen Lina unterstützen muss, damit der Schlitten geradeaus weiterfährt. Gib die Kraft an, die sie dafür aufbringen muss.

»

FORSCHEN UND ENTDECKEN

A Kräftezerlegung bei gleicher Kraftwirkung

Material: Stativmaterial, 2 Haltemuffen, Massestück, 2 gleiche Federkraftmesser, Geodreieck

Durchführung:

Schritt 1: Bestimme die Gewichtskraft des Massestückes.

Schritt 2: Befestige beide Federkraftmesser an dem Massestück. Schiebe die Kraftmesser auf der Stativstange 10 cm auseinander. Stelle sie mit den Haltemuffen fest.

Schritt 3: Miss die Winkel α und β und schreibe ihre Maße auf (→ Bild 1).

Schritt 4: Lies die Kräfte F_1 und F_2 ab, die am Massestück wirken, und notiere sie.

Schritt 5: Verschiebe einen Federkraftmesser um 5 cm entlang der Stativstange und wiederhole die Schritte 3 bis 5.

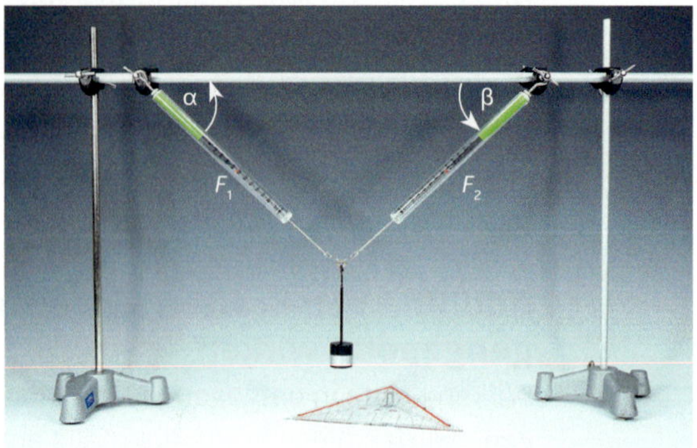

1 Ein Massestück ist an zwei Punkten aufgehängt.

1. Vergleiche jeweils die Winkel α und β sowie die Kräfte F_1 und F_2.
2. Bilde jeweils die Summe der Kräfte. Vergleiche diesen Wert mit dem der Gewichtskraft.
3. Zeichne mithilfe der Messwerte ein Kräfteparallelogramm zu jeder Messung.

B Kräftezerlegung bei unterschiedlicher Kraftwirkung

Material: Stativmaterial, 2 Haltemuffen, Massestück, 2 gleiche Federkraftmesser, Band mit mehreren Schlaufen im Abstand von 2 cm, Geodreieck

Durchführung:

Schritt 1: Befestige beide Federkraftmesser an dem Massestück. Schiebe die Kraftmesser 40 cm auseinander und befestige sie mit den Haltemuffen.

Schritt 2: Verlängere einen Federkraftmesser mit dem Band in der 1. Schlaufe.

Schritt 3: Miss die Winkel α und β und schreibe ihre Maße auf (→ Bild 2).

Schritt 4: Lies die Kräfte F_1 und F_2 ab, die am Massestück wirken, und notiere sie.

Schritt 5: Verlängere das Band um 2 cm und wiederhole die Schritte 3 bis 5.

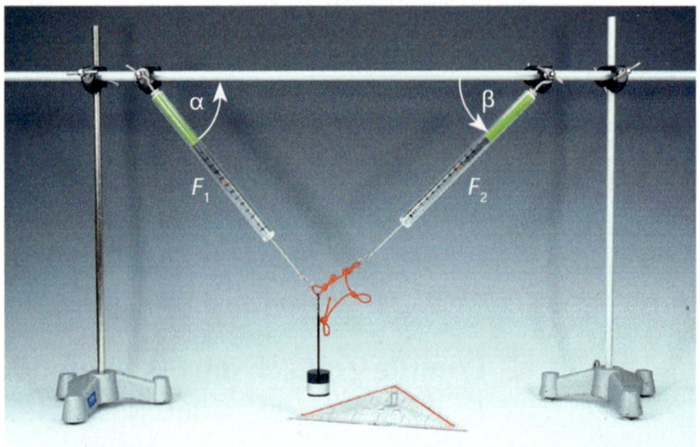

2 Die Kraftwirkung auf das Massestück ist unterschiedlich.

1. Vergleiche jeweils die Winkel α und β sowie die Kräfte F_1 und F_2.
2. Beschreibe das Verhalten der Kräfte F_1 und F_2 in Abhängigkeit von den Winkeln α und β.
3. Zeichne mithilfe der Messwerte ein Kräfteparallelogramm zu jeder Messung.

IM ALLTAG

Überall Kräftezerlegung

Holz spalten mit einem Keil

Ein **Keil** hilft dir, einen Baumstamm zu spalten. Du brauchst viel weniger Kraft. Wenn du den Keil in den Baumstamm hineinschlägst, wirken große Kräfte senkrecht zur Oberfläche des Keils. Sie treiben das Holz auseinander. Die Kräftezerlegung bewirkt, dass die verhältnismäßig geringe Muskelkraft F_M in die beiden seitlich wirkenden, großen Teilkräfte zerlegt wird.

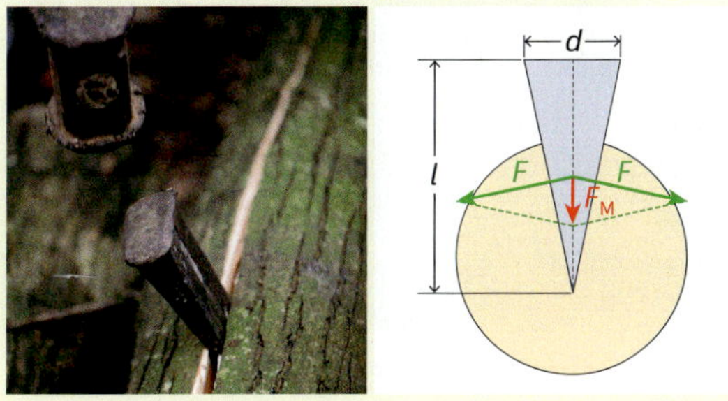

3 Ein Holzkeil verteilt die Kraft seitlich.

Die Strömung muss beachtet werden!

Das Wasser in einem Fluss besitzt eine **Strömung.** Wenn du mit einem Boot einen Fluss überqueren willst, musst du diese Strömung beachten. Sonst wirst du abgetrieben und erreichst das andere Ufer an der falschen Stelle. Mithilfe einer Kräftezerlegung kannst du bestimmen, in welche Richtung und mit welcher Kraft das Boot bewegt werden muss.

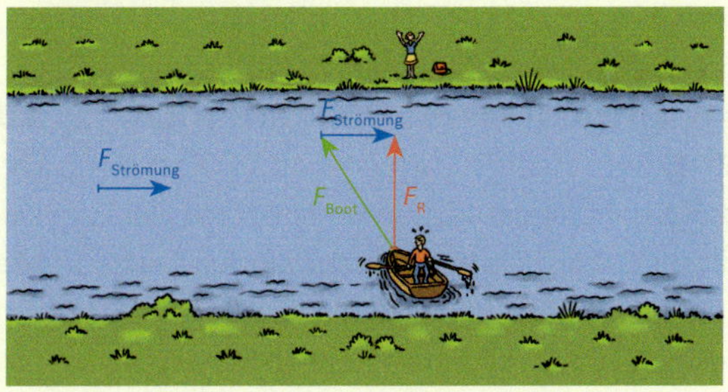

4 Schräg zur Strömung zum Ziel!

Gemeinsam einen Schlitten ziehen

Wenn ihr einen Schlitten zu zweit in die gleiche Richtung zieht, addieren sich eure beiden Kräfte. So lassen sich auch zwei oder sogar drei Freunde auf dem Schlitten ziehen. Doch auch hier müsst ihr die Kräftezerlegung beachten. Denn je größer der Winkel zwischen den beiden Zugseilen ist, desto kleiner ist die resultierende Kraft, die den Schlitten nach vorne zieht.

5 Gemeinsam mehr bewegen!

1. Ein Keil wie in Bild 3B mit $d = 50$ mm und $\ell = 150$ mm wird mit einer Muskelkraft $F_M = 250$ N in den Stamm getrieben. Bestimme mithilfe eines Kräfteparallelogramms die senkrecht zur Oberfläche des Keils wirkenden Kräfte.
2. Ein Fluss hat eine Strömung, die auf einen Gegenstand eine Kraft von 15 N ausübt. Du kannst beim Treten deines Tretbootes eine Kraft von 30 N aufbringen. Ermittle zeichnerisch die Richtung, in die du fahren musst, um genau am gegenüberliegenden Ufer anzukommen.
3. Zwei Kinder ziehen einen Schlitten mit der Kraft $F_1 = 80$ N und $F_2 = 50$ N. Beide greifen am Schlitten in einem Winkel von 20° zueinander an. Ermittle zeichnerisch die resultierende Kraft, die auf den Schlitten wirkt (10 N ≙ 1 cm). Gib den Betrag der Kraft an.

«

1 Ein Apfelbaum im Frühling und im Herbst

Die Gewichtskraft und die schwere Masse

Die Gewichtskraft und ihre Richtung

Im Herbst biegen sich Äste mit Äpfeln viel stärker zur Erde hin als dieselben Äste im Frühling mit Blüten (→ Bild 1). Die Verformung der Äste wird durch die Erdanziehungskraft hervorgerufen.

Jeder Körper auf der Erde hat eine Masse. Auf diese Masse wirkt durch die Erdanziehungskraft eine Kraft in Richtung Erdmittelpunkt. Das ist die Gewichtskraft F_G. Eine größere Masse verursacht eine größere Gewichtskraft. Dieser Kraft muss der Ast mit einer Gegenkraft entgegenwirken. Dabei ist es egal, wo du dich auf der Erde befindest. Die Gewichtskraft wirkt immer in Richtung Erdmittelpunkt. Deshalb fällt der Apfel auch an jeder Stelle der Erde auf den Erdboden (→ Bild 2).

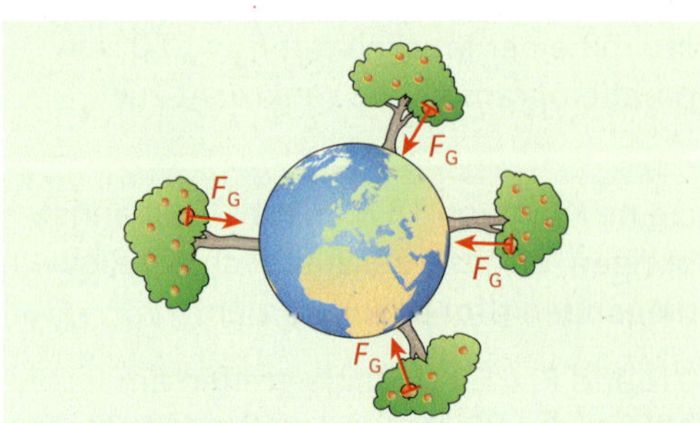

2 Die Gewichtskraft wirkt zum Erdmittelpunkt.

Von der Masse zur Gewichtskraft

Die Masse eines Körpers, die eine Gewichtskraft bewirkt, ist die **schwere Masse *m*** des Körpers.

Auf der Erde wirkt auf eine Masse von 1 kg eine Gewichtskraft von 9,81 N ≈ 10 N. Du kannst also auf der Erde mit guter Näherung die Gewichtskraft abschätzen, indem du die Masse in kg angibst und mit dem Faktor 10 multiplizierst. (→ Bild 3)

Name: schwere Masse
Formelzeichen: *m*
Einheit: kg
Weitere Einheiten: 1 kg = 1000 g
Kennzeichen: Auf der Erde bewirkt eine Masse von 1 kg eine Gewichtskraft von rund 10 N. Die Gewichtskraft wirkt dabei immer zum Erdmittelpunkt.

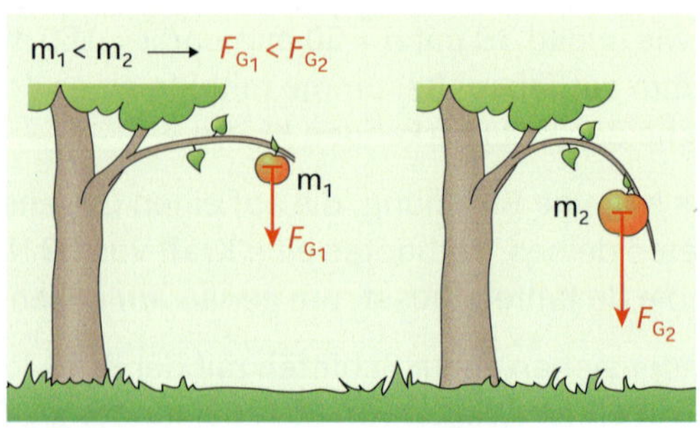

3 Die Masse verursacht die Gewichtskraft.

Massenvergleich mit der Balkenwaage

Die Masse eines Körpers kann mit einer **Balkenwaage** bestimmt werden. Mit bekannten Massestücken auf der einen Waagschale kannst du ermitteln, wie groß die Masse eines Körpers auf der anderen Waagschale ist. Ist die Waage im Gleichgewicht, ist die Summe der Werte der Massestücke die Masse des Körpers. Mit einer Balkenwaage führst du einen **Massenvergleich** durch. Dabei ist es egal, wo du die Messung durchführst, ob auf der Erde oder auf dem Mond. Die Masse eines Körpers ist **ortsunabhängig.** (→ Bild 4)

Der Ortsfaktor

Wenn du auf der Erde einen Gegenstand mit einer Masse von 100 g an einen Federkraftmesser hängst, zeigt er eine Gewichtskraft von 1 N an (→ Bild 4A).
Auf dem Mond zeigt der Kraftmesser bei der Masse von 100 g eine Gewichtskraft von nur 0,16 N an (→ Bild 4B). Das liegt an einem anderen **Ortsfaktor *g*.** Der Ortsfaktor auf dem Mond ist kleiner als der Ortsfaktor auf der Erde. Er beträgt $g_{Mond} = 1{,}62\ \frac{N}{kg}$.
Die Gewichtskraft ist also **ortsabhängig.**

Mit dem Ortsfaktor *g* lässt sich die Gewichtskraft F_G ermitteln, die an einem bestimmten Ort auf einen Körper mit einer Masse *m* wirkt.

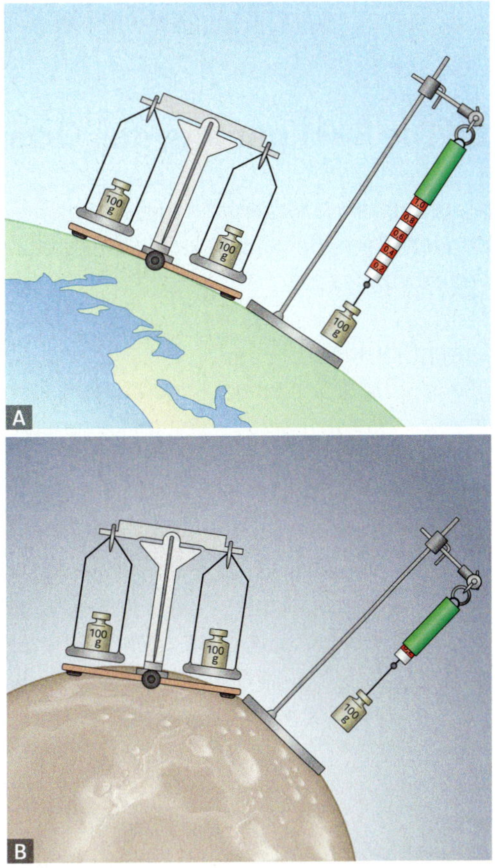

4 Gleiche Massen – unterschiedliche Gewichtskräfte: **A** auf der Erde, **B** auf dem Mond

Name: Ortsfaktor
Formelzeichen: *g*
Einheit: $\frac{N}{kg}$
Konstanten: Erde: $g_{Erde} = 9{,}81\ \frac{N}{kg}$
Mond: $g_{Mond} = 1{,}62\ \frac{N}{kg}$

1 **a)** Beschreibe, in welche Richtung Gegenstände am Nordpol, am Südpol, in Europa und auf anderen Kontinenten fallen.
b) Gib die Ursache für die Richtung der Fallbewegung der Gegenstände in a) an.

2 **a)** Gib jeweils die Gewichtskraft an, die auf der Erde auf eine Masse von 200 g, 500 g, 750 g, 2 kg, 3,5 kg wirkt.
b) Gib jeweils die Masse an, die auf der Erde eine Gewichtskraft von 4 N, 55 N, 105 N, 10 kN bewirkt.

Starthilfe zu 2:
F_G (in N) ≈ 10 · *m* (in kg)
Umrechnung: 1000 g = 1 kg

3 **a)** Gib die physikalischen Größen an, die mit den Messgeräten in Bild 4 gemessen werden. Vergleiche die Messgeräte und ziehe zwei Schlussfolgerungen.
b) Begründe das Verhalten der Messgeräte in Bild 4.

4 Gib die Gewichtskraft an, die auf der Erde und auf dem Mond auf eine Masse von 1,52 kg wirkt.

FORSCHEN UND ENTDECKEN

A Die Bestimmung des Ortsfaktors

Material: kleine Gegenstände mit Schlaufe aus dünnem Garn, Balkenwaage mit Wägesatz, Federkraftmesser

Durchführung:

Schritt 1: Miss mit einem Federkraftmesser die Gewichtskraft F_G eines Gegenstandes. Trage den Messwert in die Spalte 1 einer Tabelle wie in Bild 1 ein.

Schritt 2: Bestimme mit der Balkenwaage durch Massenvergleich die Masse des Gegenstandes. Trage den Messwert in die Spalte 2 der Tabelle ein.

Schritt 3: Wiederhole die Schritte 1 bis 2 für weitere kleinere Gegenstände.

1	2	3	4
F_G in N	m in g	m in kg	$\frac{F_G}{m}$ in $\frac{N}{kg}$

1 Messwerttabelle

1 **a)** Rechne die Masse in kg um und trage den Wert in die Spalte 3 ein.
b) Bestimme in der 4. Spalte den Wert des Quotienten aus F_G und m. Vergleiche die Werte und formuliere eine Ergebnis.

2 **a)** Berechnet den Mittelwert aller in der Klasse berechneten Werte. Vergleicht den Wert mit dem Ortsfaktor für Mitteleuropa.
II **b)** Begründe mögliche Abweichungen eures Mittelwertes vom theoretischen Wert.

3 III Begründe den Einsatz einer Balkenwaage zur Bestimmung der Masse.

ÜBEN UND ANWENDEN

B Der Ortsfaktor der Planeten unseres Planetensystems

Der Ortsfaktor g ist eine ortsabhängige Konstante. Sie ergibt sich als Quotient aus der Gewichtskraft und der Masse des Körpers. Die Masse ist dabei ortsunabhängig. Eine bestimmte Masse bewirkt auf jedem Planeten also eine andere Gewichtskraft.

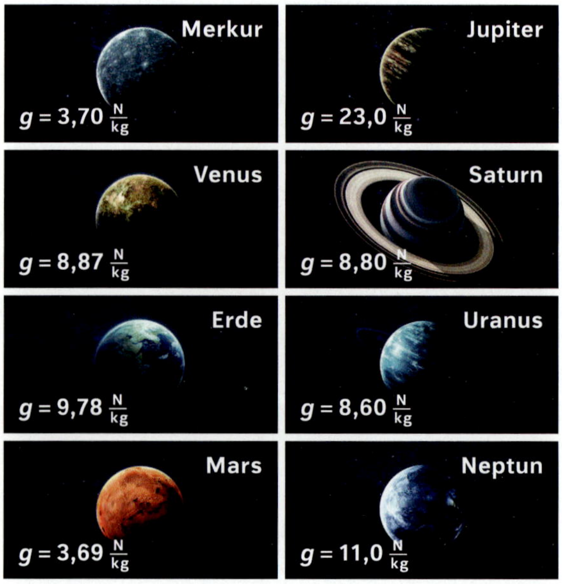

2 Die Ortsfaktoren am Äquator der Planeten

1 Auf dem Mars wird für eine Masse von 0,500 kg eine Gewichtskraft von 1,85 N gemessen. Berechne den Ortsfaktor für den Mars.

2 I Berechne die Gewichtskraft, die auf den verschiedenen Planeten auf eine Masse von 500 g wirkt.

3 II Begründe, dass am Äquator der Erde der Ortsfaktor kleiner ist als an ihren Polen.

IM ALLTAG

Die Waage ist ein Kraftmesser

3 Eine Küchenwaage

Die Federwaage

Im Inneren einer **Küchenwaage** befindet sich eine Feder. Sie ist mit dem Teller und dem Zeiger verbunden. Wenn du Nudeln in die Schale füllst, wirkt die Gewichtskraft der Nudeln auf die Feder. Der Zeiger reagiert und zeigt auf der Skala die Masse in kg an. Der Ortsfaktor von 9,81 $\frac{N}{kg}$ wurde dabei in der Skala zur Anzeige der Masse berücksichtigt.

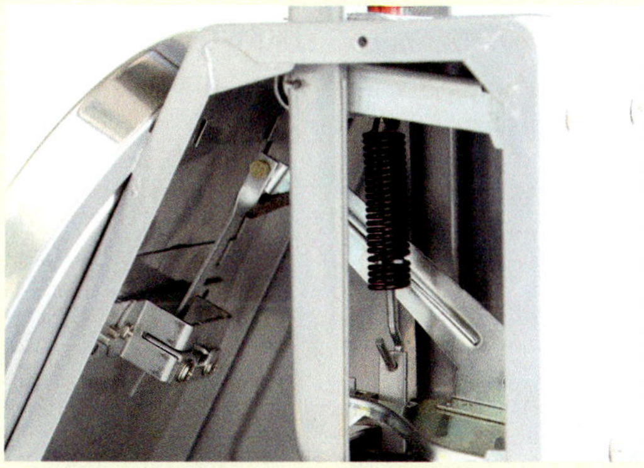
4 Das Innere einer Federwaage

5 Eine Personenwaage

Die elektronische Waage

Elektronische **Personenwaagen** haben einen Wägesensor, mit dem sie die Kraft messen. Wenn du dich auf die Waage stellst, verformt sich der Sensor. Aus der Verformung berechnet eine Elektronik mit dem Ortsfaktor 9,81 $\frac{N}{kg}$ die Masse. Die Masse wird auf dem Display digital angezeigt. Elektronische Waagen benötigen daher eine Batterie.

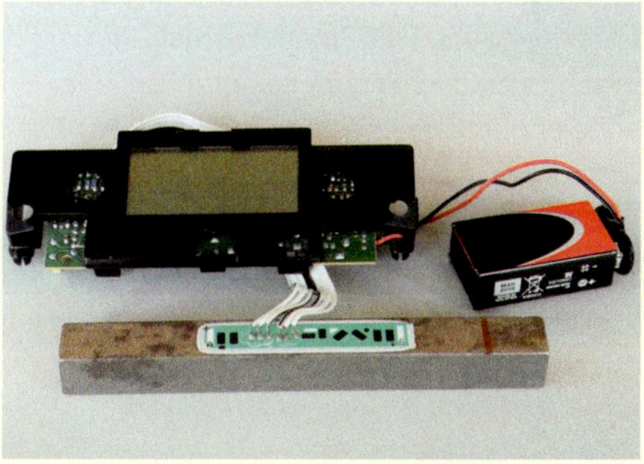
6 Das Innere einer elektronischen Waage

1 a) Beschreibe den Aufbau einer Federwaage.
b) Erkläre die Wirkungsweise einer Federwaage.

2 a) Nenne die Bestandteile einer elektronischen Waage.
b) Erläutere den jeweiligen Zweck der Hauptbestandteile einer elektronischen Waage.

3 II Erkläre mit eigenen Worten die Überschrift dieser Seite.

1 Vollbremsung

Die Trägheitskraft und die träge Masse

Noch einmal gut gegangen!

Der Schulbus ist voll besetzt. Plötzlich rollt ein Ball vor dem Bus auf die Straße. Der Fahrer macht eine Vollbremsung. Alle Passagiere werden nach vorne gerissen. Einige Gepäckstücke fliegen durch den Bus nach vorne. (→ Bild 1)

Die Trägheit von Körpern

Jeder Körper möchte in seinem Bewegungszustand bleiben. Beim Losfahren des Busses wirst du in den Sitz gepresst (→ Bild 2A). Wenn der Bus plötzlich stark bremst, bewegen sich alle nicht befestigten Gegenstände und Passagiere nach vorne. Sie möchten ihre Bewegung beibehalten (→ Bild 2B). Diese Eigenschaft einer Masse, sich einer plötzlichen Bewegungsänderung zu widersetzen, heißt **Trägheit.**

Die Trägheit ist eine Kraft

Für das Widersetzen ist eine Kraft notwendig. Diese Kraft muss umso größer sein, je größer die Masse des Körpers ist.
Das Bremsen des Busses ist eine Bewegungsänderung vom Zustand Fahren in den Zustand Stehen. Diese Bewegungsänderung wird durch die Bremsen des Busses ausgelöst. Sie üben eine Kraft aus.

Wenn du in dem Bus sitzt, möchtest du aber weiterhin nach vorne transportiert werden. Du musst aber nun mit dem Bus deine Geschwindigkeit reduzieren. Da das aber nicht sofort möglich ist, fällst du nach vorne. Es wirkt die **Trägheitskraft** deines Körpers. Sie ist der Richtung der Bewegungsänderung stets entgegengesetzt.

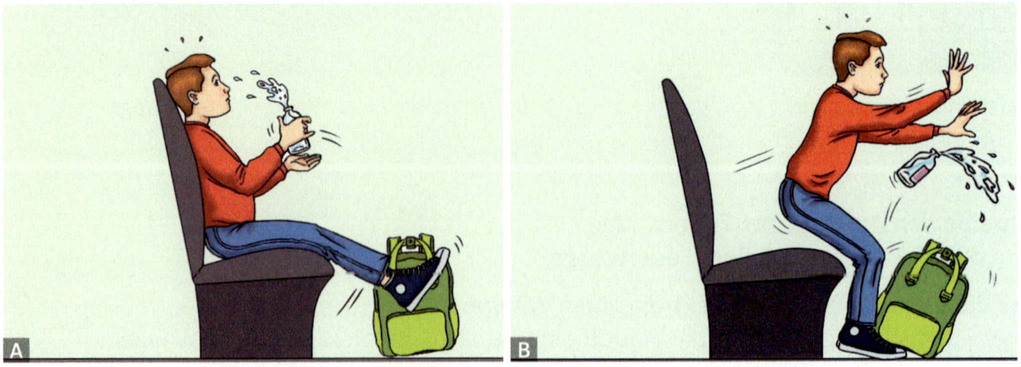

2 Die Trägheitskraft wirkt der Bewegungsänderung entgegen: **A** beim Losfahren, **B** beim Bremsen.

Trägheit, Kraft und Masse

Wenn du eine kleine Kugel mit geringer Masse anstößt und gegen eine Kugel mit großer Masse prallen lässt, wird sich die Kugel mit der großen Masse nicht oder nur wenig bewegen. Die kleine Kraft der kleinen Kugel kann die Trägheitskraft der Kugel mit der großen Masse kaum überwinden (→ Bild 3A). Stößt aber eine Kugel mit großer Masse gegen eine Kugel mit kleiner Masse, so rollt die leichtere Kugel los und wird schneller (→ Bild 3B).
Je größer die Masse eines Körpers ist, desto größer ist auch seine Trägheit.

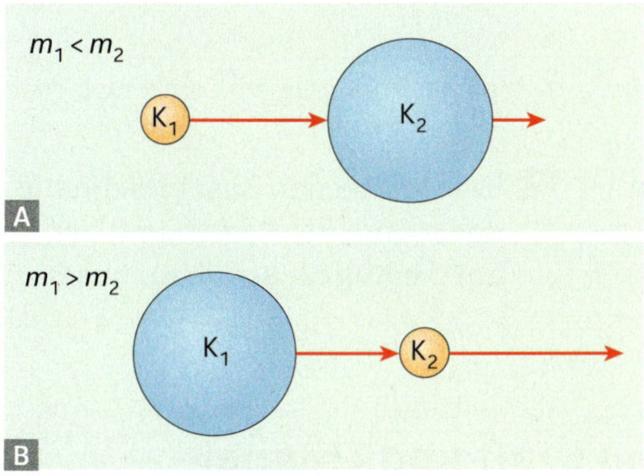

3 Masse und Trägheit

Trägheit ist ortsunabhängig

Die Trägheitskraft eines Körpers hängt nur von seiner Masse ab. Die Erdanziehungskraft und der Ortsfaktor haben keinen Einfluss auf die Trägheitskraft. Sie ist **unabhängig von dem Ort,** an dem sich der Körper befindet.

Der Schulbus auf dem Mond

Stell dir vor, der Bus würde auf dem Mond fahren und dort kräftig bremsen. Auch dort würdest du dich dieser Bewegungsänderung widersetzen. Du würdest dich weiter in dieselbe Richtung bewegen. Auch hier würdest du dir eine Beule holen, wenn du dir dabei den Kopf stoßen würdest.

Passagiere und Gepäckstücke sichern!

Was für Menschen gilt, gilt auch für Gepäckstücke. Auch Gepäckstücke fliegen beim plötzlichen Bremsen des Busses durch die Gegend. Wenn ein schwerer Rucksack beim Bremsen durch den Bus fliegt, kann das zu Verletzungen führen. Deshalb müssen Gepäckstücke immer gesichert werden. Das gilt besonders auch für die Passagiere. Durch **Sicherheitsgurte** im Bus und im Auto wird verhindert, dass die Trägheitskraft deinen Körper nach vorne bewegt (→ Bild 4).

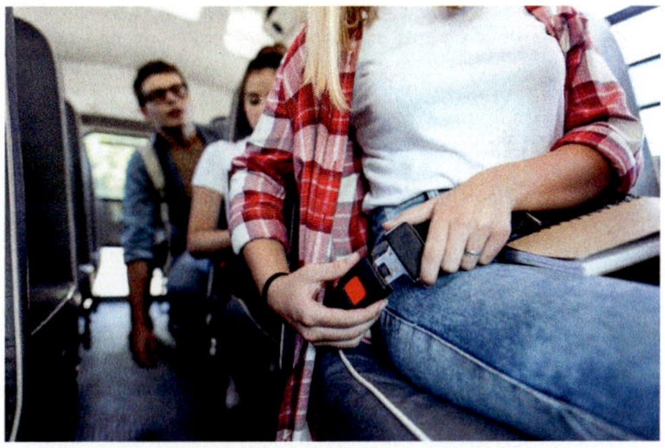

4 Passagiere und Gepäckstücke sichern!

1. Erkläre an einem Beispiel die Trägheit eines Körpers.
2. Begründe, dass ein Medizinball mit derselben Geschwindigkeit wie ein Fußball einen größeren Schaden anrichten könnte.
3. Wenn ein Auto abgeschleppt wird, darf der Fahrer im vorderen Auto nur sehr langsam anfahren. Gib den Grund für diese Vorsichtsmaßnahme an.
4. Beim Fußballspielen fliegt dir der Ball gegen den Kopf und du bekommst eine Beule.
   - a) Erkläre diesen Vorfall physikalisch.
   - b) Erkläre diesen Vorfall physikalisch, wenn das Fußballspiel auf dem Mond stattfinden würde. Arbeite dabei die Unterschiede zum Fußballspielen auf der Erde heraus.

»

FORSCHEN UND ENTDECKEN

A Der Zusammenhang zwischen Masse und Trägheit

Material: ein Tischtennisball und eine etwa gleich große Holzkugel, eine größere Styroporkugel, Waage

Durchführung:

Schritt 1: Bestimme die Massen der drei Kugeln.

Schritt 2: Schnipse den Tischtennisball mit dem Finger an (→ Bild 1).

Schritt 3: Schnipse die Holzkugel mit dem Finger an.

Schritt 4: Schnipse die Styroporkugel mit dem Finger an.

1 Die Kugeln werden mit dem Finger geschnipst.

1 Beschreibe jeweils deine Empfindung beim Schnipsen der drei Kugeln.

2 Beschreibe den Zusammenhang zwischen der Masse der Kugeln und der Kraft, die du auf die Kugeln ausüben musst.

B Der Zusammenhang zwischen Kraft und Trägheit

Material: 3 leere Streichholzschachteln, ein Tischtennisball und eine etwa gleich große Holzkugel, eine größere Styroporkugel, Waage

Durchführung:

Schritt 1: Bestimme die Massen der drei Kugeln.

Schritt 2: Baue wie in Bild 2 eine Brücke aus drei Streichholzschachteln auf.

Schritt 3: Lass den Tischtennisball gegen die Brücke rollen.

Schritt 4: Lass die Holzkugel mit gleicher Geschwindigkeit wie beim Tischtennisball gegen die Brücke rollen.

Schritt 5: Lass die Styroporkugel mit gleicher Geschwindigkeit wie beim Tischtennisball gegen die Brücke rollen.

2 Die Brücke ist in Gefahr!

1 Beschreibe deine Beobachtungen bei dem Tischtennisball, der Holzkugel und der Styroporkugel in Bezug auf die Standfestigkeit der Brücke.

2 Beschreibe mit den Beobachtungen aus dem Versuchen den Zusammenhang zwischen der Masse der Kugeln und der Kraft, die die Kugeln ausüben.

3 II Beschreibe zwei Möglichkeiten, bei einem Paar gleich aussehender Kugeln eine Holzkugel von einer Bleikugel zu unterscheiden.

IM ALLTAG

Die Rückhaltesysteme und der Crash-Test

Der Sicherheitsgurt

Bei einem plötzlichen Aufprall werden die Insassen nach vorne geschleudert. Das liegt an der Trägheit. Ein **Sicherheitsgurt** hält die Insassen in ihren Sitzen zurück. Die Insassen prallen nicht gegen das Lenkrad oder das Armaturenbrett. Der Gurt fängt die auftretenden Kräfte auf. Sind die Sicherheitsgurte durch einen Aufprall einmal gedehnt worden, müssen sie ausgetauscht werden.

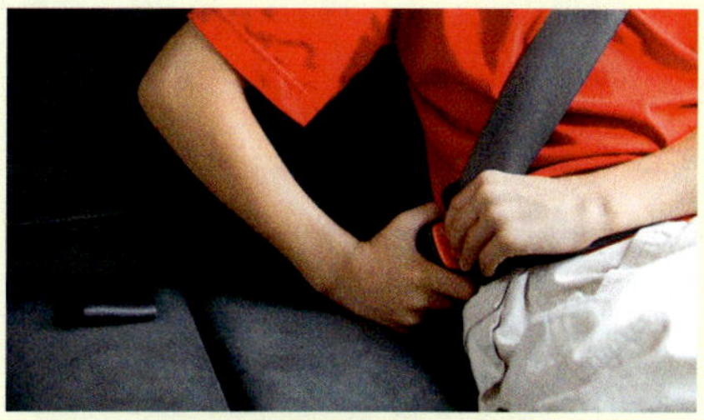

3 Den Sicherheitsgurt angelegen.

Der Airbag

In einem Kraftfahrzeug gibt es Beschleunigungssensoren. Sie messen, wie schnell das Fahrzeug abgebremst wird. Bei einem Aufprall stoppt das Fahrzeug schneller, als es mit einer Vollbremsung möglich wäre. Dann löst der **Airbag** aus.

Der Airbag ist ein Luftkissen. Es fängt die Kräfte des Insassen auf. So stößt der Kopf nicht auf das Lenkrad. Der Airbag bläht sich sehr schnell auf und fällt augenblicklich wieder in sich zusammen. So werden Verletzungen durch einen straff gespannten Airbag vermieden.

4 Der Airbag nimmt Aufprallkräfte auf.

Der Crash-Test

In **Crash-Tests** wird vorsätzlich ein Aufprall herbeigeführt. Die Auswirkungen werden mithilfe vieler Kameras aufgenommen. So können die Folgen später ausgewertet werden.

In Crash-Tests werden **Dummys** eingesetzt. Damit lässt sich die Wirksamkeit von Sicherheitsgurten oder dem Airbag untersuchen. **Knautschzonen** im Auto nehmen einen großen Teil der Energie des Aufpralls auf.

5 Crash-Tests erhöhen die Sicherheit.

1 Fasse die Vorrichtungen zusammen, die die Insassen vor einem Unfall schützen.

2 Begründe, dass Sicherheitsgurte nach einer starken Dehnung ausgetauscht werden müssen.

3 I Recherchiere den Begriff Knautschzone. Gehe dabei auch auf die Konstruktion der ersten Autos ein und analysiere die Sicherheit für die Menschen bei einem Unfall.

4 II Recherchiere weitere Sicherheitsmaßnahmen, die
a) die Insassen von Autos schützen sollen.
b) die Fahrerin oder den Fahrer von Motorrädern schützen sollen.

Mit Rollen und Seilen Kräfte sparen

1 Kräfte: **A** an fester Rolle, **B** an loser Rolle, **C** an loser und fester Rolle

Die feste Rolle

Lina steht unter ihrem Baumhaus. Sie will einen 5 kg schweren Korb nach oben ziehen. Zum Halten des Korbes muss sie also eine Kraft von 50 N aufbringen. Die Kraft zum Hochziehen des Korbes muss etwas größer sein.

Lina befestigt wie in Bild 1A eine Rolle am Baumhaus und legt ein Seil darüber. Ein Seilende befestigt sie am Korb. Das andere Seilende zieht sie nach unten und den Korb somit nach oben.

Lina verändert den Angriffspunkt und die Richtung der Kraft. Der Betrag der von Lina aufzubringenden Kraft bleibt gleich. Diese Rolle heißt **feste Rolle** und ist ein **Kraftwandler.**

Die lose Rolle

Lina steht auf dem Baumhaus und will den Korb nach oben ziehen. Sie befestigt wie in Bild 1B ein Seilende am Baumhaus und am Korb eine Rolle. Am anderen Seilende zieht sie den Korb und die Rolle nach oben.

Diese Rolle heißt **lose Rolle.** Lina muss dabei nur noch die Hälfte der Kraft aufbringen. Die andere Hälfte der Kraft wirkt auf das Seilende am Baumhaus. Die beiden Seilenden sind nun **tragende Seilstücke.** Lose Rollen ändern den Angriffspunkt und den Betrag der Kraft. Die Richtung der Kraft bleibt gleich. Die lose Rolle ist ebenfalls ein Kraftwandler.

Die feste und die lose Rolle

Lina steht unter dem Baumhaus und kombiniert nun eine lose Rolle und eine feste Rolle wie in Bild 1C. Die Kraft wird auf zwei tragende Seilstücke verteilt, also halbiert. Jetzt ändern sich der Betrag, die Richtung und der Angriffspunkt der Kraft, die Lina aufbringen muss.

Der Flaschenzug – ein Kraftwandler

Ein **Flaschenzug** besteht aus mehreren festen und losen Rollen und einem Seil. Der zu hebende Gegenstand hängt an den losen Rollen. Bei jedem Flaschenzug ändert sich der Angriffspunkt und der Betrag der aufzubringenden Kraft F_a. Die Richtung der aufzubringenden Kraft hängt von der Anordnung der Rollen und des Seiles ab. In Bild 2A wirkt die aufzubringende Kraft F_a nach unten, in Bild 2B nach oben.

Weniger Kraft aufbringen

In Bild 2A erkennst du 4 tragende Seilstücke. Auf jedes Seilstück wird ein Viertel des Betrages der Gewichtskraft F_G des Gegenstandes übertragen. Der Betrag der aufzubringenden Kraft F_a entspricht einem Viertel des Betrages der Gewichtskraft F_G. Der Flaschenzug in Bild 2B hat 5 tragende Seilstücke. Der Betrag der aufzubringenden Kraft F_a beträgt damit nur ein Fünftel des Betrages der Gewichtskraft F_G.

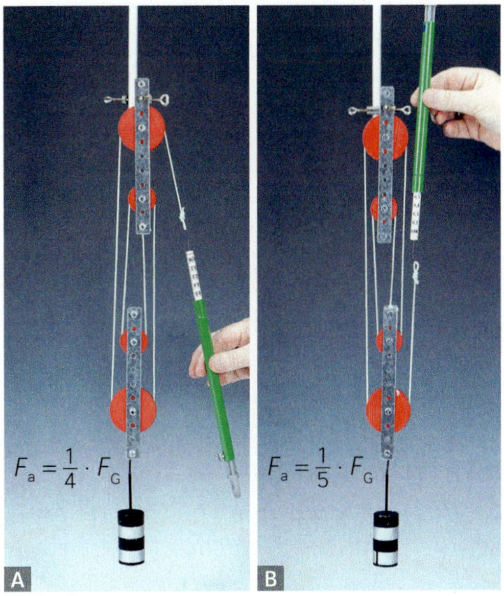

2 Flaschenzug: **A** mit 4 tragenden Seilstücken, **B** mit 5 tragenden Seilstücken

> Der Betrag der aufzubringenden Kraft F_a hängt von der Anzahl der tragenden Seilstücke eines Flaschenzuges ab:
>
> $F_a = \frac{1}{n} \cdot F_G$ n – tragende Seilstücke

1 Ein 10 kg-Eimer wird nach oben gezogen
a) mit einem Seil.
b) mit einem Seil und einer festen Rolle.
c) mit einem Seil und einer losen Rolle.
d) mit einem Seil, einer festen Rolle und einer losen Rolle.
Gib die jeweils aufzubringende Kraft F_a und deine Position an.

Starthilfe zu 1:
Lege eine Tabelle an.

Hilfsmittel	aufzubringende Kraft F_a	Position	
		oben	unten

2 Eine Kiste soll mit einer losen und einer festen Rolle gehoben werden.
I a) Die Kiste hat eine Masse von 120 kg. Berechne die aufzubringende Kraft F_a.
II b) Die Kiste hat eine Masse von 90 kg. Hannah wiegt 50 kg. Sie möchte mithilfe ihrer Masse die Kiste ein Stück anheben. Begründe, dass es ihr gelingt.
III c) Ben wiegt 60 kg. Ermittle die Masse einer Kiste, die er mit seiner eigenen Masse ein Stück anheben kann.

Starthilfe zu 2:
1 kg ≙ 10 N

3 In einer Autowerkstatt soll ein 200 kg schwerer Motor gehoben werden.
I a) Es steht ein Flaschenzug wie in Bild 2A mit 4 tragenden Seilstücken zur Verfügung. Berechne die aufzubringende Kraft F_a.
II b) Der Antrieb des Flaschenzuges mit 4 Rollen ist an der Decke angebracht. Bestimme die Anzahl der tragenden Seilstücke. Berechne die aufzubringende Kraft F_a.
III c) Die aufzubringende Kraft F_a beträgt 250 N. Zeichne einen passenden Flaschenzug.
III d) Begründe, dass die Kraft F_a in c) zum Anheben des Motors nicht ausreicht.

»

FORSCHEN UND ENTDECKEN

A Kräfte sparen mit Rollen

Material: Stativ, Rolle, Seil, Gewichtsteller mit Massestücken, Federkraftmesser

Durchführung:
Miss jeweils den Betrag der Haltekraft.

Schritt 1: Hebe den Gewichtsteller mit den Massestücken (m = 100 g) mit dem Federkraftmesser an.

Schritt 2: Hebe den Gewichtsteller mit den Massestücken (m = 100 g) mithilfe einer festen Rolle an (→ Bild 1A).

Schritt 3: Wähle Massestücke, Gewichtsteller und lose Rolle so, dass sie eine Masse von 100 g haben. Hebe sie an. (→ Bild 1B).

Schritt 4: Wiederhole Schritt 3 mit einer festen Rolle und einer losen Rolle (→ Bild 1C).

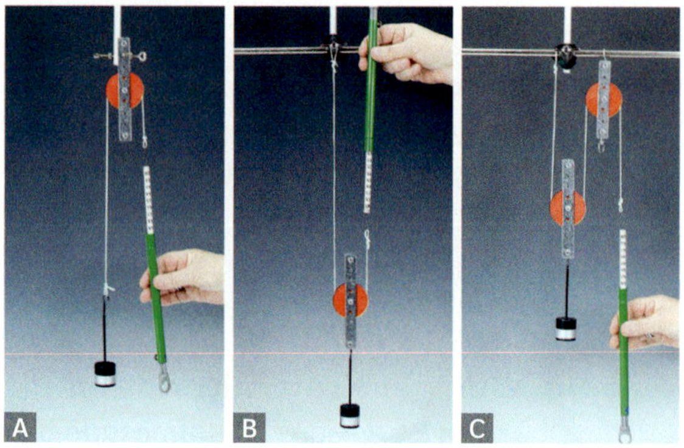

1 **A** feste Rolle, **B** lose Rolle, **C** lose und feste Rolle

1. Trage die Beträge der Haltekräfte in eine Tabelle ein. Vergleiche jeweils die Richtungen, den Angriffspunkt und den Betrag der Haltekraft.

B Verschiedene Flaschenzüge

Material: Stativ, 6 Rollen, Seil, Gewichtsteller, Massestücke, Federkraftmesser

Durchführung:
Miss jeweils den Betrag Haltekraft. Wähle die losen Rollen und die Massestücke, so dass sie zusammen eine Masse von 200 g haben.

Schritt 1: Baue den Flaschenzug mit 4 versetzt angebrachten Rollen auf (→ Bild 2A)

Schritt 2: Baue den Flaschenzug mit je 2 übereinanderliegenden Rollen auf (→ Bild 2B).

Schritt 3: Baue den Flaschenzug mit je 3 nebeneinanderliegenden Rollen auf (→ Bild 2C).

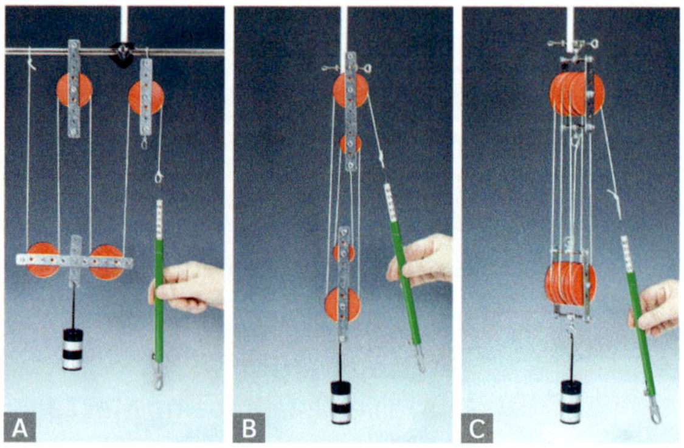

2 Flaschenzug mit: **A** 4 versetzt angebrachten Rollen, **B** je 2 übereinanderliegenden Rollen, **C** je 3 nebeneinanderliegenden Rollen

1. Trage die Beträge der Kräfte und die Anzahl der tragenden Seilstücke n in eine Tabelle ein.
2. Berechne den Wert des Quotienten aus der Gewichtskraft F_G und der Haltekraft F.
3. Vergleiche die Anzahl der tragenden Seilstücke n mit dem Wert des Quotienten aus der Gewichtskraft F_G und der Haltekraft F.

Starthilfe zu 3:

Flaschenzug mit	F_G in N	F in N	n	$\frac{F_G}{F}$
4 versetzt angebrachten Rollen	3			
…				

IM ALLTAG

Die Vielfalt der Flaschenzüge

Schnürsenkel

Ein Schnürsenkel ist eine Schnur, die durch die gegenüberliegenden Ösen im Leder eines Schuhes verläuft. Die Ösen ersetzen die Rollen eines Flaschenzuges. Auf jedes kurze Schnurstück wirkt beim Verschließen des Schuhes eine große Kraft. Der Schuh ist damit verschlossen und sitzt fest am Fuß. (→ Bild 3)

3 Der Schnürsenkel wirkt wie ein Flaschenzug.

Sicherungen beim Klettern

In Bild 4 ist ein Seilende an der Felswand befestigt. Das andere Seilende wird von der Frau gehalten. Sie muss nur die Hälfte der Kraft aufbringen, um sich selbst zu sichern. Neben Sportkletterern gibt es auch Industriekletterer. Sie bessern Fassaden aus oder reparieren Hochspannungsmasten.

4 Klettern an einer Felswand

Schwere Lasten heben

Flaschenzüge werden vor allem zum Heben sehr schwerer Lasten eingesetzt. Dazu gehören Container, Windradflügel oder Fahrstühle. Bild 5 zeigt einen Kranhaken mit 4 nebeneinanderliegenden losen Rollen und 8 tragenden Seilstücken.

5 Lose Rollen an einem Kranhaken

1 a) Nenne mindestens zwei Anwendungen für Schnürungen.
b) Vergleiche eine Schnürung mit einem Flaschenzug.

Starthilfe zu 1:
Ersetze die Rollen im Flaschenzug durch die Ösen im Schuh.

2 Kletterer müssen gut gesichert sein.
I a) Nenne drei Orte für das Klettern.
II b) Recherchiere weitere Möglichkeiten, Kletterer mit Rollen und Seilen zu sichern.

3 Große Krane dienen zum Heben schwerer Gegenstände.
I a) Nenne 5 Anwendungsgebiete für Krane.
II b) Beschreibe das Prinzip eines Flaschenzuges an einem Kranhaken wie in Bild 5.
III c) Begründe, dass bei einem Kranhaken mit 4 losen Rollen mehr als ein Achtel der Gewichtskraft zum Heben einer Last aufgebracht werden muss.

«

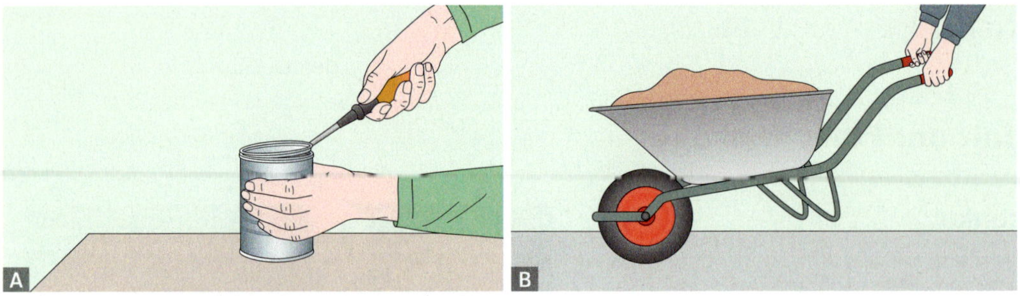

1 Hebel: **A** Dose öffnen, **B** Schubkarre anheben

Mit Hebeln Kräfte sparen

Der Drehpunkt eines Hebels

Du benutzt jeden Tag verschiedene **Hebel.** Du öffnest Türen mit Klinken, betätigst Wasserhähne oder benutzt eine Schere. Eine Dose kannst du wie in Bild 1A mit einem Schraubendreher öffnen. Die Klinge des Schraubendrehers schiebst du unter den Deckelrand. Der Auflagepunkt des Schraubendrehers auf dem Dosenrand ist der **Drehpunkt D** des Hebels (→ Bild 2A).

Die Wirkungslinien

Die Kraft F_2 hält den Deckel fest auf der Dose. Sie wirkt nach unten. Um die Dose zu öffnen, muss der Deckel mit einer etwas größeren Kraft angehoben werden. Diese Kraft wirkt, wenn du den Griff des Schraubendrehers mit der aufzubringenden Kraft F_1 nach unten drückst. Die Kräfte F_1 und F_2 wirken parallel zueinander. Die parallelen Linien heißen **Wirkungslinien** der Kräfte (→ Bild 2A).

Die Hebelarme

Die Abstände vom Drehpunkt D des Hebels zu den Wirkungslinien der Kräfte sind die **Hebelarme a_1** und **a_2.** Dabei wirken die Kräfte F_1 und F_2 immer senkrecht zu den Hebelarmen ($F \perp a$) (→ Bild 2).

Der zweiseitige Hebel

Beim Öffnen der Dose wirken die Kräfte auf beiden Seiten des Drehpunktes und in die gleiche Richtung. Der Schraubendreher wird als **zweiseitiger Hebel** benutzt. Scheren und Zangen sind ebenfalls zweiseitige Hebel.

Der einseitige Hebel

Beim Anheben der Schubkarre wirken die Kräfte nur auf einer Seite des Drehpunktes und in entgegengesetzte Richtungen. Sie ist ein **einseitiger Hebel** (→ Bild 2B). Zu den einseitigen Hebeln gehören Türklinken, Wasserhähne und Schraubenschlüssel.

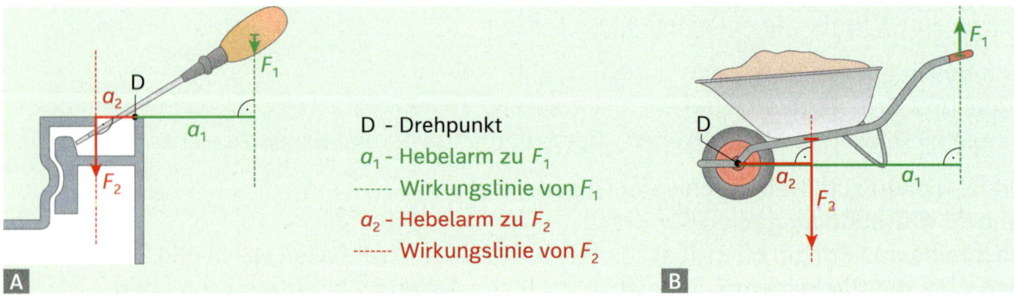

2 **A** einseitiger Hebel, **B** zweiseitiger Hebel

Der Hebel – ein Kraftwandler

Der Deckel in Bild 2A wird mit einer großen Kraft F_2 auf der Dose gehalten. Der Hebelarm a_2 ist sehr kurz. Der Hebelarm a_1 ist viel länger als der Hebelarm a_2. Der Betrag der aufzubringenden Kraft F_1 ist kleiner als der Betrag der Kraft F_2. Benutzt du zum Öffnen der Dose einen doppelt so langen Schraubendreher, ist deine aufzubringende Kraft F_1 nur noch halb so groß. Der Betrag der aufzubringenden Kraft F_1 und die Länge des Hebelarmes a_1 sind also **antiproportional** zueinander. Das Produkt aus dem Betrag der jeweils wirkenden Kraft und der Länge des dazugehörenden Hebelarmes ist deshalb immer gleich groß. Das Produkt $F \cdot a$ heißt **Drehmoment *M*.** Bei der Berechnung des Drehmoments ergibt sich die Einheit **Nm (Newtonmeter).**

Hebel im Gleichgewicht

Du versuchst den Deckel einer Dose mit einem Schraubendreher anzuheben. Der Deckel bewegt sich nicht. Deine aufgebrachte Kraft F_1 ist zu klein. Das Drehmoment M_1 ist kleiner als das Drehmoment M_2. Du vergrößerst die Kraft F_1 bis die Drehmomente M_1 und M_2 gleich groß sind. Der Hebel befindet sich jetzt im **Gleichgewicht.** Das Hebelgesetz besagt: Ein Hebel befindet sich im Gleichgewicht, wenn $M_1 = M_2$. Der Deckel bewegt sich jedoch immer noch nicht.

Hebel im Ungleichgewicht

Ist das Drehmoment M_1 größer als das Drehmoment M_2, befindet sich der Hebel im **Ungleichgewicht.** Wenn die von dir aufgebrachte Kraft F_1 groß genug ist, wird der Deckel der Dose angehoben.

Name: Drehmoment
Formelzeichen: M
Berechnung: $M = F \cdot a \ (F \perp a)$
Einheit: Nm (Newtonmeter)

Hebelgesetz: $M_1 = M_2$
$F_1 \cdot a_1 = F_2 \cdot a_2 \ (F \perp a)$

1 **a)** Nenne Beispiele für einseitige und zweiseitige Hebel und ordne sie in einer Tabelle.
b) Nenne Gemeinsamkeiten und Unterschiede für einseitige und zweiseitige Hebel.

Starthilfe zu 1:
Lege eine Tabelle an.

Hebel	einseitig	zweiseitig
Türklinke		

2 Du benutzt einen Flaschenöffner wie in Bild 3.
I **a)** Beschreibe, wie du den Flaschenöffner benutzt. Gehe dabei auf den Drehpunkt ein.
II **b)** Begründe, dass ein langer Flaschenöffner besser geeignet ist als ein kurzer.
III **c)** Skizziere den Flaschenöffner aus Bild 3. Zeichne den Drehpunkt, die wirkenden Kräfte und die Hebelarme ein. Achte dabei auf die Richtungen und die Beträge der Kräfte.

3 Ein Öffner für Flaschen

3 Mit einer Schere schneidest du Papier.
I **a)** Beschreibe, wie du eine Schere benutzt. Benutze die Fachbegriffe Drehpunkt, Hebelarm und Kraft.
II **b)** Begründe, dass Papier nahe am Drehpunkt der Schere besser geschnitten wird.
III **c)** Skizziere eine Schere. Zeichne den Drehpunkt, die wirkenden Kräfte und die Hebelarme ein. Achte dabei auf die Richtungen und Beträge der Kräfte.

»

FORSCHEN UND ENTDECKEN

A Messungen am Hebel

Material: Stativ, Hebel mit Haken, Gewichtsteller, Massestücke, Federkraftmesser

Durchführung:

Schritt 1: Hänge an eine Stelle des linken Hebelarmes eines zweiseitigen Hebels ein Massestück mit $m = 100$ g.

Schritt 2: Miss an einer Stelle des rechten Hebelarmes den Betrag der Haltekraft (→ Bild 1A).

Schritt 3: Lies den Abstand des Angriffspunktes der Haltekraft zum Drehpunkt ab.

Schritt 4: Wiederhole die Schritte 2 und 3 an fünf weiteren Stellen des rechten Hebelarmes, die du selbstständig auswählst.

Schritt 5: Wiederhole die Schritte 1 bis 4 für den einseitigen Hebel in Bild 1B.

Zusatz: Variiere bei beiden Hebeln die Länge des Hebelarmes a_1. Wiederhole die Schritte 1 bis 5.

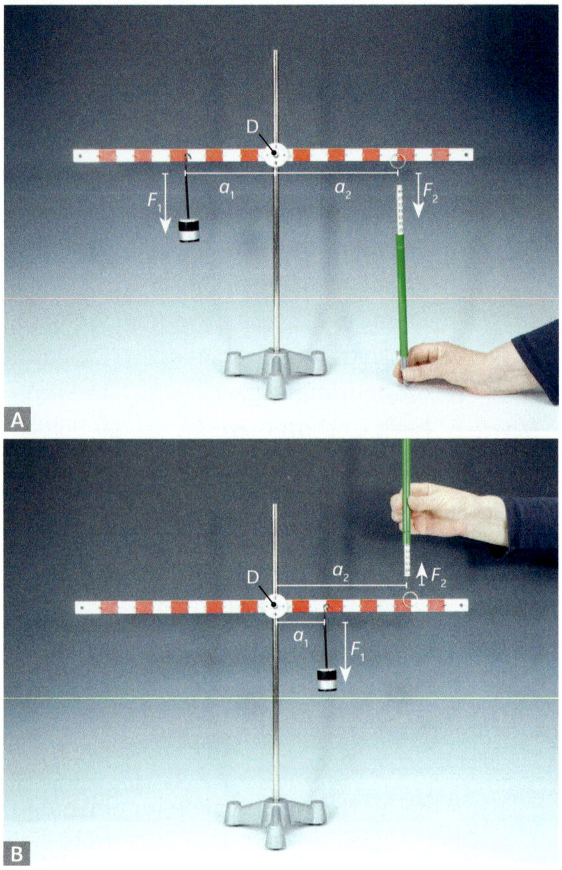

1 Messungen: **A** am zweiseitigen Hebel, **B** am einseitigen Hebel

1 Trage die Beträge der Kräfte und die Länge der dazugehörenden Hebelarme in eine Tabelle ein.

Starthilfe zu 1 für zweiseitigen Hebel:

linke Seite			rechte Seite		
F_1 in N	a_1 in m	$F_1 \cdot a_2$ in Nm	F_2 in N	a_2 in m	$F_2 \cdot a_2$ in Nm

2 **a)** Berechne für alle Messungen den Wert des Produktes aus dem Betrag der Kraft und der Länge des dazugehörenden Hebelarmes.
b) Formuliere mit den Ergebnissen aus a) eine Gesetzmäßigkeit.

3 **II a)** An einem zweiseitigen Hebel hängt auf der linken Seite eine Masse von 340 g. Der Abstand der angehängten Masse zum Drehpunkt beträgt 5 cm. Du hältst den Hebel auf der rechten Seite mit einer Haltkraft von 8,5 N. Berechne den Abstand des Angriffspunktes der Haltekraft zum Drehpunkt.
III b) Für einen zweiseitigen Hebel sind $F_1 = 350$ N, $a_1 = 0{,}5$ m, $F_2 = 875$ N und $a_2 = 0{,}2$ m gegeben. Entscheide, ob der Hebel sich im Gleichgewicht befindet. Begründe deine Entscheidung.

IM ALLTAG

Überall Hebel

Hebel im Haushalt

Wird der eckige Metallstift in Bild 2 nach rechts gedreht, bewegt sich der Riegel im Türschloss ebenfalls nach rechts. Das Drehen des Metallstiftes gelingt jedoch nur mit einem langen Hebel, der Türklinke. Ähnliche einseitige Hebel findest du an Wasserhähnen und Fenstern.

2 Eine Türklinke

Hebelwerkzeuge

Mit dem Seitenschneider in Bild 3 kannst du mühelos einen Metalldraht schneiden. Du erkennst vier Hebelarme. An den zwei kurzen, scharfen Messern wirken zwei große Kräfte. An den zwei langen Griffen wirken zwei kleinere Kräfte. Der Seitenschneider wirkt als zweiseitiger Hebel und hat vier Hebelarme.

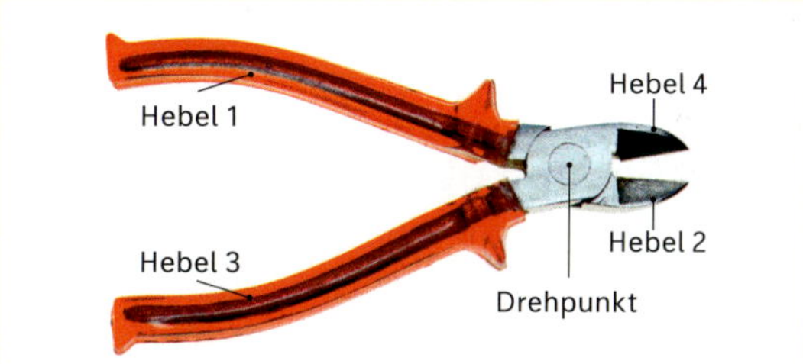

3 Ein Seitenschneider

Hebel in der Natur

Der Hummer in Bild 4 besitzt verschiedene einseitige Hebel. Er hat Scheren, um seine Nahrung festzuhalten und in den Mund zu führen. Seine Beine sind in Glieder unterteilt. Die Gelenke bilden jeweils den Drehpunkt des Hebels. Mit dem Ober- und Unterkiefer zermahlt er die Nahrung. Hier bildet das Kiefergelenk den Drehpunkt des Hebels.

4 Die Scheren eines Hummers

1 **a)** Beschreibe das Prinzip eines zweiseitigen Hebels anhand eines Beispieles.
b) Nenne eine Möglichkeit bei einem zweiseitigen Hebel die benötigte Kraft zu verringern.

2 Muttern werden mit einem Schraubenschlüssel festgezogen.
I **a)** Benenne die Hebelart.
II **b)** Beschreibe das Prinzip dieses Hebels.
II **c)** Eine Mutter wird mit einem Drehmoment $M_1 = 9$ Nm festgezogen. Berechne die einzusetzende Kraft, wenn der Hebelarm 15 cm lang ist.
III **d)** Begründe, dass beim Festziehen einer Mutter keine zu große Kraft wirken darf.

Starthilfe zu 2:

«

1 Treppe oder Rampe?

Mit der schiefen Ebene Kräfte sparen

Schiefe Ebenen überall

Du möchtest mit einem Fahrrad zur Haustür in Bild 1 gelangen. Dazu kannst du das Fahrrad über die Treppenstufen tragen. Der Betrag der aufzubringenden Kraft F_a entspricht dem Betrag der Gewichtskraft F_G des Fahrrades, die in Richtung Erdmittelpunkt wirkt.
Wählst du aber die **Rampe,** ist der Betrag der aufzubringenden Kraft F_a kleiner als der Betrag der Gewichtskraft F_G. Rampen dienen dazu, Höhenunterschiede mit weniger Krafteinsatz zu überwinden.
Eine Rampe wird als **schiefe Ebene** bezeichnet. Der Winkel zwischen der schiefen Ebene und der waagerechten **Grundlinie** heißt **Steigungswinkel α** (→ Bild 2).

Kräfte an der schiefen Ebene

Die zum Schieben des Fahrrades aufzubringende Kraft F_a wirkt parallel zur schiefen Ebene. Ihr wirkt eine gleich große Kraft entgegen, die **Hangabtriebskraft F_H.** Das Fahrrad würde zurückrollen, wenn der Betrag der Hangabtriebskraft F_H größer als der Betrag der aufzubringenden Kraft F_a wäre.

Das Fahrrad wird durch eine weitere Kraft auf die schiefe Ebene gedrückt. Diese Kraft wirkt senkrecht zur schiefen Ebene und damit senkrecht zur Hangabtriebskraft F_H. Sie heißt **Normalkraft F_N** und ist kleiner als der Betrag der Gewichtskraft F_G (→ Bild 2).

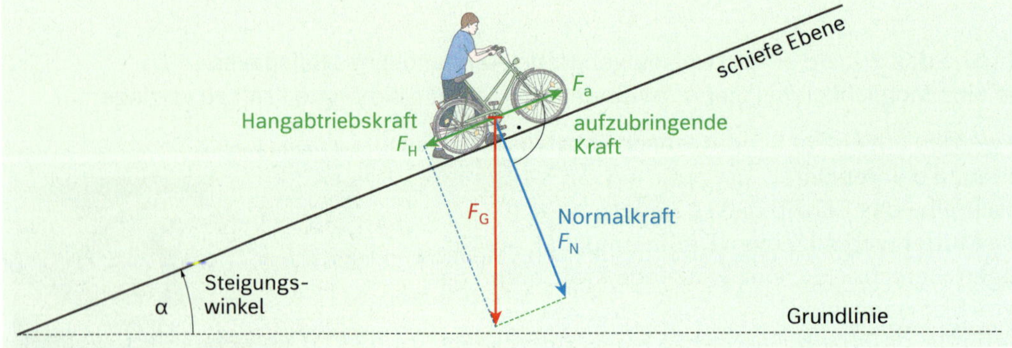

2 Kräfte an der schiefen Ebene

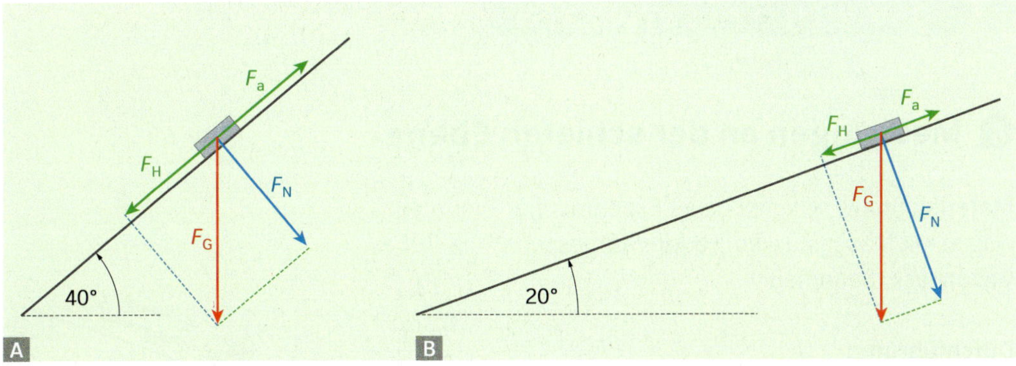

3 Kräfte und Wege: **A** bei großem Steigungswinkel, **B** bei kleinem Steigungswinkel

Die schiefe Ebene – ein Kraftwandler

Bei einer flachen Rampe ist der Betrag der aufzubringenden Kraft F_a klein, bei einer steilen Rampe ist er groß. Der Betrag der aufzubringenden Kraft F_a hängt also vom Steigungswinkel α ab. Je flacher der Steigungswinkel α wird, desto länger wird die schiefe Ebene und desto kleiner wird der Betrag der aufzubringenden Kraft F_a. Der Betrag der Normalkraft F_N wird bei kleiner werdendem Steigungswinkel α immer größer (→ Bild 3). Bei einem Steigungswinkel von $\alpha = 0°$ ist der Betrag der Normalkraft F_N genauso groß wie der Betrag der Gewichtskraft F_G. Dann ist es aber keine schiefe Ebene mehr.

Kräfte grafisch ermitteln

Sind von einer schiefen Ebene zwei der Größen Länge, Höhe oder Steigungswinkel bekannt, kannst du sie als rechtwinkliges Dreieck maßstabsgerecht zeichnen. Aus der Masse des Körpers ermittelst du den Betrag der Gewichtskraft F_G. Zeichne ihn als senkrechten Kraftpfeil zur Grundlinie. Dieser Kraftpfeil bildet die Diagonale des zu ergänzenden Kräfteparallelogramms aus Hangabtriebskraft F_H und Normalkraft F_N. Die Länge der Kraftpfeile geben die Beträge dieser Kräfte an.

An einer schiefen Ebene hängt der Betrag der aufzubringenden Kraft F_a vom Steigungswinkel α und dem Betrag der Gewichtskraft F_G des Körpers ab.

1 **a)** Nenne 5 Beispiele für die Anwendung von schiefen Ebenen im Alltag.
b) Nenne mögliche Veränderungen, um mit den schiefen Ebenen aus a) mehr Kraft einzusparen.
c) Formuliere einen Je-desto-Satz, der den Zusammenhang zwischen dem Steigungswinkel α und der Länge der schiefen Ebene sowie der aufzubringenden Kraft F_a wiedergibt.
d) Benenne an einer schiefen Ebene alle wirkenden Kräfte und gib ihre jeweilige Richtung an.

Starthilfe zu 1:
Lege eine Tabelle an.

Beispiele für schiefe Ebenen	Mehr Krafteinsparung durch ...
Förderband im Kieswerk	

2 Du schiebst einen 50 kg schweren Einkaufswagen über eine schiefe Ebene mit dem Steigungswinkel $\alpha = 20°$.
a) Skizziere die schiefe Ebene und alle wirkenden Kräfte. Benenne die Kräfte.
b) Zeichne die schiefe Ebene und ein geeignetes Kräfteparallelogramm. Bestimme die aufzubringende Kraft F_a.

»

FORSCHEN UND ENTDECKEN

A Messungen an der schiefen Ebene

Material: Stativ, schiefe Ebene, Experimentierwagen mit Massestücken, Federkraftmesser, Geodreieck, Bandmaß

Durchführung:

Schritt 1: Baue eine schiefe Ebene mit einem Steigungswinkel von 20° auf. Der Auflagepunkt der schiefen Ebene soll eine Höhe von 20 cm haben (→ Bild 1A).

Schritt 2: Miss die Länge der schiefen Ebene bis zu ihrem Auflagepunkt.

Schritt 3: Ziehe einen Experimentierwagen mit Massestücken ($m = 200$ g) mit dem Federkraftmesser über die schiefe Ebene. Miss den Betrag der Hangabtriebskraft F_H.

Schritt 4: Vergrößere den Steigungswinkel der schiefen Ebene schrittweise um 10° bis 50° (→ Bild 1B). Die Höhe ihres Auflagepunktes bleibt gleich.

Schritt 5: Wiederhole die Schritte 2 und 3.

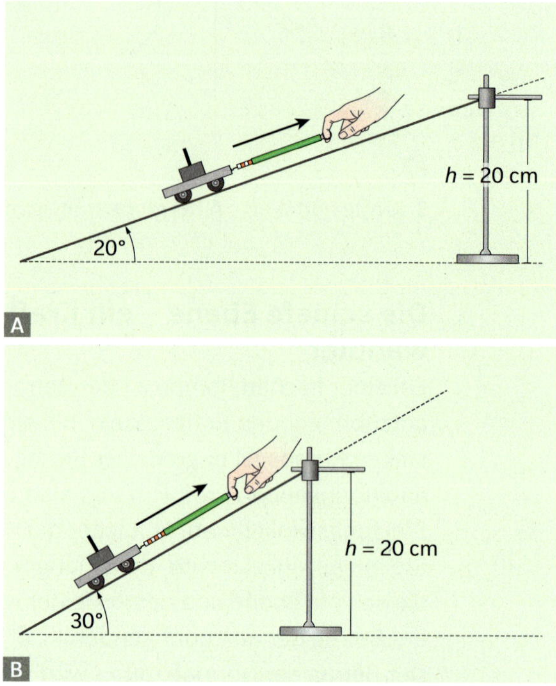

1 Die schiefe Ebene: **A** mit einem Steigungswinkel von 20°, **B** mit einem Steigungswinkel von 30°

1 Trage jeweils die Länge ℓ der schiefen Ebene und den Betrag der mindestens aufzubringenden Kraft F_a in eine Wertetabelle ein.

Starthilfe zu 1:
Lege eine Tabelle an.

α	20°	30°	40°	50°
ℓ in cm				
F_a in N				

2 Die Höhe des Auflagepunktes der schiefen Ebene bleibt immer gleich.
a) Formuliere einen Je-desto-Satz für den Zusammenhang zwischen der Größe des Steigungswinkels α und dem Betrag der aufzubringenden Kraft F_a.
b) Formuliere einen Je-desto-Satz für den Zusammenhang zwischen der Größe des Steigungswinkels α und der Länge ℓ der schiefen Ebene.

3 **a)** Zeichne zu den Messungen die Kräfteparallelogramme. Bestimme jeweils die Beträge der Hangabtriebskraft F_H und der Normalkraft F_N.
b) Vergleiche die Messwerte und die zeichnerisch ermittelten Werte miteinander.
c) Nenne mögliche Ursachen für Abweichungen der Werte voneinander.

4 Eine schiefe Ebene ist 3,0 m lang und überwindet einen Höhenunterschied von 1,5 m.
a) Konstruiere ein geeignetes Dreieck.
b) Über die Ebene wird eine Schubkarre mit der Masse $m = 80$ kg geschoben. Gib den Betrag der wirkenden Gewichtskraft an.
c) Konstruiere ein Kräfteparallelogramm zu b) und bestimme den Betrag der zum Schieben benötigten Kraft.

IM ALLTAG

Überall schiefe Ebenen

Verschiedene Äxte

Die Klinge einer Axt ist ein Keil. Jeder Keil hat links und rechts eine schiefe Ebene. Bei einer Spaltaxt wie in Bild 2A ist der Steigungswinkel der schiefen Ebenen groß. Die auf das Holz wirkende Normalkraft ist klein. Das Spalten von Holz erfordert deshalb eine große aufzubringende Kraft. Bei Schneidäxten wie in Bild 2B ist der Steigungswinkel kleiner, die Normalkraft größer und daher die aufzubringende Kraft kleiner.

2 **A** Spaltaxt, **B** Schneidaxt

Holzschraube – Metallschraube

Das Gewinde einer Schraube ist eine schiefe Ebene. Bei Holzschrauben wie in Bild 3A hat diese schiefe Ebene einen großen Steigungswinkel. Eine Holzschraube wird mit einer großen aufzubringenden Kraft in weiche Materialien wie Holz gedreht. Das Gewinde von Metallschrauben wie in Bild 3B hat einen flachen Steigungswinkel. Wird eine Mutter mit dem passenden Gewinde auf die Metallschraube gedreht, muss nur eine kleine Kraft aufgebracht werden.

3 **A** Holzschraube, **B** Metallschraube

1 Auf zwei verschiedene Äxte wirkt eine Kraft von $F = 2000$ N. Die Keile der Äxte sind jeweils 20 cm hoch. Die Steigungswinkel ihrer schiefen Ebenen betragen $\alpha_1 = 15°$ und $\alpha_2 = 30°$.
a) Stelle die Keile der Äxte in einem geeigneten Maßstab als gleichschenklige Dreiecke dar.
b) Zeichne die Kraft F als Kraftpfeil. Der Angriffspunkt soll etwa in der Mitte des Dreiecks liegen.
c) Ergänze die senkrecht zur schiefen Ebene wirkenden Normalkräfte F_N.
d) Konstruiere ein Kräfteparallelogramm und bestimme den Betrag der Normalkräfte F_N.

Starthilfe zu 1a):

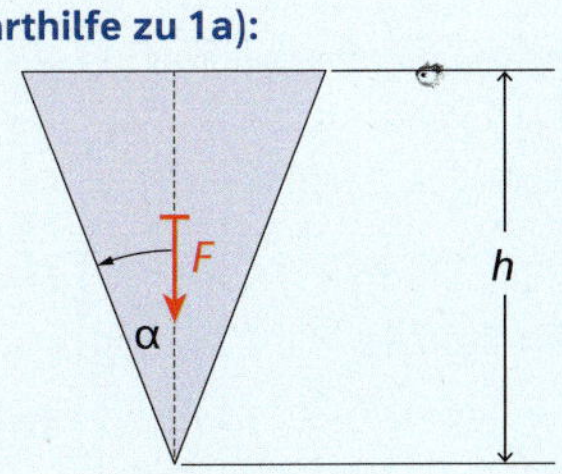

2 Eine Metallschraube und eine Holzschraube sind gleich lang.
I a) Vergleiche die Steigungswinkel, die Längen der schiefen Ebenen und die wirkenden Normalkräfte der beiden Schrauben.
II b) Begründe, bei welcher Schraube du zum Drehen eine größere Kraft F_a aufbringen musst.

A B

1 Lange Wege: **A** mit vielen Seilstücken, **B** mit langen Hebeln

Die goldene Regel der Mechanik

Viele Rollen – langes Seil

Mit einem Flaschenzug mit vier tragenden Seilstücken musst du nur noch ein Viertel des Betrages des Gewichtskraft F_G aufbringen (→ Bild 2A). Hebst du eine Last um 1 m nach oben, muss jedes tragende Seilstück ebenfalls um 1 m eingezogen werden. Insgesamt müssen also 4 m Seil eingezogen werden. Verwendest du noch mehr lose Rollen, wird der Betrag der aufzubringenden Kraft *F* immer kleiner und die einzuholende Seillänge *s* entsprechend länger. Je mehr Rollen du verwendest, desto größer wird aber auch die Reibung zwischen den Rollen und dem Seil.

Lange Hebelarme – lange Wege

Es gibt Astscheren mit sehr langen Hebelarmen (→ Bild 1B). Mit ihnen können auch dicke Äste mühelos geschnitten werden. Der Betrag der wirkenden Kraft am Ast ist groß und der Betrag der aufzubringenden Kraft *F* ist klein. Die beiden Messer am Scherenkopf legen nur einen Weg von wenigen Zentimetern zurück. Der mit den Hebelarmen zurückgelegte Weg *s* ist dagegen sehr lang (→ Bild 2B). Je länger die Hebelarme werden, desto geringer wird der Betrag der aufzubringenden Kraft *F*. Der zurückgelegte Weg *s* wird jedoch immer länger.

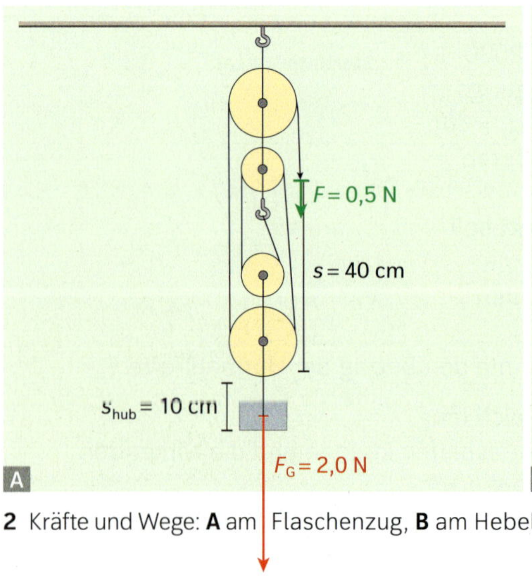

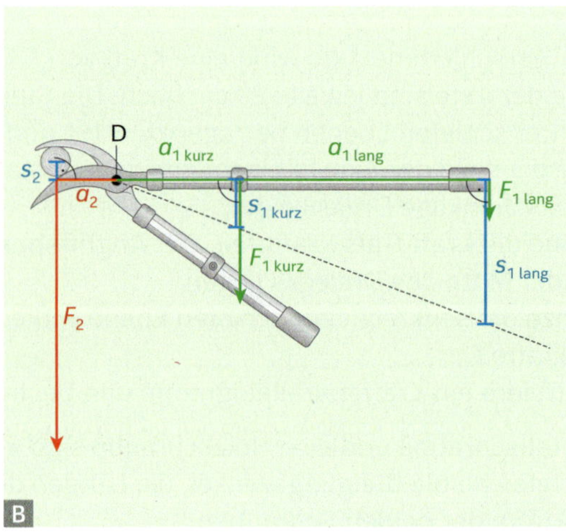

2 Kräfte und Wege: **A** am Flaschenzug, **B** am Hebel

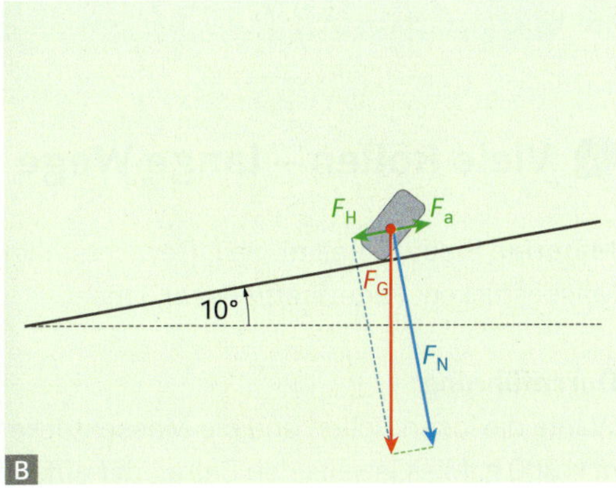

3 Schiefe Ebene: **A** in einem Bahnhof, **B** Kräfte und Wege

Lange schiefe Ebenen – lange Wege

Auf Bahnhöfen und Flughäfen gibt es wie in Bild 3A lange schiefe Ebenen, um Höhenunterschiede zu überwinden. Der Betrag der aufzubringenden Kraft *F* zum Ziehen des Gepäcks ist klein. Wird die schiefe Ebene bei gleichem Höhenunterschied verlängert, verkleinert sich der Steigungswinkel und damit der Betrag der aufzubringenden Kraft *F* weiter.
Das Ziehen des Gepäckstückes fällt zwar leichter, dafür wird der Weg aber immer länger.

Eine Regel für alle Kraftwandler

Multiplizierst du für einen Kraftwandler den Betrag der Kraft *F* mit der Länge des dazugehörenden Weges *s*, sind die Werte immer gleich groß. Für alle Kraftwandler gilt:
Je kleiner der Betrag der aufzubringenden Kraft *F* ist, desto größer ist der zurückzulegende Weg *s*. Dieser Zusammenhang heißt **goldene Regel der Mechanik**.

Die **goldene Regel der Mechanik** gilt für alle Kraftwandler: Eine Verringerung der aufzubringenden Kraft *F* führt zu einer Verlängerung des zurückzulegenden Weges *s*.

1 a) Nenne drei Kraftwandler und je ein Beispiel für ihre Anwendung.
b) Nenne einen gemeinsamen Vorteil aller Kraftwandler.
c) Formuliere für jeden Kraftwandler einen Je-desto-Satz für den Zusammenhang zwischen dem Betrag der aufzubringenden Kraft *F* und der Länge des zurückgelegten Weges *s*.

Starthilfe zu 1:
Lege eine Tabelle an.

Kraftwandler	Beispiel	Zusammenhang zwischen Kraft *F* und Weg *s*

2 I a) Beschreibe und vergleiche den Verlauf einer Straße in einem Gebirge mit dem Verlauf einer Straße in einer Ebene.
II b) Beschreibe und begründe den Verlauf einer Straße in einem Gebirge.

3 Zum Lösen oder Anziehen von Radmuttern werden Schraubenschlüssel wie in Bild 4 benutzt.
II a) Begründe, dass ein langer Schraubenschlüssel zum Lösen einer Radmutter besser geeignet ist als ein kurzer.
III b) Begründe, dass zum Anziehen der Radmutter kein zu langer Schraubenschlüssel benutzt werden darf.

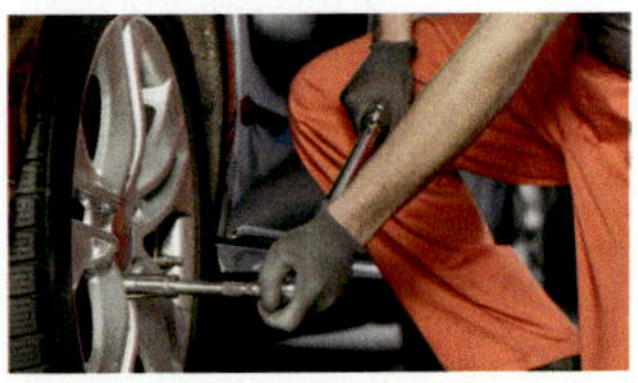

4 Reifenwechsel

»

FORSCHEN UND ENTDECKEN

A Viele Rollen – lange Wege

Material: Stativ, 6 Rollen, Seil, Gewichtsteller mit Massestücken, Federkraftmesser, Lineal

Durchführung:
Wähle die losen Rollen und die Massestücke mit $m = 300$ g. Miss jeweils den Betrag der aufzubringenden Kraft F_a und die eingezogene Seillänge s.

Schritt 1: Hebe die Massestücke mit einer losen und einer festen Rolle um die Strecke $s_{hub} = 10$ cm hoch (→ Bild 1).

Schritt 2: Wiederhole Schritt 1 mit zwei festen und mit zwei losen Rollen.

Schritt 3: Wiederhole Schritt 1 mit drei festen und mit drei losen Rollen.

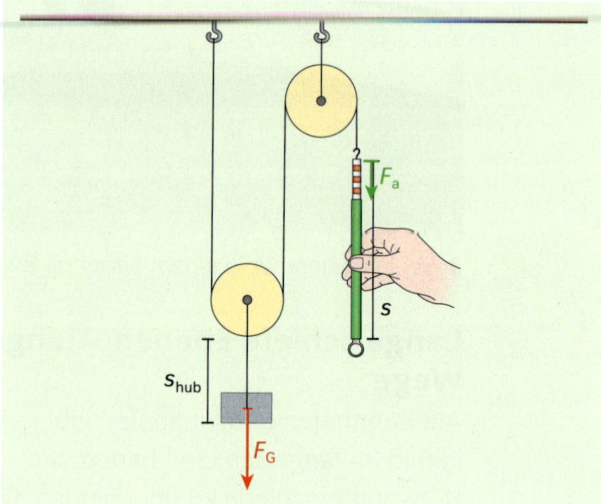

1 Messen der eingezogenen Seillänge

1 a) Trage die Beträge der aufzubringenden Kräfte F_a und die eingeholten Seillängen s in eine Tabelle ein.
b) Berechne die Werte der Produkte aus dem Betrag der Kraft F_G und der Strecke s_{hub} sowie aus dem Betrag der Kraft F_a und der eingeholten Seillänge s.
c) Vergleiche die Strecke s_{hub} mit der eingezogenen Seillänge s.
d) Vergleiche die Werte der Produkte. Ziehe eine mathematische Schlussfolgerung daraus.

Starthilfe zu 1:

Flaschenzug mit	F_G in N	s_{hub} in m	$F_G \cdot s_{hub}$ in N	F_a in N	s in m	$F_a \cdot s$ in Nm
einer losen und einer festen Rolle	3,0	0,1				

B Lange Hebel – lange Wege

Material: Federkraftmesser, festes Band, Maßband

Durchführung:

Schritt 1: Befestige den Federkraftmesser wie in Bild 2A an einer Türklinke.

Schritt 2: Miss den Betrag der Kraft F, die du zum Bewegen der Klinke benötigst.

Schritt 3: Miss die Strecke s, die der äußere Punkt der Klinke bis zum Öffnen der Tür zurücklegt.

Schritt 4: Befestige den Federkraftmesser wie in Bild 2B in der Mitte der Klinke und wiederhole die Schritte 2 und 3.

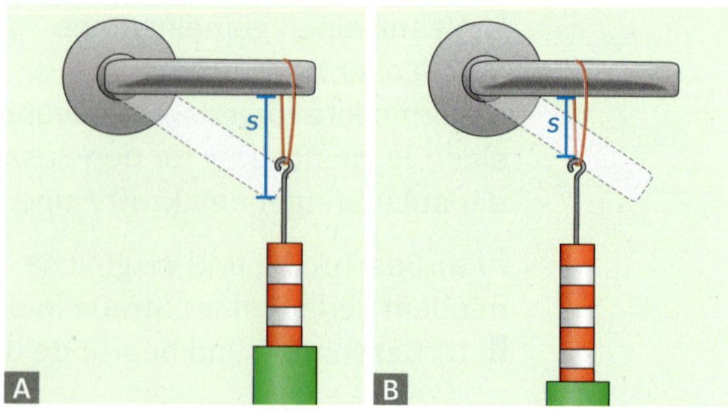

2 Kräfte und Wege an der Türklinke

1 a) Vergleiche die Beträge der Kräfte F und die Strecken s.
b) Berechne die Werte der Produkte aus dem Betrag der Kraft F und der Strecke s.

IM ALLTAG

Kleine Kräfte – lange Wege

Ohne Serpentinen unmöglich

Fahrzeuge können Hänge mit großen Stei-gungswinkeln nicht auf direktem Weg über-winden. Ihre aufgebrachte Kraft ist zu klein. Deshalb sind an Hängen wie in Bild 3 schlangenförmige Straßen mit kleinem Steigungswinkel angelegt. Sie heißen **Serpentinen.** Die aufzubringende Kraft wird viel kleiner. Der zurückgelegte Weg wird über eine Serpentine aber deutlich länger.

3 Serpentinen im Gebirge

Der Kuhfuß – ein Hebelwerkzeug

Bild 4 zeigt das mühelose Entfernen eines festsitzenden Nagels aus einem Brett. Der Kopf des Nagels wird eng von zwei Metallstreifen umschlossen. Da er an die Hufe von Kühen erinnert, heißt dieses Werzeug **Kuhfuß.** Die auf den Nagel wirkende Kraft ist groß und der zurückgelegte Weg des Nagels kurz. Die mit der Hand aufgebrachte Kraft ist klein und der Weg, den die Hand zurücklegt, ist lang.

4 Ein Kuhfuß

Die Gangschaltung am Fahrrad

Fährst du mit deinem Fahrrad bergauf, musst du eine größere Kraft aufbringen als auf ebener Strecke. Um diese Kraft zu verringern, wählst du mit der **Gangschaltung** wie in Bild 5 einen kleineren Gang. Die Kette läuft dann hinten über ein kleineres Zahnrad. Das größere Zahnrad vorne muss nun jedoch häufiger gedreht werden. Der Weg, den deine Beine zurücklegen, wird also länger.

5 Viele Zahnräder am Fahrrad

1 Nenne zwei Beispiele für die Anwendung von schiefen Ebenen und erläutere dafür die goldene Regel der Mechanik.

2 **III** Skizziere einen Kuhfuß wie in Bild 4. Trage in die Skizze den Drehpunkt sowie alle wirkenden Kräfte und zurückgelegten Wege ein. Achte beim Skizzieren auf die richtigen Größenverhältnisse. Formuliere die goldene Regel der Mechanik.

«

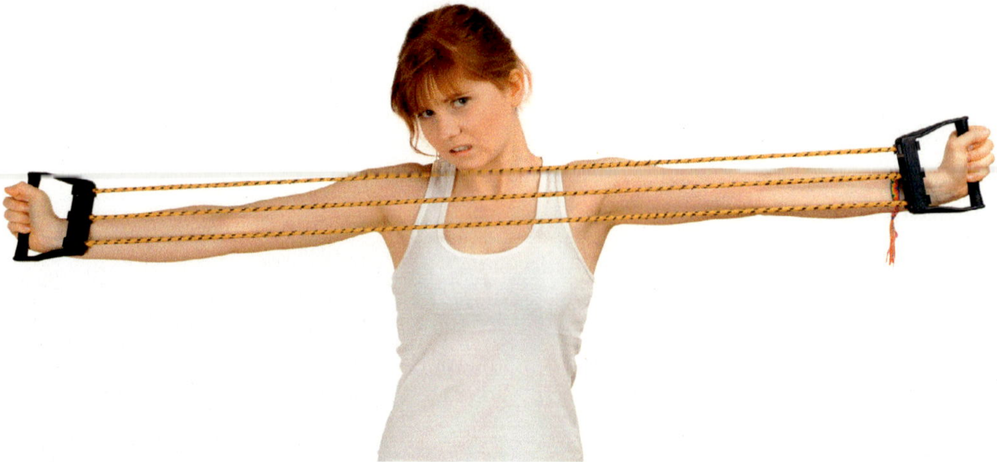

1 Mit Muskelkraft Spannenergie erhalten.

2 Mit Muskelkraft Höhenergie erhalten.

3 Mit Muskelkraft Bewegungsenergie erhalten.

Die Formen mechanischer Energie

Die Spannenergie

Mit viel Muskelkraft hat die Frau in Bild 1 die Griffe des Expanders auseinandergedrückt. In den Gummibändern des Expanders ist jetzt **Spannenergie** gespeichert. Wenn die Bänder zurückschnellen, wird die Spannenergie wieder abgegeben.

Die Höhenenergie

Mit großer Kraft haben die Sportlerinnen in Bild 2 die Hanteln bis über den Kopf gestemmt. Dabei mussten sie mit ihrer Muskelkraft die Erdanziehungskraft überwinden. Jetzt ist in beiden Hanteln **Höhen- oder Lageenergie** gespeichert. Wenn sie die Hanteln auf dem Boden wieder absetzen, wird die Höhenenergie wieder abgegeben.

Die Bewegungsenergie

Die Kugel beim Kugelstoßen soll viel Schwung bekommen (→ Bild 3). Die Kraft und die Weite der Armbewegung bestimmen, wie viel **Bewegungsenergie** die Kugel aufnimmt und wie weit sie damit gestoßen wird. Beim Aufprall auf den Boden gibt die Kugel ihre Bewegungsenergie wieder ab.

Die Energie – eine Speichergröße

Ein Körper kann Energie aufnehmen und speichern. Dazu muss eine Kraft in Richtung des Weges des Körpers einwirken. Er befindet sich dann in einem höheren Energiezustand. Energie ist eine **Speicher- oder Zustandsgröße.** Der Körper kann seine Energie dann an einen anderen Körper abgeben und dadurch auf ihn einwirken. Für die **mechanische Energie *E*** gilt:

Name: mechanische Energie
Formelzeichen: E
Berechnung: $E = F \cdot s \ (F \parallel s)$
Einheit: 1 Nm = 1 J (Joule)

Die Arbeit – eine Übertragungsgröße

Wird ein Körper durch eine Kraft entlang eines Weges bewegt, so wird an ihm **Arbeit** verrichtet. Durch diesen Prozess erhöht der Körper seinen Energiezustand. Die Energie wird übertragen. Die Arbeit ist eine **Prozess- oder Übertragungsgröße.** Für die **mechanische Arbeit *W*** gilt:

Name: mechanische Arbeit
Formelzeichen: W
Berechnung: $W = F \cdot s \ (F \parallel s)$
Einheit: 1 Nm = 1 J (Joule)

Energie ist eine Speichergröße, die den Zustand eines Körpers beschreibt.

4 Durch Hubarbeit zu Höhenenergie

Die Hubarbeit und die Höhenenergie

Ein Sonderfall der mechanischen Arbeit ist die **Hubarbeit.** Wird die Hantel in Bild 4 auf eine größere Höhe angehoben, muss ihre Gewichtskraft überwunden werden. Durch das Verrichten von Hubarbeit an der Hantel erhält sie **Höhenenergie.** Der Zuwachs an Höhenenergie hängt also von der Gewichtskraft des Körpers ab und der Höhe, über die die Kraft wirkt. Die verrichtete Hubarbeit am Körper bestimmt die gespeicherte Höhenenergie im Körper. Es gilt:

Hubarbeit: $W_{hub} = F_G \cdot h \ (F_G \parallel h)$
Höhenenergie: $E_{Höhe} = F_G \cdot h \ (F_G \parallel h)$

Arbeit ist eine Übertragungsgröße, die den Prozess am Körper beschreibt.

1 **a)** Nenne Beispiele für das Auftreten von Spannenergie, Höhenenergie und Bewegungsenergie.
b) Begründe jeweils an einem Beispiel aus a), dass Energie den Zustand eines Körpers beschreibt.

2 Berechne die Höhenenergie, die einem Körper mit einer Gewichtskraft $F_G = 44{,}7$ N zugeführt wird, wenn er um $h = 33$ cm angehoben wird.

3 I Recherchiere Werkzeuge, die bei ihrem Einsatz mechanische Energie aufnehmen und wieder abgeben. Suche dabei nach Beispielen für alle drei Energieformen.

4 II Berechne die Höhenenergie eines Waggons einer Achterbahn, wenn er eine Masse von 800 kg hat und auf eine Höhe von 50 m gezogen wird.

»

ÜBEN UND ANWENDEN

A Die Formen mechanischer Energie erkennen

1 Situationen mit verschiedenen Formen mechanischer Energie

Körper können verschiedene Formen mechanischer Energie enthalten.
Die Bilder 1A bis 1I zeigen Gegenstände oder Situationen, bei denen zumindest eine der Formen mechanischer Energie erkennbar ist.
Bild 1A zeigt einen gespannten Bogen. Im Bogen und in der Bogensehne, aber auch im Arm der Schützin ist Spannenergie gespeichert.

1 Zeichne eine Tabelle mit 3 Spalten und drei Zeilen.
a) Beschreibe die Situation in den Bildern 1A bis 1I im entsprechenden Feld der Tabelle.
b) Ordne der jeweiligen Situation die Form der mechanischen Energie zu.

2 **II** Gib zu jeder dargestellten Situation in Bild 1 ein weiteres Beispiel an.

IM ALLTAG

Überall mechanische Energie

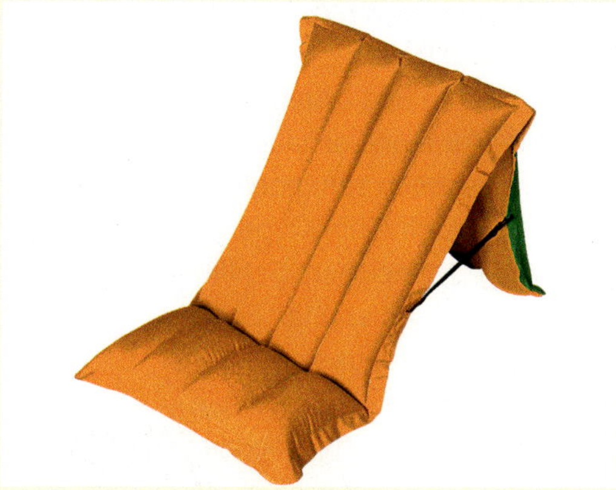

2 Luftmatratze

Spannenergie durch Aufpumpen

Eine Luftmatratze ohne Luft nützt niemandem. Nur wenn die Matratze mit Luft gefüllt ist, ist es möglich, bequem darauf zu sitzen. Beim Aufpumpen der Matratze wird die Luft zusammengepresst. Sie erhält Spannenergie.

3 Spiegel an der Wand

Lageenergie durch Höhe

Der Spiegel hat eine große Masse. Es hat etwas Mühe gekostet, ihn aufzuhängen. Jetzt enthält er viel Lageenergie. Fiele er herunter, würde das Glas zerspringen und der Spiegel wäre kaputt.

Bewegungsenergie durch Aufschlag

Bis zu 225 $\frac{km}{h}$ schnell ist der Tennisball unmittelbar nach dem Aufschlag durch den Profispieler. Der Ball erhält dadurch viel Bewegungsenergie. Ein großer Teil davon geht auf dem Weg zum Gegenspieler verloren, hier sind es dann nur noch rund 80 $\frac{km}{h}$. Amateure können dem Ball nicht so viel mechanische Energie zuführen.

4 Tennisspieler beim Aufschlag

1 Begründe mit den Begriffen Gewichtskraft, Gegenkraft, Lageenergie und Spannenergie, dass nur eine luftgefüllte Luftmatratze das Sitzen bequemer macht.

2 Finde Beispiele für Haushaltsgegenstände, die bei normalem Gebrauch Lage- oder Höhenenergie erhalten.

3 Nenne Sportarten bei denen
a) Spannenergie,
b) Lage- oder Höhenenergie,
c) Bewegungsenergie für den Erfolg entscheidend ist.

Starthilfe zu 3:
Lege eine Tabelle an.

mechanische Energieform	Sportart
Spannenergie	Bogenschießen

1 Die Phasen eines Bungeesprunges

Die Umwandlung mechanischer Energie

Aus Höhenenergie wird Bewegungsenergie

Der Bungeespringer in Bild 1 steht ganz oben auf der Plattform und schaut hinunter. Die Plattform ist doch sehr hoch. Er spürt den Aufstieg noch. Sein Körper hat jetzt Höhenenergie gespeichert. Schließlich fasst er sich ein Herz und springt. Er fällt und fällt. Je länger er fällt, desto schneller wird er. Die gespeicherte Höhenenergie wird beim Fallen in Bewegungsenergie umgewandelt.

Aus Bewegungsenergie wird Spannenergie

Und dann ist das Bungeeseil ganz gestreckt, aber noch nicht gespannt. Ab jetzt wird der Fall des Bungeespringers gebremst. Seine Geschwindigkeit sinkt und das Seil wird gespannt. Die Bewegungsenergie wird in Spannenergie umgewandelt.

Aus Spannenergie wird Bewegungsenergie und Höhenenergie

Schließlich geht es nicht weiter. Das Seil ist straff gespannt und zieht jetzt den Springer in die Höhe. Spannenergie wird in Bewegungsenergie umgewandelt. Er wird immer schneller. Er gewinnt dabei Höhenenergie. Sogar als das Seil schon nicht mehr gespannt ist, lässt ihn die Bewegungsenergie weiter steigen. Erst wenn diese vollständig in Höhenenergie umgewandelt ist, geht es für den Springer wieder abwärts. Das kann mehrere Male hin- und her gehen. Die ursprüngliche Höhe erreicht der Bungeespringer aber nicht mehr.

Mechanische Energie lässt sich aus jeder ihrer drei Formen in jede andere Form von mechanischer Energie umwandeln.

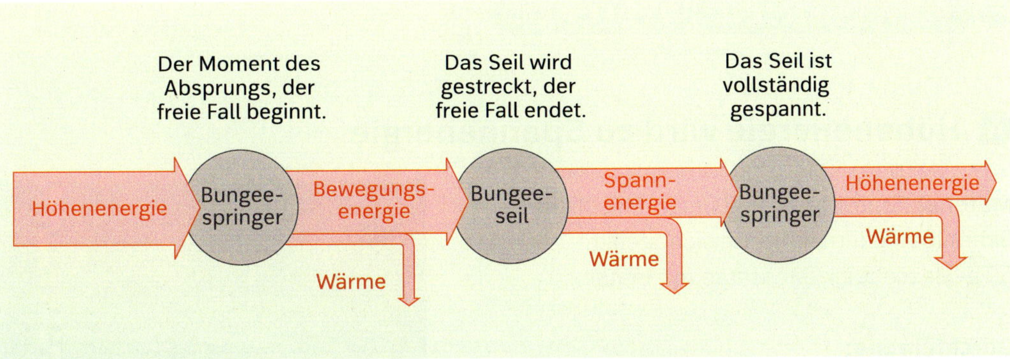

2 Das Energieflussdiagramm bis zum tiefsten Punkt des Bungeesprunges

Und dann der Zustand des Gleichgewichts

Ewig geht das aber nicht so weiter. Schon im freien Fall des Bungeespringers ist ein kleiner Teil der Bewegungsenergie durch Reibung an der Luft in Wärme umgewandelt worden.
Das Bungeeseil wandelt Höhenenergie und Bewegungsenergie in Spannenergie um. Ein Teil der nutzbaren mechanischen Energie wird auch hier entwertet. Sie wird im Bungeeseil in Wärme umgewandelt. Die Wärme wird an die Umgebungsluft abgegeben.

Während das Seil den Springer wieder nach oben zieht, wird erneut ein Teil der mechanischen Energie zu Wärme. So geht es weiter, bis keine Energie für weitere Bewegung übrig ist. Das ist auch gut so! Denn sonst würde der Bungeespringer in alle Ewigkeit weiter auf und ab tanzen.

Der Bungeesprung in einem Energieflussdiagramm

Das Energieflussdiagramm in Bild 2 beschreibt den Sprung bis zu dem Moment, da das Seil vollständig gespannt ist. Der Springer hat den tiefsten Punkt erreicht. In diesem Punkt ist die Höhenenergie fast vollständig in Bewegungsenergie umgewandelt worden. Nur ein kleiner Teil wurde zu Wärme. Während das Seil gespannt wird, wird ein größerer Teil der Energie in Wärme umgewandelt. Auch während das Seil den Springer wieder hochzieht, wird Spannenergie zu Wärme. Ein Diagramm, das bis zum Auspendeln der Bewegung führt, würde am Ende keine Energie mehr anzeigen. Verloren ist die Energie allerdings nicht. Es ist nur keine Bewegungsenergie, keine nutzbare Spannenergie und keine nutzbare Höhenenergie mehr da. Die Energie aller drei Formen wurde in innere Energie umgewandelt und damit entwertet.

1 **a)** Beschreibe einen Bungeesprung mit eigenen Worten.
b) Beschreibe die Energieumwandlungen bei einem Bungeesprung.

Starthilfe zu 1:
Beginne deine Beschreibung wie folgt: Der Bungeespringer steigt mit seiner Muskelkraft auf die Plattform.

2 Überlege, wo die innere Energie aus dem Bungeeseil bleibt.

3 **II** Zeichne ein Energieflussdiagramm für einen Bungeesprung, der nach drei Ab- und Aufwärtsbewegungen zur Ruhe kommt.

4 **III** Beschreibe und begründe, was beim Bungeesprung mit einem unelastischen Seil geschehen würde.

»

FORSCHEN UND ENTDECKEN

A Höhenenergie wird zu Spannenergie

Material: Stativmaterial, 3 unterschiedliche Schraubenfedern, 10 g-Gewichtsteller, 50 g-Massestück, Messstab mit Reiter

Durchführung:

Schritt 1: Baue den Versuch wie in Bild 1 auf.

Schritt 2: Richte den Reiter am untersten Punkt der Feder aus und notiere den Wert für die Höhe des Reiters am Messstab.

Schritt 3: Hänge mit dem 10 g-Gewichtsteller ein 50 g-Massestück an und miss erneut.

Zusatz: Wiederhole den Versuch mit den beiden anderen Schraubenfedern.

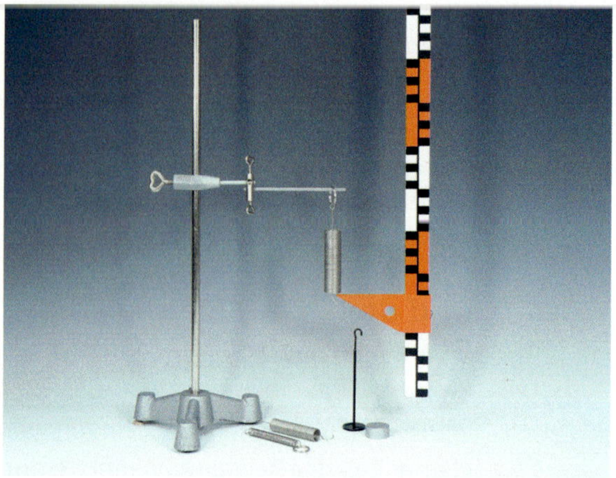

1 Eine Schraubenfeder soll gedehnt werden.

1. Begründe, dass die belastete Schraubenfeder Spannenergie erhält.
2. I Beschreibe die Energieumwandlungen bei der Schraubenfeder und beim Massestück, während das Massestück absinkt.
3. II Erkläre, dass das Massestück in einer bestimmten Höhe nicht mehr weiter sinkt.
4. **Zusatz:** Vergleiche die Energieumwandlungen an den verschiedenen Schraubenfedern.

B Spannenergie wird zu Bewegungsenergie

Material: Luftballon

Durchführung:

Schritt 1: Puste einen Luftballon auf (→ Bild 2).

Schritt 2: Verschließe die Öffnung des Ballons mit Daumen und Zeigefinger.

Schritt 3: Halte den Ballon so, dass die Öffnung zur Seite zeigt und gib die Ballonöffnung frei.

2 Ein aufgepusteter Luftballon

1. Nenne die Materialien, die beim aufgepusteten Ballon Spannenergie enthalten.
2. I a) Beschreibe alle Veränderungen des Ballons beim Freigeben der Öffnung.
   II b) Erkläre die Energieumwandlungen am Ballon beim Freigeben der Öffnung.
   II c) Zeichne ein Energieflussdiagramm für den Vorgang nach dem Freigeben der Öffnung.
3. III Nenne alle Energieformen und ihre Energieträger beim Platzen eines überdehnten Ballons.

IM ALLTAG

Mechanische Energieumwandlungen

Hauptsache genug Energie!

150 Stufen – mit Tempo! Oben angekommen, hat der Körper der Sportlerin weit mehr Höhenenergie als am Fuß der Treppe. In den Muskeln ist aus chemischer Energie der Nahrung Bewegungsenergie geworden und diese wurde in Höhenenergie umgewandelt. Ein Teil der Energie ist dabei zu Wärme geworden – die Sportlerin ist mächtig ins Schwitzen geraten.

3 Treppensteigen – ein anstrengender Sport

Hebehilfe

Das offene Schwingtor enthält mehr Höhenenergie als das geschlossene Tor. Beim Schließen des Tores werden zwei Schraubenfedern auseinandergezogen. Dabei wird Höhenenergie der Tür über Bewegungsenergie in Spannenergie der Federn umgewandelt. Beim Öffnen der Tür wird über Bewegungsenergie die gespeicherte Spannenergie wieder in Höhenenergie umgewandelt.

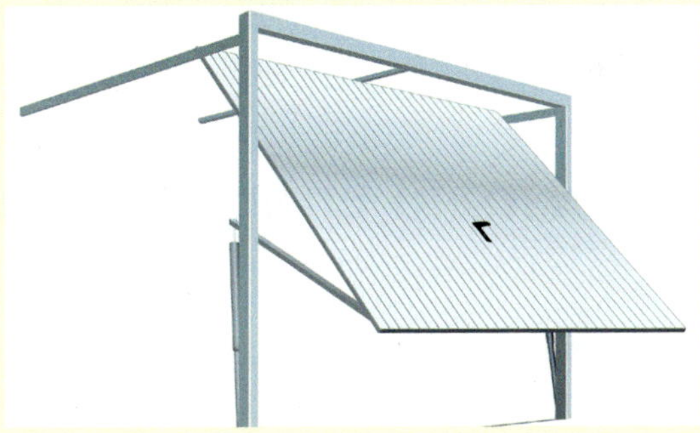

4 Die Federn helfen, das Tor zu öffnen.

Bewegungsenergie reißt Häuser ein

Der Bagger holt aus und lässt die Abrissbirne mit Schwung gegen die Mauer schlagen. Die bricht krachend zusammen. Beim Aufprall wird ein Teil der Bewegungsenergie der Stahlkugel zu Spannenergie – der Beton zerbricht. Umherfliegender Staub wird durch den Wasserstrahl gebunden. Übrig bleibt zum Schluss ein großer Haufen Bauschutt.

5 Eine Abrissbirne in Aktion

1 **a)** Nenne alle Energieformen, die bei dem Treppenlauf der Läuferin auftreten.
b) Zeichne ein Energieflussdiagramm für den Treppenlauf. Berücksichtige dabei auch die entwertete Energie.

2 Begründe, dass die Nutzerin oder der Nutzer zum Öffnen der Garagentür mithilfe der Schraubenfedern weniger Energie einsetzen muss.

3 Zeichne ein Energieflussdiagramm für den Einsatz der Abrissbirne. Berücksichtige dabei auch die Lageenergie der Betonteile.

1 Mit Schwung auf der Baumschaukel

Das Prinzip Energieerhaltung

Abwechselnd Höhenenergie und Bewegungsenergie

Schaukeln wie in Bild 1 macht Spaß. Du hast dich mit immer neuen Anschwüngen nach und nach hochgearbeitet. Jetzt liegen die Halteseile fast waagerecht und du stehst einen Moment still. Dann geht es abwärts. Du wirst dabei immer schneller. Unten am tiefsten Punkt hast du die größte Geschwindigkeit. Du hast jetzt viel Bewegungsenergie aber keine Höhenenergie mehr. Dann wird Bewegungsenergie wieder zu Höhenenergie und es geht wieder aufwärts bis die höchste Stelle erreicht ist. Allerdings bist du nicht mehr ganz so hoch gekommen, wie zu Anfang. Auch nach jedem Durchschaukeln wird die Höhe etwas geringer. Die Geschwindigkeit sinkt ebenfalls.

Die Energie ist noch da

Es ist aber keine Energie verlorengegangen. Durch Reibung wurde bei jeder Energieumwandlung ein Teil in innere Energie umgewandelt. Die innere Energie wurde in Form von Wärme abgeleitet. Sie steht zum Schaukeln also nicht mehr zur Verfügung. Die Summe aus Höhenenergie, Bewegungsenergie und innerer Energie bleibt jedoch gleich.

Damit es weitergeht

Wenn du durchgehend schaukeln willst, muss die Energie, die in Form von Wärme abgegeben wird, immer wieder ersetzt werden. Du musst also immer wieder Schwung holen und dadurch neue Energie hinzufügen.

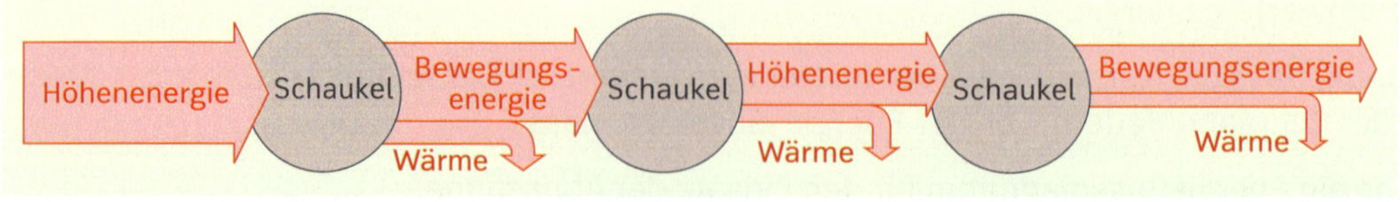

2 Bei jeder Umwandlung wird Wärme abgegeben.

3 Die Aufhängung der Schaukel wird warm.

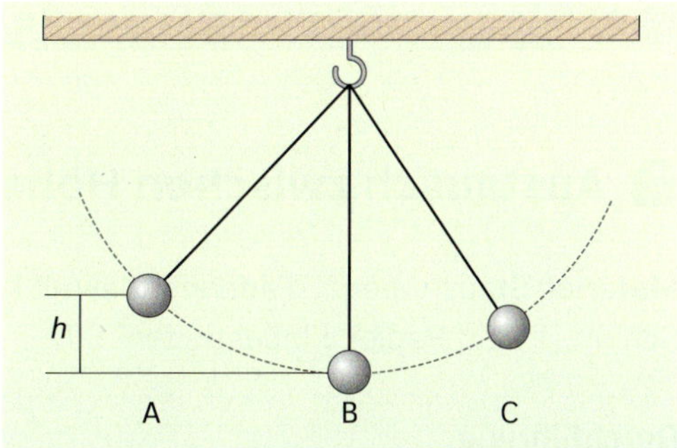

4 Die Ausgangshöhe wird nicht wieder erreicht.

Was passiert mit der inneren Energie?

Die Seile der Schaukel sind mit Haken oder Ringen in Lagern wie in Bild 3 aufgehängt. Ringe und Lager reiben stark aneinander. Dabei wird die Drehung der Ringe und damit die Bewegung der Schaukel etwas gebremst. Die innere Energie der Lager und der Ringe erhöht sich, sie werden wärmer. Allerdings wird die Wärme sofort an die Umgebung abgegeben.

Wenn du schnell schaukelst, spürst du, wie der Luftzug über dein Gesicht streicht, deine Haare zerzaust und deine Kleidung flattern lässt. Auch hier wird deine Bewegung gebremst. Ein Teil der Bewegungsenergie wird in innere Energie umgewandelt. Sie wird aber als Wärme von der Umgebungsluft weggeführt, bevor du etwas von ihr merkst.

Beobachtungen am Fadenpendel

Am Fadenpendel in Bild 4 kannst du besonders gut beobachten, wie die Höhenenergie immer weiter abnimmt.
Bei jedem Ausschlag des Pendels sind die Weite und die maximale Höhe ein wenig geringer als beim vorhergehenden Durchgang. An der Abnahme der Höhe kannst du erkennen, welcher Anteil der Energie in innere Energie umgewandelt wird.

Der Energieerhaltungssatz

Bei Umwandlungen mechanischer Energie entsteht immer innere Energie. Diese wird in Form von Wärme an die Umgebung abgegeben. Die gesamte Energie ändert sich jedoch nicht. Es gilt der **Energieerhaltungssatz.**

Energieerhaltungssatz:
$$E_{\text{gesamt}} = E_{\text{Höhe}} + E_{\text{Bewegung}} + E_{\text{innere}}$$

1 **a)** Benenne die Energieformen, die bei der Bewegung einer Schaukel auftreten.
b) Beschreibe den Vorgang des Schaukelns aus energetischer Sicht mit eigenen Worten.

Starthilfe zu 1a):
Die mechanischen Energieformen sind:
- Höhen- oder Lageenergie,
- Bewegungsenergie,
- Spannenergie.

2 **a)** Nenne den Energieerhaltungssatz.
b) Begründe mit dem Energieerhaltungssatz, dass die Höhe beim Schaukeln nur gehalten werden kann, wenn immer neu Schwung geholt wird.

3 Nenne die Voraussetzung dafür, dass die innere Energie als Wärme abgeführt werden kann.

4 Ein Fadenpendel wie in Bild 4 wird ausgelenkt.
I **a)** Beschreibe die Bewegung des Fadenpendels.
II **b)** Beschreibe die Vorgänge beim Fadenpendel aus energetischer Sicht.
III **c)** Begründe, das Prinzip der Energieerhaltung am Fadenpendel.

»

FORSCHEN UND ENTDECKEN

A Austausch zwischen Höhenenergie und Bewegungsenergie

Material: Stativmaterial, Fadenpendel mit Kugel, Schirm, 1 Blatt Papier, Klebestreifen, Stift

Durchführung:

Schritt 1: Befestige mit Klebestreifen das Blatt Papier am Schirm und baue den Versuch wie in Bild 1 auf.

Schritt 2: Markiere die Ausgangshöhe und lass die Kugel los. Markiere für 5 Durchgänge jeweils die maximale Höhe h_1, … h_5, die die Kugel rechts erreicht.

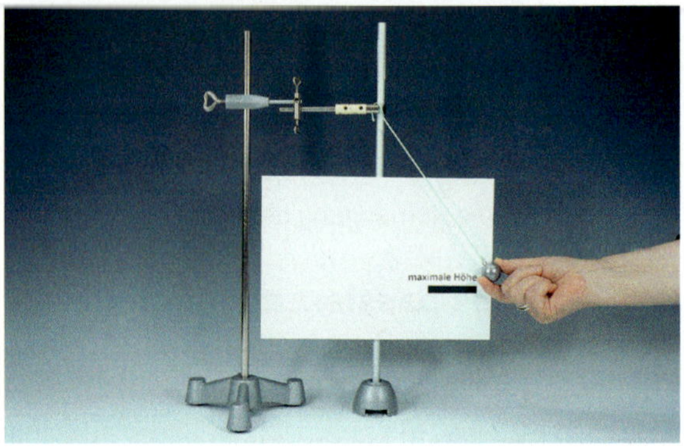

1 Fadenpendel vor dem Schirm

1 Kennzeichne auf dem Blatt die Stelle, an der die Kugel die maximale Höhenenergie enthalten hatte mit $E_{\text{Höhe, max}}$ und die Stelle mit der maximalen Bewegungsenergie mit $E_{\text{Bew, max}}$.

2 a) Vergleiche die maximalen Höhenwerte der Kugel. Begründe die Unterschiede unter Berücksichtigung des Energieerhaltungssatzes.

b) Beschreibe die Stellen im Versuch, an denen Energie entwertet wird.

c) Zeichne ein Energieflussdiagramm für eine vollständige Pendelbewegung.

B Austausch zwischen Höhenenergie und Spannenergie

Material: Stativmaterial, Schraubenfeder mit Massestück, Schirm, 1 Blatt Papier, Klebestreifen

Durchführung:

Schritt 1: Befestige mit Klebestreifen das Blatt Papier am Schirm und baue den Versuch wie in Bild 2 auf.

Schritt 2: Ziehe das Massestück bis auf die 1,5-fache Federlänge nach unten und lass es los. Markiere für 5 Durchgänge jeweils die minimale Höhe h_{min1}, …, h_{min5} und die maximale Höhe h_{max1}, …, h_{max5}, die das Massestück erreicht.

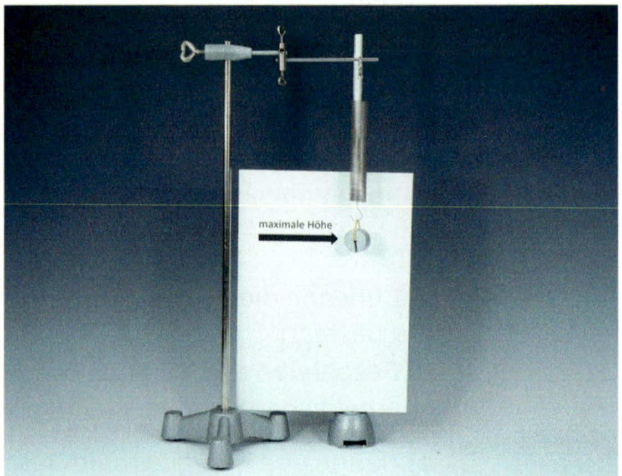

2 Federpendel vor dem Schirm

1 Kennzeichne auf dem Blatt die Stellen, an der das Massestück die maximale Höhenenergie enthalten hatte mit $E_{\text{Höhe, max}}$ und an der die Feder die maximale Spannenergie hatte mit $E_{\text{Spann, max}}$.

2 a) Vergleiche die minimalen Höhenwerte des Massestückes. Begründe die Unterschiede unter Berücksichtigung des Energieerhaltungssatzes.

b) Beschreibe die Stellen im Versuch, an denen Energie entwertet wird.

c) Zeichne ein Energieflussdiagramm für eine vollständige Auf- und Abbewegung.

LERNEN IM TEAM

Energieerhaltung im Sport

TEAM 1 Energieumwandlungen in verschiedenen Sportarten

Bei allen Sportarten gibt es ständig Umwandlungen zwischen den Formen der mechanischen Energie. Der Erfolg hängt auch davon ab, wie gut diese Umwandlungen koordiniert werden.
Auftrag: Befragt Mitschülerinnen und Mitschüler nach Sportarten, die sie ausüben. Untersucht anschließend die Sportarten energetisch. Sammelt Bildmaterial für ein Plakat und erstellt zu den gewählten Sportarten Energieflussdiagramme. Zeigt an den Diagrammen, wie die mechanischen Energien beeinflusst werden könnten.

3 Verschiedene mechanische Formen von Energie

TEAM 2 Energieumwandlungen beim Ballspielen

Auftrag: Vergleicht Energieumwandlungen beim Tennisball und einem gleich großen Softball. Lasst dazu die Bälle frei fallen. Untersucht die Unterschiede, die sich beim Aufprall der Bälle auf verschiedenen festen Böden ergeben. Sammelt Bildmaterial für ein Plakat. Erstellt Energieflussdiagramme für die Bewegungsabläufe vor, bei und nach dem Aufprall. Erklärt mit den Diagrammen die mechanischen Eigenschaften der Bälle.

4 Verformung beim Aufprall

TEAM 3 Verschiedene Energien ermöglichen die Bewegung

Auftrag: Erstellt ein Plakat zu Energieumwandlungen beim Felgumschwung am Reck. Beobachtet Mitschülerinnen oder Mitschüler, die am Reck einen Felgumschwung vorführen. Ergänzt Bild 5 um 3 Zwischenphasen. Übertragt sie auf ein Plakat. Beschriftet dort jede Phase. Nennt dabei die gespeicherte Form von Energie und die Form von Energie, in die sie im nächsten Schritt gewandelt wird. Erstellt Energieflussdiagramme für die Bewegungsabläufe jeder Phase.

5 Phasen des Felgumschwungs

1 Erik war schneller!

2 Jetzt wird gestapelt!

Die mechanische Leistung

Was für eine Leistung!

Die Ladekante des Lkws in Bild 1 ist 90 cm hoch. Jede der Kisten hat eine Masse von 18 kg. Alex und Erik haben die Wasserkisten auf die Ladefläche des Lkws gehoben. Dabei haben die Kisten Höhenenergie erhalten. Alex hat für seine Kisten 18 s gebraucht. Erik hat es in 15 s geschafft.
Da beide Jungs 3 Kisten auf die Ladefläche gehoben haben, haben beide gleich viel Energie übertragen.
Nun müssen noch 3 Kisten aufgeladen werden. Die müssen allerdings auf die anderen Kisten gestapelt werden. Das heißt, sie müssen noch einmal 30 cm höher gehoben werden. Das macht jetzt Lisa, die große Schwester. Lisa schafft es, die 3 Kisten in derselben Zeit zu laden, in der zuvor Erik 3 Kisten aufgeladen hat. Da sie die Kisten aber höher angehoben hat, ist die übertragene Energie größer (→ Bild 2).

Erik und Alex habe dieselbe Energie übertragen. Erik hat aber weniger Zeit gebraucht als Alex. Er hat eine größere **Leistung** erbracht.
Lisa hat genauso viel Zeit gebraucht wie Erik. Sie hat aber mehr Energie übertragen. Ihre Leistung ist größer als die von Erik.

Leistung bei jeder Energieübertragung

Die **mechanische Leistung** wird mit dem Formelzeichen ***P*** (englisch: Power) abgekürzt. Sie hängt von der übertragenen Energie *E* ab und von der Zeit *t*, die dazu benötigt wird.
Die Leistung kann für jede Energieübertragung bestimmt werden, wenn die übertragene Energie und die dazu benötigte Zeit ermittelt werden können. Die übertragene Energie ergibt sich dabei aus der aufgewendeten Kraft und dem Weg, in dessen Richtung die Kraft wirkt.

Als Einheit der Leistung ergibt sich $\frac{\text{Nm}}{\text{s}}$ **(Newtonmeter pro Sekunde).** Zu Ehren des schottischen Erfinders JAMES WATT (1736 – 1819) wird die Einheit der Leistung $\frac{\text{Nm}}{\text{s}}$ mit **W (Watt)** abgekürzt.

Name: mechanische Leistung
Formelzeichen: *P*
Berechnung: $P = \frac{E}{t} = \frac{F \cdot s}{t}$
Einheit: $\frac{\text{Nm}}{\text{s}}$ = W
Weitere Einheiten: 1 mW = 0,001 W
1 kW = 1000 W
1 MW = 1000 kW
1 GW =1000 MW

3 Containerbrücken im Hamburger Hafen

Schwere Last am Kran

Gewaltige Mengen von Gütern werden über die Weltmeere verschifft, ein Großteil davon in Containern. Und so stehen in den Häfen der Welt **Containerbrücken** (→ Bild 3). Das sind riesige Kräne, mit denen Container zwischen Schiff und Kai, Güterwagen oder Lkw verladen werden.

Die Container werden von einer Seilwinde innerhalb weniger Sekunden angehoben. Dabei wirkt die Kraft der Motoren über die ganze Strecke der Hubhöhe. Die Kraft muss beim Anheben die Gewichtskraft der Container überwinden.

Die Container werden dann über den Ausleger zum Kai, zum Güterwagen oder zum Lkw geführt. Mit elektronischer Unterstützung werden sie zielgenau abgesetzt.

Eine Brückenkanzel begleitet die Seilwinde. Der Ladevorgang wird von hier aus von einer Kranführerin oder einem Kranführer überwacht.

4 Vom Containerschiff auf den Lkw

Daten einer Containerbrücke

- Gesamtlänge Ausleger: 80 m
- Maximale Nutzlast: 110 t
- Maximale Hubhöhe: 49,5 m
- Höhe der Brückenkanzel: 52 m

1 **a)** Beschreibe mechanische Vorgänge, die mit körperlicher Leistung verbunden sind.
b) Nenne jeweils die physikalischen Größen, von denen die Größe der Leistung abhängt.

2 **a)** Berechne die jeweilige Leistung von Alex, Erik und Lisa.
b) Begründe, dass sich die Zeiten von Alex und Erik nicht einfach mit der Zeit von Lisa vergleichen lassen.

3 Beschreibe die Arbeitsabläufe beim Entladen eines Containerschiffs mit eigenen Worten.

Starthilfe zu 3:
Verwende in deiner Beschreibung die Begriffe Gewichtskraft, Hubhöhe, Zeit und Leistung.

4 Berechne die mechanische Leistung einer Containerbrücke, die mit dem Kran einen Container mit einer Masse von 70 t in 25 s vom Boden aus auf eine Höhe von 30 m bringt.

FORSCHEN UND ENTDECKEN

A Die Zeit und die übertragene Energie bestimmen die Leistung

Material: 5 kg-Massestück, feste Rolle, Flaschenzug mit 4 Rollen, 50 N-Kraftmesser

Durchführung:

Schritt 1: Jeder zieht das Massestück wie in Bild 1A auf 2 m Höhe. Messt jeweils die benötigte Zeit *t* und die aufzubringende Kraft *F*. Notiert die Werte in je einer Tabelle (→ Bild 2).

Schritt 2: Wiederholt Schritt 1 mit einem Flaschenzug wie in Bild 1B.

Schritt 3: Wiederholt die Schritte 1 und 2 für eine Höhe von 1 m.

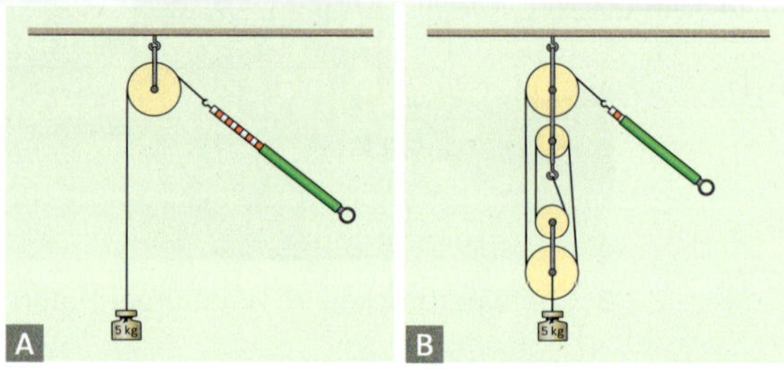

1 Der Einsatz von: **A** fester Rolle, **B** Flaschenzug

$m = 5\,kg, h = 2\,m$	F_G in N	t in s	$E = F_G \cdot h$ in Nm	$P = \frac{E}{t}$ in $\frac{Nm}{s}$
feste Rolle				
Flaschenzug				

2 Die Leistung mittels fester Rolle und Flaschenzug

1 **a)** Berechne in deiner Tabelle wie in Bild 2 die Gewichtskraft des Massestückes, die übertragene Höhenenergie und deine erbrachte Leistung.
b) Vergleicht eure Ergebnisse und gebt an, wer jeweils die größte Leistung erbracht hat.

Starthilfe zu 1a):
Eine Masse von 1 kg bewirkt eine Gewichtskraft von etwa 10 N.

2 II Formuliert zwei Je-desto-Beziehungen, die den Zusammenhang zwischen der übertragenen Höhenenergie und der aufgebrachten Zeit zu eurer erbrachten Leistung beschreiben.

B Die elektrische Spannung bestimmt die Leistung

Material: Stativmaterial, feste Rolle, 500 g-Massestück, 12 V-Elektromotor, Messstab mit Reiter

Durchführung:

Schritt 1: Baue den Versuch wie in Bild 2 auf und schließe den Motor an 12 V an.

Schritt 2: Miss die Zeit, in der das Massestück eine Höhe von 80 cm erreicht und notiere den Wert in einer Tabelle wie in Bild 4.

Schritt 3: Schließe den Motor an 6 V an und wiederhole den Schritt 2.

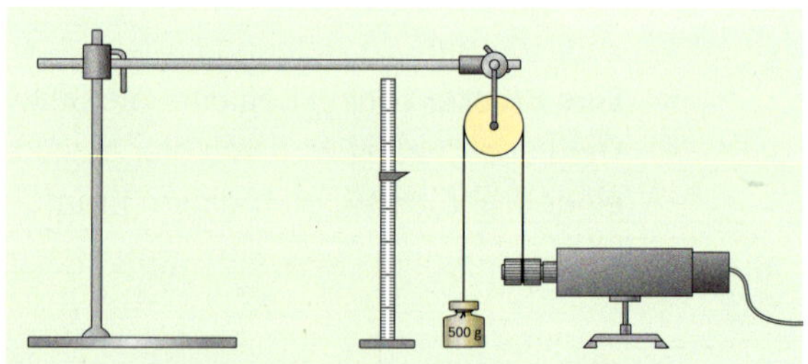

3 Der Einsatz eines Elektromotors

$m = 0{,}5\,kg, h = 0{,}8\,m$	F_G in N	t in s	$E = F_G \cdot h$ in Nm	$P = \frac{E}{t}$ in $\frac{Nm}{s}$
Motor an 12 V				
Motor an 6 V				

4 Die Leistung mithilfe eines Elektromotors

1 Berechne die Gewichtskraft des Massestückes, die übertragene Höhenenergie und die erbrachte Leistung des Motors. Trage deine Werte in die Tabelle wie in Bild 4 ein.

2 II Beschreibt den Zusammenhang zwischen der elektrischen Spannung und der erbrachten Leistung des Motors in einem Je-desto-Satz.

ÜBEN UND ANWENDEN

A Berechnungen zur mechanischen Leistung

Beispielaufgabe
Sinavere und Dimitri üben am Kletterseil. Dimitri hat eine Masse von 56 kg. Seine Gewichtskraft beträgt damit etwa 560 N. Sinavere hat mit 46 kg eine Gewichtskraft von 460 N. Das Seil ist 6,0 m lang. Die beiden ergreifen es beim Start in 1,8 m Höhe. Sinavere schafft es in 10,5 s bis zur Decke der Halle. Dimitri braucht 12 s. Ermittle, wer die größere mechanische Leistung erbracht hat.

geg.: $l_{Seil} = 6{,}0\text{ m}$, $h_0 = 1{,}8\text{ m}$, $F_{GS} = 460\text{ N}$, $F_{GD} = 560\text{ N}$ **ges.:** P_S, P_D

Lösung: $h = l_{Seil} - h_0 = 6{,}0\text{ m} - 1{,}8\text{ m} = 4{,}2\text{ m}$

$$P = \frac{F \cdot h}{t}$$

$$P_S = \frac{460\text{ N} \cdot 4{,}2\text{ m}}{10{,}5\text{ s}} = 184\ \frac{\text{Nm}}{\text{s}}$$

$$P_D = \frac{560\text{ N} \cdot 4{,}2\text{ m}}{12\text{ s}} = 196\ \frac{\text{Nm}}{\text{s}}$$

Antwort: Dimitri hat die höhere mechanische Leistung erbracht.

1 Berechne die zugeführte Energie, wenn 2 Hanteln mit einer Masse von je 6 kg um 1,4 m angehoben werden.

Starthilfe zu 1:
1 kg ≙ 10 N

2 I **a)** Simon ($m = 45$ kg) erklettert in einer Kletterhalle eine Route mit einer Höhe von 18 m. Berechne seine so erhaltene Höhenenergie.
I **b)** Er benötigt dafür 150 s. Berechne seine erbrachte Leistung.

5 An der Kletterwand

6 Vom Kanal in die Nordsee

3 II Eine Pumpe mit einer Leistung von 1,4 kW befördert 252 t Wasser aus dem Entwässerungskanal in die 4,3 m höher gelegene Nordsee (→ Bild 6). Berechne die erforderliche Zeit.

4 III Ein Gabelstapler hebt eine Palette mit 3 Kisten vom Boden der Lagerhalle an und befördert sie in 6,5 s auf den 3. Boden eines Regals.

Starthilfe zu 4:

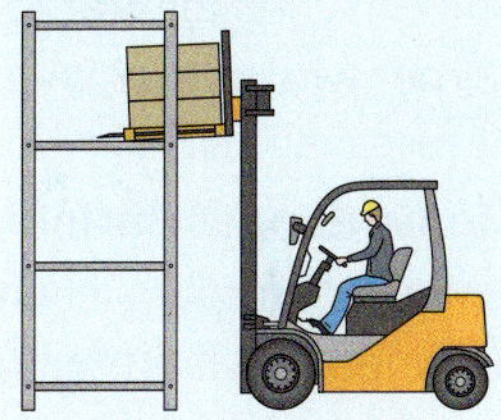

a) Jede Kiste hat eine Masse von 51,7 kg. Die Palette hat eine Masse von 8,9 kg. Der erste Regalboden ist in einer Höhe von 13 cm angebracht. Jedes Regalfach hat eine Höhe von 1,56 m. Berechne die Energie, die den 3 Kisten im 3. Regalfach zugeführt worden ist.
b) Berechne die Leistung, die der Gabelstapler erbracht hat.

5 III Azra, die zusammen mit ihrem Rucksack eine Masse von 48 kg hat, wandert von Schierke (619 m üNHN) auf den Brocken (1141 m üNHN).
a) Berechne die erhaltene Höhenenergie.
b) Sie benötigt für den Aufstieg 1 h 56 min. Berechne die mechanische Leistung.
c) Berechne die Zeit, in der sie den Weg bei einer Leistung von 58 W zurückgelegt hätte.

Auf einen Blick: Kraft und mechanische Energie

Die gleichförmige Bewegung

Bei einer **gleichförmigen Bewegung** legst du in einer bestimmten Zeit immer die gleichen Wege zurück. Der Weg *s* und die Zeit *t* sind proportional zueinander. Der Quotient $\frac{s}{t}$ beschreibt die **Geschwindigkeit *v*.** Sie ist konstant.

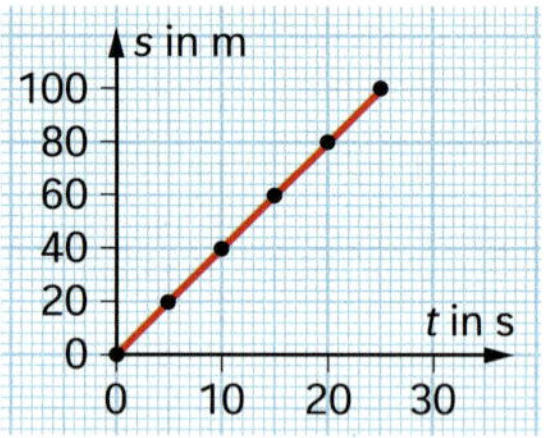

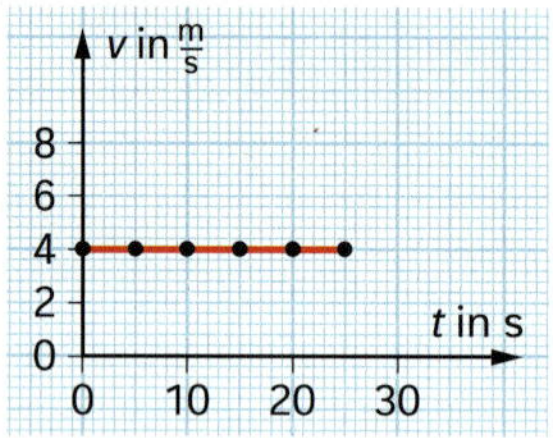

Die ungleichförmigen Bewegungen

Bei einer **ungleichförmigen Bewegung** ändert sich die Geschwindigkeit ständig.
Beschleunigte Bewegung: Der Körper wird immer schneller. **Verzögerte Bewegung:** Der Körper wird immer langsamer.

Momentangeschwindigkeit: Die Geschwindigkeit eines Körpers in einem bestimmten Moment, an einem bestimmten Ort. **Durchschnittsgeschwindigkeit:** Die konstante Geschwindigkeit, die ein Körper bei einer gleichförmigen Bewegung über den gesamten Weg hätte.

Die Kraft und ihre Messung

Kräfte bewirken Bewegungs- und Richtungsänderungen sowie plastische oder elastische Verformungen. Die Kraft *F* ist eine **vektorielle Größe.** Sie besitzt einen Angriffspunkt, einen Betrag und eine Richtung.
Die Kraft *F* wird mit einem **Federkraftmesser** gemessen und in **Newton (N)** angegeben.
Das **hookesche Gesetz** beschreibt den proportionalen Zusammenhang zwischen der wirkenden Kraft *F* und der Längenänderung $\Delta\ell$ der Feder.

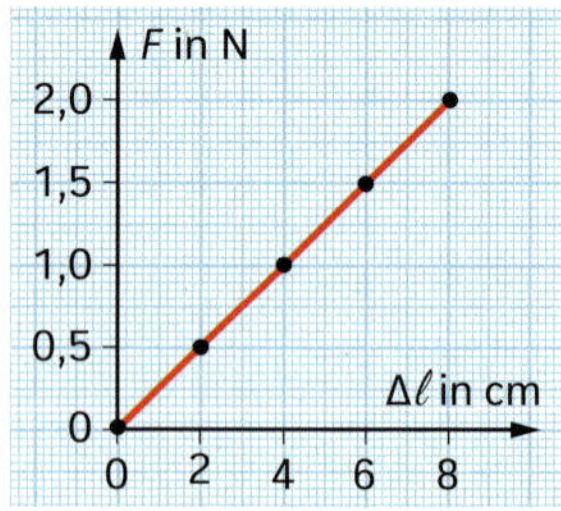

Spezielle Kräfte

Jede Kraft besitzt eine **Gegenkraft,** die oft eine **Reibungskraft** ist.
Die **Gewichtskraft** ist ortsabhängig und wirkt auf die **schwere Masse** eines Körpers. Die Kraft ändert sich mit dem **Ortsfaktor *g*.** Die schwere Masse ist ortsunabhängig.
Die **Trägheitskraft** wirkt der Bewegungsänderung eines Körpers entgegen und ist ortsunabhängig. Sie ist nur von der **trägen Masse** des Körpers abhängig.

Name	Größe	Einheit	Gesetz
Geschwindigkeit	v	$\frac{m}{s}$ (Meter pro Sekunde), $\frac{km}{h}$ (Kilometer pro Stunde)	$v = \frac{s}{t}$
Federkonstante	D	$\frac{N}{m}$ (Newton pro Meter)	hookesches Gesetz: $F \sim \Delta\ell$; $\frac{F}{\Delta\ell} = \text{konst.} \Rightarrow D = \frac{F}{\Delta\ell}$
Ortsfaktor	g	$\frac{N}{kg}$ (Newton pro Kilogramm)	$g_{Erde} = 9{,}81\ \frac{N}{kg}$; $g_{Mond} = 1{,}62\ \frac{N}{kg}$
Gewichtskraft	F_G	N (Newton)	$F_G = m \cdot g$

WICHTIGE BEGRIFFE

- gleichförmige Bewegung
- Geschwindigkeit
- ungleichförmige Bewegung
- Momentangeschwindigkeit
- Durchschnittsgeschwindigkeit

WICHTIGE BEGRIFFE

- Kraft, Ortsfaktor
- Federkraftmesser, hookesches Gesetz
- Gegenkraft, Reibungskraft
- Gewichtskraft, schwere Masse
- Trägheitskraft, träge Masse

Die Kraftwandler: Rolle, Hebel, schiefe Ebene

Kraftwandler ändern Angriffspunkt, Betrag oder Richtung der aufzubringenden Kraft.

Lose und feste Rollen verändern den Angriffspunkt und die Richtung der Kraft. Eine lose Rolle verändert außerdem den Betrag der Kraft.

Ein **Hebel** übt eine Kraft über einen Drehpunkt D aus. Beim **einseitigen Hebel** wirken die Kräfte auf einer Seite des Drehpunktes in entgegengesetzte Richtungen. Beim **zweiseitigen Hebel** wirken die Kräfte auf beiden Seiten des Drehpunktes in die gleiche Richtung.

Mithilfe einer Rampe kannst du Höhenunterschiede mit weniger Krafteinsatz überwinden. Je kleiner der Steigungswinkel α bei der **schiefen Ebene** ist und je kleiner die Gewichtskraft des Körpers ist, desto geringer ist die aufzubringende Kraft.

Die goldene Regel der Mechanik

Goldene Regel der Mechanik: Eine Verringerung der aufzubringenden Kraft F führt zu einer Verlängerung des zurückzulegenden Weges s. Sie gilt für alle Kraftwandler.

Die mechanische Energie und die mechanische Leistung

Die **mechanische Energie *E*** kann als Spannenergie, als Bewegungsenergie und als Höhenenergie auftreten. Alle Formen der mechanischen Energie können ineinander umgewandelt werden.

Die **mechanische Leistung *P*** hängt von der übertragenen Energie E und der benötigten Zeit t ab.

Das Prinzip Energieerhaltung

Die Energie bleibt stets erhalten. Bei jeder Energieumwandlung entsteht **unerwünschte Energie** in Form von **innerer Energie,** die als Wärme abgegeben wird. Diese Energie steht für die folgende Umwandlung nicht mehr zur Verfügung. Sie ist **entwertet.**

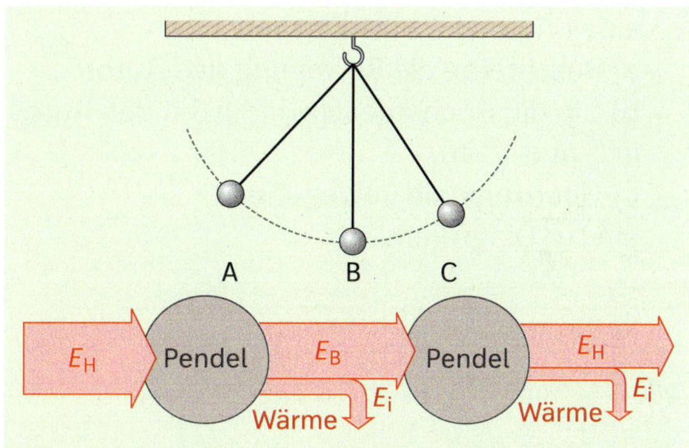

Name	Größe	Einheit	Gesetz
Drehmoment	M	Nm (Newtonmeter)	$M = F \cdot a \ (F \perp a)$ Hebelgesetz: $M_1 = M_2 \Leftrightarrow F_1 \cdot a_1 = F_2 \cdot a_2 \ (F \perp a)$
mechanische Arbeit	W	Nm (Newtonmeter), J (Joule)	$W = F \cdot s \ (F \parallel s)$, Hubarbeit: $W_{hub} = F_G \cdot h$
mechanische Energie	E	Nm (Newtonmeter), J (Joule)	$E = F \cdot s \ (F \parallel s)$, Höhenenergie: $E_{Höhe} = F_G \cdot h$ Energieerhaltungssatz: $E_{ges} = E_1 + E_2 + \ldots + E_i$
mechanische Leistung	P	W (Watt)	$P = \frac{E}{t} = \frac{F \cdot s}{t}$

WICHTIGE BEGRIFFE

- Kraftwandler
- feste und lose Rolle
- einseitiger und zweiseitiger Hebel
- schiefe Ebene
- goldene Regel der Mechanik

WICHTIGE BEGRIFFE

- mechanische Leistung
- mechanische Energie
- Prinzip Energieerhaltung
- erwünschte und unerwünschte Energie
- entwertete Energie

Lerncheck: Kraft und mechanische Energie

Bewegungen

1 Nenne für die folgenden Bewegungsarten je ein Beispiel:
- geradlinig gleichförmig,
- geradlinig gleichmäßig beschleunigt,
- kreisförmig ungleichförmig,
- schwingend ungleichförmig.

2 Ein Auto legt auf der Autobahn 5 km mit einer konstanten Geschwindigkeit von 120 $\frac{km}{h}$ zurück.
a) Beschreibe die Bewegung.
b) Berechne den zurückgelegten Weg des Autos.
c) Gib die Geschwindigkeit des Autos in $\frac{m}{s}$ an.
d) Zeichne für die Bewegung ein *t*-*s*-Diagramm und ein *t*-*v*-Diagramm.

3 Die folgende Abbildung zeigt die Bewegung eines Autos für eine Zeit von 10 s.
a) Beschreibe die Bewegung des Autos.
b) Gib die Höchstgeschwindigkeit des Autos in $\frac{m}{s}$ und $\frac{km}{h}$ an.
c) Übertrage die Bewegung in ein *t*-*v*-Diagramm.

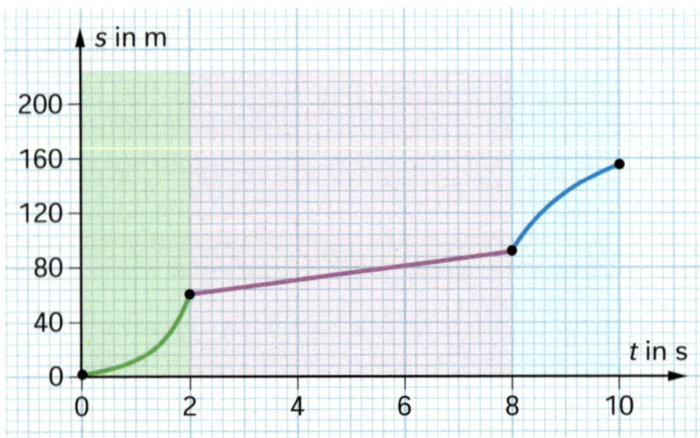

DU KANNST JETZT ...
- ... Bewegungen beschreiben.
- ... Bewegungsdiagramme zeichnen.
- ... die Einheiten $\frac{m}{s}$ und $\frac{km}{h}$ ineinander umrechnen.
- ... für gleichförmige Bewegungen zurückgelegte Wege, benötigte Zeiten und Geschwindigkeiten berechnen.

Kräfte

4 Nenne die möglichen Wirkungen von Kräften und gib jeweils ein Beispiel an.

5 Nenne drei verschiedene Arten von Kräften.

6 Zeichnen einen Kraftpfeil und gib die drei Bestimmungsstücke einer Kraft an.

7 „Überall wo eine Kraft wirkt, ist eine Gegenkraft vorhanden." Erläutere diese Aussage anhand eines Beispiels.

8 Ein Fallspringer fällt nach dem Absprung zunächst beschleunigt. Nach der Öffnung des Schirms schwebt er geradlinig gleichförmig zu Boden. Beschreibe die wirkenden Kräfte in den Bildern A und B und entscheide, ob sie sich im Gleichgewicht befinden oder nicht. Begründe deine Entscheidung.

A

B

9 Beschreibe den Zusammenhang zwischen der Gewichtskraft, der schweren Masse und dem Ortsfaktor anhand eines Beispiels.

10 Die Sicherheitsgurte in einem Auto schützen die Insassen bei Unfällen vor Verletzungen. Begründe diese Aussage.

DU KANNST JETZT ...
- ... die Wirkungen von Kräften beschreiben.
- ... Kräfte durch Vektoren darstellen.
- ... die Wechselwirkung von Kräften erklären.
- ... die Zusammenhänge zwischen der Gewichtskraft und der schweren Masse sowie der Trägheitskraft und der trägen Masse erläutern.

Kraftwandler

11 Nenne den Unterschied zwischen einer festen und einer losen Rolle

12 **a)** Skizziere einen Flaschenzug mit zwei losen und zwei festen Rollen.
b) Stelle die wirkenden Kräfte in deiner Skizze dar.
c) Erläutere die Wirkungsweise eines Flaschenzuges.
d) Nenne drei Anwendungen.

13 Eine Masse von 240 kg wird mit einem Flaschenzug mit drei losen und drei festen Rollen 3 m nach oben gehoben. Berechne die aufzubringende Kraft und die einzuholende Seillänge.

14 Du benutzt im Alltag einseitige und zweiseitige Hebel. Gib je zwei Beispiele an.

15 **a)** Skizziere eine Haushaltsschere.
b) Zeichne den Drehpunkt, die Hebelarme und die wirkenden Kräfte in deine Skizze.
c) Formuliere das Hebelgesetz für dieses Beispiel.

16 Nenne drei Beispiele für die Anwendung von schiefen Ebenen im Alltag.

17 Ein Auto hat eine Masse von 1000 kg und fährt einen Berg mit einem Steigungswinkel von 30° hinauf.
a) Zeichne ein geeignetes Steigungsdreieck mit allen wirkenden Kräften.
b) Bestimme mithilfe deiner Zeichnung die mindestens aufzubringende Kraft, damit das Auto nicht rückwärts rollt.

Energie und Leistung

18 Nenne die drei mechanischen Energieformen und gib je ein Beispiel an.

19 Ein Kind springt auf einem Trampolin.

a) Beschreibe die Phasen eines Sprunges mit eigenen Worten.
b) Beschreibe die Energieumwandlungen während eines Sprunges.
c) Zeichne das Energieflussdiagramm zum Sprung in b).
d) Begründe mit dem Energieerhaltungssatz, dass die Höhe des ersten Sprunges nicht ohne „Zutun“ des Kindes erreicht werden kann.

20 Tom ($m = 41$ kg) und Marvin ($m = 52$ kg) benötigen jeweils 11 s für das Klettern am 5 m langen Seil. Ihre Leistung wird mit der Note 2 bewertet.

a) Berechne ihre Höhenenergie, die sie jeweils im höchsten Punkt gespeichert haben.
b) Berechne ihre mechanische Leistung.
c) Begründe, dass die Leistungsbewertung im Sportunterricht nicht gerecht ist.

DU KANNST JETZT ...

- ... Beispiele für Kraftwandler nennen.
- ... die Funktionsweise von Kraftwandlern beschreiben.
- ... die für einen Kraftwandler geltenden Gesetze nennen und anwenden.
- ... die goldene Regel der Mechanik nennen.

DU KANNST JETZT ...

- ... die mechanischen Energieformen beschreiben.
- ... Energieumwandlungen beschreiben und in Energieflussdiagrammen darstellen.
- ... das Prinzip Energieerhaltung beschreiben.
- ... die mechanische Energie und die mechanische Leistung berechnen.

Stichwortverzeichnis

f. = die folgende Seite
ff. = die folgenden Seiten

N

O

P

Q, R

S

T

U

V

Namensverzeichnis

Bildquellenverzeichnis

|123RF.com, Hong Kong: wasja 19.2. |Alamy Stock Photo, Abingdon/Oxfordshire: ALLTRAVEL/Mross, Peter 36.1; Avalon/ Construction Photography/BuildPix 159.3; Azenha, Sergio 52.3; Blackwood, Katy 155.3; Blossey, Hans 154.2; Boethling, Joerg 5.1, 102.1; Cavan Images 61.1; Ceglarek, Przemyslaw 97.2; Classen, Bernhard 75.2; Cultura Creative (RF)/IS2010-10 16.1; Cultura Creative RF 103.3; electrical/Green, David J. 93.5; Elk III, John 13.4; Geithe, Ralf 43.3; Global Warming Images/ Cooper, Ashley 139.3; Glover, Keith 103.2; Gusa, Cristian 33.2; Holden, Jim 127.1; imageBROKER/Niehoff, Ulrich 54.1; Images by Russell 24.1; industryview 69.3; Jueschke, Matthias 40.1; Keski-Oja, Esko 13.1; Kuttig - Travel 165.2; Kuzmin, Andrey 38.2; Marsh, Yon 161.1; Mira 13.2; Nekrassov, Andrei 93.1; Obermayer, Matthias 33.1; PCN Photography/PCN Black 110.1; Phanduang, Tevarak 90.1; PhotoAlto/Ventura, Ale 135.1; Pixel-shot 29.2; Pleska, Otto 101.1; Radomski, Pawel 34.1; Science History Images 27.1; SimpLine 108.1; Tack, Jochen 12.1; The Print Collector/Heritage Images 27.2; Titmuss, Peter 154.5; Tuchel, Lars 97.4; Vorona, Volodymyr 63.3; Waldman, Simon 52.2; Westend61 GmbH/Dieterich, Werner 41.2; Zoonar GmbH/ Hofer, Alfred 128.1, 128.2; Zoonar GmbH/Kuster, Burkhard 13.3. |Alamy Stock Photo (RMB), Abingdon/Oxfordshire: Cap, Viktor 163.3; fStop Images GmbH 135.3; Ian Patrick 123.3. |BC GmbH Verlags- und Medien-, Forschungs- und Beratungsgesellschaft, Ingelheim: 6.4, 6.5, 60.1, 177.2, 177.3, 177.4, 177.5, 177.6, 177.7, 177.8, 177.9, 177.10. |Deutsche Gesetzliche Unfallversicherung e.V. / DGUV e.V., Sankt Augustin: 7.3. |Druwe & Polastri, Cremlingen/Weddel: 163.1. |fotolia.com, New York: 153.1; blackday 46.3; Friedberg 25.3; galaxy67 99.4; Hoffmann, Alexander 46.5; industrieblick 151.3; ivo188 6.3; Mirscho 50.1; piamuc 42.1; Vadimsadovski 130.1, 130.2, 130.3, 130.4, 130.6, 130.7, 130.8. |Gerecke, Stephanie, Seesen: 131.4. |goki, Güster: 169.1. |Helukabel GmbH, Hemmingen: 99.2. |Imago, Berlin: penofoto 167.1. |iStockphoto.com, Calgary: amriphoto 20.1; AntonioGuillem 76.1; Biletskiy_Evgeniy Titel; demarco-media 101.2; ebrink 14.2; FangXiaNuo 124.1; Jovanmandic 14.1; LightFieldStudios 133.3; ma-k 4.1; marcin_szmyd 79.2; Mates, Laszlo 123.1; Maxiphoto 15.1; monkeybusinessimages 160.1; MrsVega 14.4; nycshooter 14.3; PhonlamaiPhoto 135.2; Shyrlow 143.4; Solovyova 46.2; Tutschek, Kurt 154.4; vencavolrab 11.1; VisualCommunications 123.2; wakila 81.1. |Marahrens, Olav, Hamburg: 106.1, 127.3, 127.4, 132.1, 132.2, 132.3, 134.1, 134.2, 136.1, 136.2, 136.3, 156.1, 164.1, 164.2. |Microsoft Deutschland GmbH, München: 26.1. |OKAPIA KG - Michael Grzimek & Co., Frankfurt/M.: Svensson, Björn 163.2. |PantherMedia GmbH (panthermedia.net), München: alho007 119.3; HighwayStarz 81.2; Rohde, Angela 120.1; shutswis (YAYMicro) 155.1. |Picture-Alliance GmbH, Frankfurt/M.: akg-images 9.3, 9.4; Bildagentur-online 46.1; dpa Themendienst/Warnecke, Andrea 81.3; dpa/Balk, Matthias 62.3; dpa/Kappeler, Michael 152.3; dpa/ Kästle, Felix 38.3; dpa/Schuldt, Sina 62.2; Elena/Shotshop/Elena 32.2; imageBROKER/Clifton 34.3; ZB/Burgi, Arno 6.1. |Pontes, Carolina, Rio de Janeiro: 27.3. |Scheungrab, Andreas, Vilshofen: 131.1, 131.3. |Schobel, Ingrid, Hannover: 8.1, 8.2, 9.1, 9.2, 15.2, 16.2, 17.1, 17.2, 17.3, 18.2, 18.4, 19.3, 20.2, 21.1, 22.1, 23.1, 23.2, 23.3, 23.4, 23.5, 23.6, 23.7, 23.8, 23.9, 25.1, 28.3, 32.3, 35.1, 44.1, 44.2, 50.4, 50.5, 51.1, 52.5, 53.1, 54.2, 54.3, 55.1, 55.2, 55.3, 55.4, 55.5, 55.6, 55.7, 58.4, 58.5, 58.6, 59.1, 61.2, 62.1, 63.2, 64.2, 65.3, 66.1, 66.2, 67.1, 70.2, 70.3, 71.2, 71.3, 74.1, 74.4, 75.1, 75.3, 78.1, 79.1, 82.2, 84.1, 86.1, 86.2, 87.1, 87.2, 90.3, 91.2, 91.3, 92.1, 93.2, 93.4, 95.1, 98.1, 98.2, 98.3, 100.1, 100.2, 100.3, 104.3, 105.1, 105.2, 107.1, 107.2, 107.3, 108.2, 109.1, 109.2, 111.1, 112.1, 113.1, 116.1, 117.1, 117.2, 121.1, 121.2, 124.2, 125.1, 125.2, 125.3, 127.2, 128.3, 128.4, 129.1, 129.2, 133.1, 133.2, 140.1, 140.2, 140.3, 144.2, 145.1, 146.1, 146.2, 147.5, 148.3, 148.4, 149.2, 150.1, 150.2, 150.3, 157.1, 160.2, 161.2, 163.4, 166.1, 166.2, 166.3, 167.2, 168.2, 168.3, 168.4, 169.2, 170.3, 177.1. |Shutterstock.com, New York: Bilanol 171.2; Bodnar, Fedir 51.2; Chukov 80.1; Fantomas11 53.3; Geel, Hans 143.1; lzf 159.1; mitifoto 52.4; NiNe.iTsMe.YospoL99 28.2; peechaluk 28.1; photomak 152.1; Rasstock 43.2; Som, Somchai 80.2, 168.1; studioVin 53.2. |Steinkamp, Albert, Reken: 7.1, 18.1, 18.3, 30.1, 31.1, 31.2, 36.2, 36.3, 37.1, 37.2, 39.2, 39.3, 56.1, 57.1, 57.2, 60.2, 63.1, 64.1, 65.1, 65.2, 67.2, 67.3, 68.1, 69.2, 70.1, 71.1, 72.1, 72.2, 73.1, 73.2, 82.1, 88.1, 88.2, 90.2, 91.1, 96.1, 96.2, 118.1, 118.2, 122.1, 122.2, 126.1, 126.2, 137.1, 137.2, 138.1, 138.2, 138.3, 138.4, 138.5, 138.6, 142.1, 142.2, 158.1, 162.1, 162.2. |stock.adobe.com, Dublin: 4th Life Photography 11.3; @nt 19.1; adrian_ilie825 81.4; Africa Studio 47.1; afxhome 85.1; agrarmotive 41.1; Andrey 121.4; Annas, Karin & Uwe 149.3; Arochau 104.1; ARochau 154.8; artfocus 154.6; be free 29.1; beckmarkwith 110.2; benjaminnolte 49.2; Bezuglov, Andriy 151.1; bilanol 114.1; Black Jack 159.2; Botma, Joggie 170.1; Brigitte 167.3; Buehner, Matthias 6.2; chaipanya, wanchai 139.1; Comofoto 170.2; cosmicvue 115.2; des1988rozhckov 103.1; diy13 52.1; duncanandison 104.2; engel.ac 50.3; Erica 49.1; esoxx 50.2; euthymia 74.3; FotoIdee 97.1; Geithe, Ralf 119.1; gerasimenuk 74.2; Halfpoint 147.2; Hempel, Shawn 99.3; HPW 148.1; Ivan 147.3; Jakub Cejpek 139.2; Krasilnikov, Yuri 119.2; ktsdesign 114.2; lassedesignen 3.1; Lenslife 11.2; lucato 141.1; MAK 171.1; Marko, Aliaksandr 115.1; microprisma 131.2; Milert, Roman 151.2; moodboard 149.1; NatureQualityPicture 46.4; New Africa 155.2; nikkytok 46.6; nucia 121.5; optmedia 147.4; Orsillo, Stephen 144.1; pixelnest 94.3; PRILL Mediendesign 154.9; Ragina, Tomas 25.4; red2000 25.2; Renze, Gundolf 147.1; roboriginal 158.2; ronnarong 143.3; Rosskothen, Michael 154.3; Sanguis 94.2; sasapanchenko 148.2; schulzfoto 39.1; Siebauer, Sven 165.1; siebenla 111.2; siraphol 45.2; skif55 94.1; Söllner, Thomas 97.3; stockphoto-graf 89.1; Supertrooper 49.3; Swapan 38.1; Tristan 110.3; Vadimsadovski 130.5; vchalup 43.1; Vista Photo 32.1; vitalis83 34.2; Vogler, Helmut 154.7; von Lieres 152.2; Wall, Swetlana 110.4; WF Seydlbast 143.2; wittaya 99.1; Yan 154.1. |Tegen, Hans, Hambühren: 45.1, 56.2, 56.3, 58.1, 58.2, 58.3, 69.1, 93.3. |VDE Prüf- und Zertifizierungsinstitut GmbH, Offenbach: 7.2. |wgr-gebrauchsgrafik, Braunschweig: 121.3.

Wir arbeiten sehr sorgfältig daran, für alle verwendeten Abbildungen die Rechteinhaberinnen und Rechteinhaber zu ermitteln. Sollte uns dies im Einzelfall nicht vollständig gelungen sein, werden berechtigte Ansprüche selbstverständlich im Rahmen der üblichen Vereinbarungen abgegolten.

Schaltzeichen

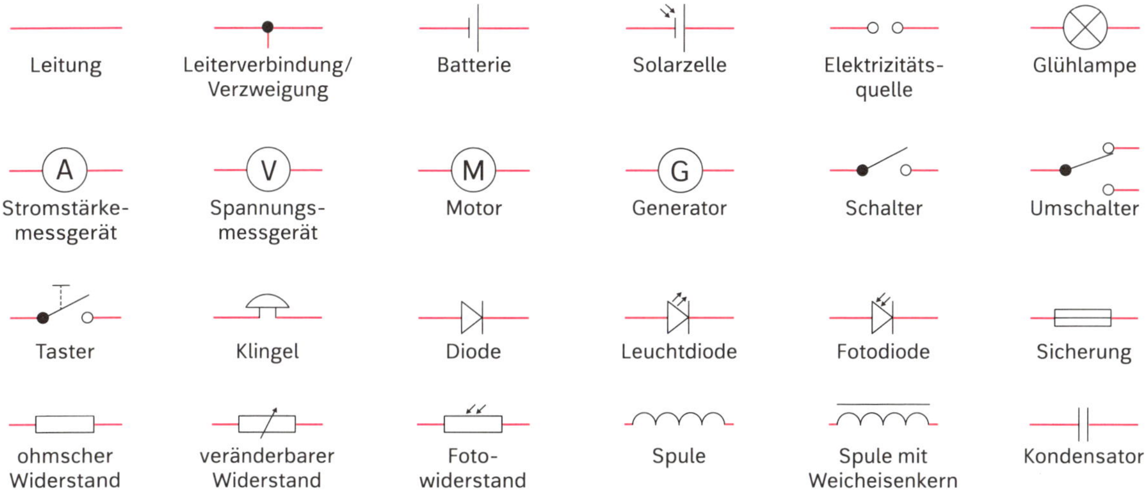

GHS-Piktogramme

Symbol	Wirkungs- beispiel	Symbol	Wirkungs- beispiel	Symbol	Wirkungs- beispiel
Explodierende Bombe 	Explosionsgefahr durch Schlag, Reibung oder Feuer	Gasflasche 	Gefahr durch unkontrolliert ausströmende Gase	Ausrufezeichen 	schon einmaliger, kurzzeitiger Kontakt schädigt
Flamme 	entzündbare Stoffe, auch selbstentzündbar	Verätzung 	ätzende Wirkung auf Haut, Augen und Schleimhäute	Gesundheitsgefahr 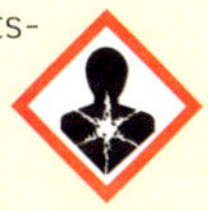	Schädigung durch Schlucken, Einatmen, Hautkontakt
Flamme über Kreis 	entzündend wirkende Stoffe	Totenkopf 	Vergiftungsgefahr durch Berühren, Verschlucken oder Einatmen	Umwelt 	akut oder chronisch Gewässer gefährdend

Tabellen zur Physik

Physikalische Größen, Einheiten und Gesetze

Name	Größe	Name der Einheit	Einheit	Gesetz	Umrechnungen
Länge Weg, Strecke	ℓ s	Meter	m		1 km = 1 000 m; 1 m = 100 cm; 1 cm = 10 mm;
Zeit	t	Sekunde	s		1 h = 60 min = 3600 s; 1 min = 60 s
Geschwindigkeit	v	Meter pro Sekunde Kilometer pro Stunde	$\frac{m}{s}$ $\frac{km}{h}$	$v = \frac{s}{t}$	$1\,\frac{m}{s} = 3{,}6\,\frac{km}{h}$
Masse	m	Kilogramm	kg		1 kg = 1 000 g; 1 g = 1 000 mg
Volumen	V	Kubikmeter; Liter	m^3 l	$V = \ell \cdot b \cdot h$	$1\,m^3 = 1\,000\,dm^3$; $1\,dm^3 = 1$ l; 1 l = 1 000 ml; 1 ml = 1 cm^3
Dichte	ϱ	Kilogramm pro Kubik-meter; Gramm pro Kubikzentimeter; Gramm pro Liter	$\frac{kg}{m^3}$ $\frac{g}{cm^3}$ $\frac{g}{\ell}$	$\varrho = \frac{m}{V}$	$1\,\frac{g}{cm^3} = 1\,\frac{kg}{dm^3} = 1000\,\frac{kg}{m^3}$; $1\,\frac{kg}{m^3} = 0{,}001\,\frac{g}{cm^3} = 0{,}001\,\frac{kg}{l}$
Kraft	F	Newton	N	Flaschenzug: $F_a = \frac{1}{n} \cdot F_G$	1 kN = 1000 N
Federkonstante	D	Newton pro Meter	$\frac{N}{m}$	hookesches Gesetz: $F \sim \Delta\ell$; $\frac{F}{\Delta\ell} =$ konst. $D = \frac{F}{\Delta\ell}$	
Ortsfaktor	g	Newton pro Kilogramm	$\frac{N}{kg}$	$g_{Erde} = 9{,}81\,\frac{N}{kg}$ $g_{Mond} = 1{,}62\,\frac{N}{kg}$	
Drehmoment	M	Newtonmeter	Nm	$M = F \cdot a\ (F \perp a)$ Hebelgesetz: $M_1 = M_2$ $F_1 \cdot a_1 = F_2 \cdot a_2\ (F \perp a)$	
Arbeit, mechanische Hubarbeit	W W_{hub}	Newtonmeter Joule	Nm J	$W = W \cdot s\ (F \parallel s)$ $W_{hub} = F_G \cdot h\ (F_G \parallel h)$	1 Nm = 1 J 1 000 J = 1 kJ
Energie, mechanische Höhenenergie	E $E_{Höhe}$	Newtonmeter Joule	Nm J	$E = F \cdot s\ (F \parallel s)$ $E = F_G \cdot h\ (F_G \parallel h)$ Energieerhaltung: $E_{ges} = E_1 + E_2 + \ldots + E_i$	1 Nm = 1 J 1 000 J = 1 kJ
Energie, innere	E_i	Newtonmeter Joule	Nm J		1 Nm = 1 J
Leistung, mechanische	P	Watt	W	$P = \frac{E}{t} = \frac{F \cdot s}{t}$	$1\,\frac{Nm}{s} = 1$ W 1 000 W = 1 kW; 1 000 kW = 1 MW 1 000 MW = 1 GW
Spannung, elektrische	U	Volt	V	in Reihe: $U_{ges} = U_1 + U_2$ parallel: $U_{ges} = U_1 = U_2$	1 V = 1000 mV 1kV = 1000 V
Stromstärke, elektrische	I	Ampere	A	in Reihe: $I_{ges} = I_1 = I_2$ parallel: $I_{ges} = I_1 + I_2$	$1\,A = \frac{6{,}241 \cdot 10^{18}\,\text{Elektronen}}{1\,s}$ 1 A = 1000 mA; 1 mA = 0,001 A
Leistung, elektrische (Energiestromstärke)	P	Watt	W	$P_{el} = U \cdot I = \frac{E_{el}}{t}$	1 V · 1 A = 1 W; 1000 W = 1 kW; 1 000 000 W = 1000 kW = 1 MW
Energie, elektrische	E	Joule Wattsekunde Kilowattstunde	J Ws kWh	$E_{el} = P_{el} \cdot t$ $E_{el} = U \cdot I \cdot t$	1 Ws = 1 J; 1000 Ws = 1 kWs; 1 kWh = 3,6 · 10^6 Ws = 3,6 MJ
Widerstand, elektrischer	R	Ohm	Ω	ohmsches Gesetz: $I \sim U$; $\frac{I}{U} =$ konst. $R = \frac{U}{I}$ in Reihe: $R_{ges} = R_1 + R_2$ parallel: $\frac{1}{R_{ges}} = \frac{1}{R_1} + \frac{1}{R_2}$	$1\,\Omega = 1\,\frac{V}{A}$ 1000 Ω = 1 kΩ 1000 kΩ = 1 MΩ
Widerstand, spezifischer	ϱ	Ohm mal Quadrat-millimeter pro Meter	$\Omega \cdot \frac{mm^2}{m}$	Widerstandsgesetz: $R = \varrho \cdot \frac{\ell}{A}$	
Temperatur	ϑ T	Grad Celsius Kelvin	°C K		−273,15 °C = 0 K 0 °C = 273,15 K